Denis Matthies
Exemplifikationen und Regelbeispiele

Juristische Zeitgeschichte
Abteilung 3, Band 33

Juristische Zeitgeschichte
Hrsg. von Prof. Dr. Dr. Thomas Vormbaum

Abteilung 3:
Beiträge zur modernen deutschen Strafgesetzgebung
Materialien zu einem historischen Kommentar
Hrsg. von Prof. Dr. Dr. Thomas Vormbaum

Band 33

Redaktion: Sara Gorißen, Laura Königsmann

De Gruyter Recht · Berlin

Denis Matthies

Exemplifikationen und Regelbeispiele

Eine Untersuchung zum 100-jährigen Beitrag von Adolf Wach zur „Legislativen Technik“

De Gruyter Recht · Berlin

∞ Gedruckt auf säurefreiem Papier,
das die US-ANSI-Norm über Haltbarkeit erfüllt

ISBN 978-3-89949-748-9

Bibliografische Information der Deutschen Nationalbibliothek

Die Deutsche Nationalbibliothek verzeichnet diese Publikation in der Deutschen Nationalbibliografie; detaillierte bibliografische Daten sind im Internet über http://dnb.d-nb.de abrufbar.

Druck und Bindung: Hubert & Co., Göttingen

Printed in Germany

Vorwort

Die vorliegende Arbeit ist von der Juristischen Fakultät der Europa Universität Viadrina in Frankfurt (Oder) im Sommersemester 2008 als Dissertation angenommen worden.

Besonderer Dank gilt meinem Doktorvater, Herrn Prof. Dr. Dr. Uwe Scheffler, der – basierend auf zahlreichen, mitunter durchaus kontroversen Diskussionen zur Strafgesetzgebungstechnik – das Thema der Arbeit anregte. Ich danke ihm vor allem auch für die Betreuung bei der Entstehung der Arbeit. Für die zügige Fertigung des Zweitgutachtens bin ich Herrn Prof. Dr. Lorenz Schulz, für die Aufnahme in die von ihm herausgegebene Schriftenreihe bin ich Herrn Prof. Dr. Dr. Thomas Vormbaum, sehr verbunden.

Weiterhin möchte ich mich bei meiner Ehefrau Dr. Kamila Matthies und bei meiner Tochter Vanessa Matthies bedanken. Ohne ihre Unterstützung wäre die Promotion kaum möglich gewesen.

Frankfurt / Oder, im März 2009 *Denis Matthies*

Inhaltsverzeichnis

ANHANG

Einleitung

Adolf Wach wird als ein „leuchtende[r] Stern am juristischen Himmel vor dem ersten Weltkrieg“[1] bezeichnet und – obwohl fast vergessen – zu den großen Juristen gezählt.[2] Gleichzeitig gilt er – wie von Teilen der Literatur[3] angenommen – als Begründer einer – unter anderem mit dem Etikett einer juristischen Fehlkonstruktion[4] belegten – Gesetzestechnik: der Regelbeispielstechnik.

Die nachfolgende Untersuchung will dieser These aus im wesentlichen zwei Gründen nachgehen.

Zum einen jährt sich jener Beitrag über die legislative Technik in der „Vergleichenden Darstellung des deutschen und ausländischen Strafrechts“,[5] der Adolf Wach aufgrund der von ihm vorgeschlagenen Exemplifikationsmethode in Zusammenhang mit der Regelbeispielstechnik bringt, zum 100. Mal.

Darüber hinaus kommt dieser Fragestellung nicht zuletzt deshalb besonderes Augenmerk zu, weil erst kürzlich Scheffler[6] in seinem Beitrag zur „Strafgesetzgebungstechnik in Deutschland und Europa“ in aller Deutlichkeit bemerkte, dass Adolf Wach zu Unrecht als „Vater“ der Regelbeispielstechnik geehrt wird und mit der Exemplifikationsmethode etwas viel Besseres als die Regelbeispielstechnik propagiert habe.

Scheffler zu Folge besteht nicht nur ein Unterschied zwischen der Regelbeispiels- und der Exemplifikationsmethode. Die Exemplifikationsmethode von Wach scheint darüber hinaus eine der Regelbeispielstechnik überlegene – möglicherweise generell[7] vorzugswürdige – Gesetzestechnik zu sein.

---

1 *Kisch,* JZ 1976, S. 207.

2 *Gerold Schmidt,* ZZP 100, Bd. 1987, S. 3 ff.; siehe ebenso *Kisch,* JZ 1976, S. 207: „leuchtende[r] Stern am juristischen Himmel vor dem ersten Weltkrieg“; vgl. auch *Neukamp,* FS Wach, Bd. 2, S. 155.

3 Siehe *Milletat,* Die „besonders schweren Fälle“ im Entwurf eines Strafgesetzbuches (StGB) E 1962, S. 26; *Wahle,* Die Rechtsnatur der „besonders schweren Fälle“ im Strafrecht, S. 51.

4 *H. J. Hirsch,* FS Gössel, S. 302.

5 Allgemeiner Teil, Bd. VI.

6 Strafgesetzgebungstechnik in Deutschland und Europa, S. 53.

7 D.h. nicht nur auf Strafschärfungsgründe anwendbar.

Um sich der Beantwortung dieser Fragen zu nähern, sind zunächst einmal die unterschiedlichen Gesetzestechniken zur Strafschärfung im StGB näher zu beleuchten. Hierbei ist aufzuzeigen, weshalb der Gesetzgeber von der im Reichsstrafgesetzbuch von 1871 vorherrschenden Technik, der Bildung von Qualifikationstatbeständen zu der Gesetzestechnik der besonders schweren Fälle, zunächst ohne gesetzliche Beispiele, bis hin zu der heute im StGB vielfältig verwendeten Regelbeispielsmethode für besonders schwere Fälle übergegangen ist.

Sodann ist zu untersuchen, ob sich die Exemplifikationsmethode von Wach auch ansonsten, nämlich in Grundtatbeständen des heutigen StGB; wiederfindet.

ERSTER TEIL.

DER WEG ZUR REGELBEISPIELSTECHNIK

A) Vorbemerkung

Das geltende StGB enthält im Besonderen Teil zwei unterschiedliche Gesetzestechniken zur Regelung strafschärfender Umstände.

Die Normierung eines strafschärfenden Umstandes ist gekennzeichnet durch das Aufstellen eines gegenüber dem Normalstrafrahmen[1] verschärften Strafrahmen.[2] Ein solcher kann im Gegensatz zum Normalstrafrahmen die Anhebung nur[3] der Mindeststrafe oder auch der Höchststrafe vorsehen (siehe beispielsweise den Strafrahmen der Gefährlichen Körperverletzung gem. § 224 Abs. 1 StGB – Freiheitsstrafe von sechs Monaten bis zu zehn Jahren –, entgegen dem Normalstrafrahmen – Geld- oder Freiheitsstrafe bis zu fünf Jahren – der Einfachen Körperverletzung gem. § 223 Abs. 1 StGB).

Es regelt zum einen Qualifikationstatbestände, welche die Anwendung des verschärften Strafrahmens bei Vorliegen der abschließend normierten gesetzlichen Umstände zwingend vorsehen (siehe bspw. § 260 Abs. 1 Nr. 1 StGB: „Mit Freiheitsstrafe von sechs Monaten bis zu zehn Jahren wird bestraft, wer die Hehlerei 1. gewerbsmäßig […] begeht.“).

Weiterhin verwendet das StGB die Gesetzestechnik der besonders schweren Fälle.

Diese Gesetzestechnik weist in ihrer Ausgestaltung im StGB unterschiedliche Formen auf, die sich grob wie folgt systematisieren lassen:

- Regelung besonders schwerer Fälle ohne gesetzliche Beispiele– sog. unbenannte besonders schwere Fälle – bei deren Gegebensein eines besonders schweren Falles es zwingend zur Anwendung des Sonderstrafrahmens kommt (vgl. § 106 Abs. 3 StGB: „In besonders schweren Fällen ist die Strafe Freiheitsstrafe von einem Jahr bis zu zehn Jahren.“);
- Regelung besonders schwerer Fälle mit die Anwendung eines verschärften Strafrahmens zwingenden aber nicht abschließenden Beispielen (siehe § 129 Abs. 4 StGB: „Gehört der Täter zu den Rädelsführern oder Hintermännern oder liegt sonst

---

1 In der älteren Literatur wird auch von der ordentlichen Strafe, der sog. poena ordinaria, gesprochen. Die ordentliche Strafe ist der Strafrahmen, den das Gesetz für ein Grunddelikt bezüglich Strafart und Strafmaß aufstellt, siehe *Wächter*, Deutsches Strafrecht, § 90 III.

2 Vgl. näher hierzu *Merkel*, Lehrbuch des deutschen Strafrechts, § 94. 4; *Aichinger*, Strafmilderung und Strafschärfung im Vorentwurf zu einem deutschen Strafgesetzbuch, S. 2.

3 Siehe beispielsweise für die Anhebung nur des Mindestmaßes der ordentlichen Strafe die Regelung des Schweren Raubes (§ 250 Abs. 1 StGB) – die Freiheitsstrafe nicht unter drei Jahren vorsieht – im Verhältnis zum Raub (§ 249 Abs. 1 StGB); der Freiheitsstrafe nicht unter einem Jahr anordnet.

ein besonders schwerer Fall vor, so ist auf Freiheitsstrafe von sechs Monaten bis zu fünf Jahren zu erkennen.“);

- Regelung besonders schwerer Fälle mit die Anwendung eines verschärften Strafrahmens nicht zwingenden und nicht abschließenden Beispielen – sog. Regelbeispielstechnik – (siehe bspw. (§ 243 Abs. 1 S. 1 StGB: „In besonders schweren Fällen wird der Diebstahl mit Freiheitsstrafe von drei Monaten bis zu zehn Jahren bestraft. Ein besonders schwerer Fall liegt in der Regel vor, wenn der Täter 1. [...]“).

Eine eingehende Differenzierung wird im Fortgang der Arbeit erfolgen.

Weiterhin ist zu klären, weshalb das StGB zwei Gesetzestechniken zur Regelung strafschärfender Umstände vorsieht. Die Beantwortung dieser Frage erfordert die Auseinandersetzung mit der historischen Entwicklung der Gesetzgebung im Bereich der Strafschärfungsmethode, die sogleich ausgehend vom RStGB von 1871 näher erörtert wird. Die Darstellung der historischen Entwicklung konzentriert sich ausschließlich auf den Bereich der Strafschärfung.

B) Qualifikationen

I. Das RStGB von 1871

Das Strafgesetzbuch für das Deutsche Reich vom 15.Mai.1871 regelte strafschärfende Umstände ausschließlich bei dem jeweiligen Delikt im Zweiten – dem Besonderen – Teil des RStGB. Einen bestimmten allgemeinen Strafschärfungsgrund, welcher bei allen Delikten eine Strafschärfung zur Folge hatte, gab es im RStGB von 1871 nicht.[4] Zwar wurde im RStGB die ordentliche Strafe der einzelnen Straftaten meist unter Berücksichtigung objektiver und subjektiver Umstände bestimmt, unter welchen die jeweilige Tat gewöhnlich vorkommen oder begangen werden konnte.[5] Diese relative Weite der ordentlichen Strafrahmen gestattete es, die Aufstellung von besonderen Strafrahmen auf ein verhältnismäßig kleines Gebiet zu beschränken.[6] Jene Umstände, für die der ordentliche Strafrahmen nicht ausreichte, wurden explizit und abschließend im

---

4 *v. Liszt*, Lehrbuch des Deutschen Strafrechts, § 69; *Merkel*, Lehrbuch des deutschen Strafrechts, § 95 1; *Holland*, Die Freiheit des richterlichen Ermessens bei der Strafzumessung in den Entwürfen zu einem Deutschen Strafgesetzbuche, § 15; *K. Horn*, Die Entwicklung der Strafzumessungsbestimmungen in den Entwürfen eines Deutschen Reichsstrafgesetzbuchs, Dritter Abschnitt I.

5 *Wächter*, Deutsches Strafrecht, § 90; *v. Liszt*, Deutsches Reichsstrafrecht, § 53 IV.

6 *v. Liszt*, Deutsches Reichsstrafrecht, § 54.

Gesetz durch kasuistische Qualifikationstatbestände,[7] etwa 100 an der Zahl,[8] geregelt.

Bei Vorliegen des im Gesetz genannten strafschärfenden Umstandes kam es immer[9] zwingend zur Anwendung eines verschärften Strafrahmens.[10]

Exemplarisch soll hier die Vorschrift der Körperverletzung (§ 223 Abs. 2 StGB von 1871) genannt werden: „Ist die Handlung gegen Verwandte aufsteigender Linie begangen, so ist auf Gefängniß nicht unter einem Monat zu erkennen." Der ordentliche Strafrahmen der Körperverletzung (§ 223 Abs. 1 StGB von 1871) sah Gefängnis bis zu drei Jahren oder Geldstrafe bis zu 1000 Mark vor.

Besonders schwere Fälle waren dem Reichsstrafgesetzbuch vom 15. Mai 1871 noch gänzlich fremd.

II. Vorteile der Qualifikationstatbestände

Die Regelung abschließend gefasster kasuistischer Qualifikationstatbestände im RStGB von 1871 entsprach dem im RStGB noch verkörperten Zeitgeist der Aufklärung.[11]

Das RStGB war keine Neuschöpfung. Mit seiner Verkündung am 15. Mai 1871 wurde lediglich der Geltungsbereich des am 25. Mai 1870 beschlossenen StGB für den Norddeutschen Bund auf die süddeutschen Staaten ausgedehnt.[12] Vorbild des StGB für den Norddeutschen Bund und damit auch des RStGB war das Preußische Strafgesetzbuch von 1851.[13] Unmittelbare als auch mittelbare Grundlage des Preußischen Strafgesetzbuches war das Bayerische Strafgesetzbuch von 1813.[14]

---

7 *Holland*, Die Freiheit des richterlichen Ermessens in den Entwürfen zu einem Deutschen Strafgesetzbuche, § 15; siehe auch *Maiwald*, NStZ 1984, S. 433.

8 *Aichinger*, Strafmilderung und Strafschärfung im Vorentwurf zu einem deutschen Strafgesetzbuch, S. 68.

9 Die (Ausnahme-) Regelung des § 222 RStGB wird gesondert erörtert.

10 *Wächter*, Deutsches Strafrecht, § 90.

11 *Milletat*, Die „besonders schweren Fälle" im Entwurf eines Strafgesetzbuches (StGB) E 1962, S. 1.

12 *Roth*, Das Reichsstrafgesetzbuch von 1871 bis 1918, S. 1 f. m.w.N.

13 *Eisele*, Die Regelbeispielsmethode im Strafrecht, S. 59; vgl. auch *Roth*, Das Reichsstrafgesetzbuch von 1871 bis 1918, S. 1 f.

14 Eingehend hierzu und zum Einfluss des code penal, *Drost*, Das Ermessen des Strafrichters, S. 119 f.; ebenso *Eisele*, Die Regelbeispielsmethode im Strafrecht, S. 51.

Das Bayerische Strafgesetzbuch von 1813 geht im wesentlichen auf Paul Johann Anselm von Feuerbach zurück. Feuerbach, der auch als „Sohn der Aufklärung“[15] und „Vater der modernen Strafrechtswissenschaft“[16] bezeichnet wird, war es, der die Grundgedanken der Aufklärung gesetzestechnisch umzusetzen vermochte.[17] Es ging grundsätzlich zuvörderst darum, die Ermessensfreiheit des Richters zu begrenzen und damit Schutz vor richterlicher Willkür zu bieten.[18] Der Richter sollte nicht mehr die bis etwa zur Mitte des 18. Jahrhunderts zustehende Befugnis haben, die vom Gesetz vorgesehene Strafe zu ändern.[19] Feuerbach lehnte auch unter Zugrundelegung seiner Theorie vom psychologischen Zwang eine außergesetzliche Befugnis des Richters zur Strafschärfung ab.[20] Eine psychologische Abschreckungswirkung könne nur dann eintreten, wenn die Voraussetzungen der Strafe zumindest bekannt sein können.[21] Nur der Gesetzgeber sei dazu befugt, durch die Aufstellung von besonderen, aber ebenfalls stets begrenzten Strafrahmen Milderungs-[22] wie auch Strafschärfungsgründe zu regeln.[23] Demzufolge müsse er die einzelnen Straftatbestände als auch deren Merkmale umfassend und abschließend regeln.[24]

Feuerbach entschied sich deshalb im Besonderen Teil des Bayerischen StGB von 1813 grundsätzlich für „‘enge’, aber inhaltlich konkrete Tatbestände mit

15 Siehe *Drost*, Das Ermessen des Strafrichters, S. 110.

16 Siehe *Drost*, Das Ermessen des Strafrichters, S. 109.

17 Hierzu *Mertens*, Gesetzgebungstechnik, S. 368.

18 *Drost*, Das Ermessen des Strafrichters, S. 84 f.; *Milletat*, Die „besonders schweren Fälle“ im Entwurf eines Strafgesetzbuches (StGB) E 1962, S. 6; *Eisele*, Die Regelbeispielsmethode im Strafrecht, S. 51 ff.; Art. 1 des Bayerischen StGB enthielt den nulla-poena-Grundsatz: „Wer eine unerlaubte Handlung oder Unterlassung verschuldet, für welche ein Gesetz ein gewisses Uebel gedrohet hat, ist diesem gesetzlichen Uebel als seiner Strafe unterworfen […].“

19 Die Befugnis galt sowohl für die Strafschärfung wie für die Strafmilderung; siehe zur Lehre Benedict Carpzovs von der poena extraordinaria eingehend m.w.N. *Eisele*, Die Regelbeispielsmethode im Strafrecht, S. 37 ff.; vgl. auch *Drost*, Das Ermessen des Strafrichters, S. 109 f.

20 *Feuerbach*, Revision Teil 1, S. 343 ff.

21 *Feuerbach*, Revision Teil 2, S. 43 f.

22 Feuerbach wandte sich schon in seiner Dissertation von 1799 gegen das richterliche Strafmilderungsrecht, vgl. *Drost*, Das Ermessen des Strafrichters, S. 110.

23 *Grünhut*, Anselm v. Feuerbach und das Problem der strafrechtlichen Zurechnung, S. 291 ff.

24 *Feuerbach*, Revision Teil 1, S. 63 f.

engen Strafrahmen",[25] um aus einem allgemein bestimmten Verbrechen genau beschriebene Sonderfälle herauszunehmen, die als qualifizierte Tatbestände gesetzlich vertypt werden. Im Ergebnis sollte mit dieser Grundhaltung mit der gemeinrechtlichen Möglichkeit des Richters, durch arbiträre Abweichungen von der gesetzlichen Strafe den einzelnen unter einen Deliktstypus fallenden Handlungen Rechnung zu tragen, aufgeräumt werden.[26]

Hieraus erklärt sich, weshalb auch das RStGB strafschärfende Umstände bei den einzelnen Delikten als abschließende und kasuistische Qualifikationstatbestände regelte.[27] Eine möglicherweise starre Kasuistik wurde im Bereich der Strafschärfungsgründe einer elastischen Regelung vorgezogen.[28]

Die im BayStGB von 1813 und schließlich auch im RStGB verwendete kasuistische Methode ist nicht gleichzusetzen mit der Kasuistik, wie sie teilweise noch im preußischen ALR, insbesondere aber im Mittelalter anzufinden war, in dem anstelle einer allgemeinen begrifflichen Umschreibung beziehungsweise Bestimmung eines Tatbestandes nur Musterbeispiele eines solchen aufgeführt wurden.[29]

III. Nachteile

1. § 243 RStGB

Die Regelung strafschärfender Umstände durch kasuistische Qualifikationstatbestände im RStGB blieb nicht ohne Kritik. Insbesondere die Regelung des Schweren Diebstahls gemäss § 243 RStGB wurde schon frühzeitig aufgrund ihres kasuistischen Wortlauts kritisiert.

Unter anderem wies Harburger bei den Vorarbeiten für die Strafrechtsreform in der „Vergleichenden Darstellung des deutschen und ausländischen Strafrechts" 1907 darauf hin, dass man sich gründlich darin getäuscht hätte, dass sich in der Rechtsprechung voraussichtlich keine Lücke mehr fühlbar machen werde.[30]

---

25 *Schubert*, Feuerbachs Entwurf zu einem Strafgesetzbuch für das Königreich Bayern aus dem Jahre 1824, S. 164 m.w.N.

26 *Eb. Schmidt*, Geschichte, 2. Aufl., § 248, S. 265.

27 *Eisele*, Die Regelbeispielsmethode im Strafrecht, S. 52.

28 *Eb. Schmidt*, Geschichte, 2. Aufl., S. 253; Es gab im Besonderen Teil des StGB von 1871 insgesamt 279 Paragraphen ohne Berücksichtigung der Übertretungen.

29 Siehe *Schubert*, Feuerbachs Entwurf zu einem Strafgesetzbuch für das Königreich Bayern aus dem Jahre 1824, S. 164; ebenso *Drost*, Das Ermessen des Strafrichters, S. 111.

30 Harburger, Vergleichende Darstellung, BT Bd. VI, S. 253 unter Bezugnahme auf Binding, der darauf hinwies, dass wenige Bestimmungen des Gesetzbuches so umstritten seien wie die des § 243.

Der Wortlaut des § 243 Abs. 1 RStGB lautete:

„Auf Zuchthaus bis zu zehn Jahren ist zu erkennen, wenn

1. aus einem zum Gottesdienste bestimmten Gebäude Gegenstände gestohlen werden, welche dem Gottesdienste gewidmet sind;
2. aus einem Gebäude oder umschlossenen Raume mittels Einbruchs, Einsteigens oder Erbrechens von Behältnissen gestohlen wird;
3. der Diebstahl dadurch bewirkt wird, daß zur Eröffnung eines Gebäudes oder der Zugänge eines umschlossenen Raumes, oder zur Eröffnung der im Inneren befindlichen Türen oder Behältnisse falsche Schlüssel oder andere zur ordnungsmässigen Eröffnung nicht bestimmte Werkzeuge angewendet werden;
4. auf einem öffentlichen Wege, einer Straße, einem öffentlichen Platze, einer Wasserstraße oder einer Eisenbahn oder in einem Postgebäude oder dem dazu gehörige Hofraume oder auf einem Eisenbahnhofe eine zum Reisegepäck oder zu anderen Gegenständen der Beförderung gehörende Sache mittels Abschneidens oder Ablösens der Befestigungs- oder Verwahrungsmittel oder durch Anwendung falscher Schlüssel oder anderer zur ordnungsmäßigen Eröffnung nicht bestimmter Werkzeuge gestohlen wird;
5. der Dieb oder einer der Teilnehmer am Diebstahle bei Begehung der Tat Waffen bei sich führt;
6. zu dem Diebstahle mehrere mitwirken, welche sich zur fortgesetzten Begehung von Raub oder Diebstahl verbunden haben;
7. der Diebstahl zur Nachtzeit in einem bewohnten Gebäude, in welches sich der Täter in diebischer Absicht eingeschlichen oder in welchem er sich in gleicher Absicht verborgen hatte, begangen wird, auch wenn zur Zeit des Diebstahls Bewohner in dem Gebäude nicht anwesend sind. Einem bewohnten Gebäude werden der zu einem bewohnten Gebäude gehörige umschlossene Raum und die in einem solchen befindlichen Gebäude jeder Art, sowie Schiffe, welche bewohnt werden, gleich geachtet."

Der ordentliche Strafrahmen des Diebstahls (§ 242 Abs. 1 RStGB) sah lediglich Gefängnis vor.

Auch Adolf Wach merkte 1908 in der „Vergleichenden Darstellung des deutschen und ausländischen Strafrechts" in seinem Beitrag über die Legislative Technik an, dass die in § 243 RStGB normierten Momente, welche die schwerere Bestrafung des Diebstahls bedingen sollen, nicht ausreichen, um den schweren Diebstahl als solchen auszuzeichnen.[31] Weiterhin sei die kasuistische Normierung nicht gelungen. Dies ergebe eine „Fülle von Widersinn".[32] Um – so Wach – „das Lächerliche der Kasuistik" bei § 243 RStGB zu illustrieren, nahm

31 *Wach*, Vergleichende Darstellung, AT Bd. VI, S. 38.

32 *Wach*, Vergleichende Darstellung, AT Bd. VI, S. 38.

er auf § 243 Nr. 2 RStGB Bezug.[33] Demnach sei schwerer Dieb, wer in ein Gebäude hineinsteige. Einfacher Dieb jedoch der, der auf einer Leiter ans offene Fenster steige und vom Fensterbrett die dort liegende Uhr nehme. Dabei dürfe sich der Täter getrost ins Zimmer überbeugen, nur dürfe er bei Zuchthaus bis zu zehn Jahren nicht das Bein über die Brüstung schlagen.

Zur eingehenderen Verdeutlichung der Problematik eines kasuistischen Qualifikationstatbestandes dienen folgende Beispiele aus der Rechtsprechung des BGH zu § 243 a.F. StGB, der bis zu seiner Umwandlung in die Regelbeispielstechnik für besonders schwere Fälle durch das 1. StrRG von 1969 dem Wortlaut des § 243 RStGB entsprach.[34]

Entwendete bspw. der Täter den gesamten Kraftwagen samt Inhalt, lag nur einfacher Diebstahl vor, weil nicht i.S.v. § 243 Abs. 1 Nr. 2 a.F. StGB „aus" einem umschlossenen Raum etwas entwendet wurde.[35] Demgegenüber beging einen mit Zuchthaus bedrohten schweren Diebstahl gem. § 243 Abs. 1 Nr. 2 a.F. StGB, wer den Kraftwagen nur aufbrach, um daraus einen Gegenstand zu entwenden.

Erfolgte die Wegnahme des Kraftwagens nebst Inhalt mit Hilfe eines Nachschlüssels, lag wiederum ein schwerer Diebstahl gem. § 243 Abs. 1 Nr. 3 a.F. StGB vor.[36] Für die Anwendung von § 243 Abs. 1 Nr. 3 a.F. StGB war es ohne Belang, ob aus einem umschlossenen Raum oder der umschlossene Raum selbst mit Inhalt gestohlen wurde.[37]

Jedoch schied schwerer Diebstahl nach Nr. 3 des § 243 a.F. StGB aus, wenn der Diebstahl des verschlossenen Kraftwagens dadurch bewirkt wurde, dass der Täter die Türklinke des Kraftwagens mit Gewalt herausriss und das Schloss mit dem Finger öffnete. Der Täter hatte keinen nach § 243 Abs. 1 Nr. 3 a.F. StGB vorausgesetzten falschen Schlüssel oder ein anderes zur ordnungsmässigen Eröffnung nicht bestimmtes Werkzeug angewendet.[38]

Die aufgeführten Rechtsprechungsbeispiele veranschaulichen, dass eine kasuistische Formulierung eines Tatbestandes dazu führte, dass ebenso strafwürdige

33 *Wach*, Vergleichende Darstellung, AT Bd. VI, S. 38.

34 Siehe hierzu m.w.N. *Krämer*, Die Regelung des schweren Diebstahls durch das 1. StrRG, S. 1.

35 BGH NJW 1952, S. 1184 ff.

36 BGH NJW 1953, S. 1880.

37 Siehe hierzu auch *Krämer*, Die Regelung des schweren Diebstahls durch das 1. StRG, S. 5.

38 BGH NJW 1956, S. 271.

Sachverhalte nicht erfasst wurden. Konnten Einzelfälle nicht unter den Wortlaut der Nr. 1 bis 7 des § 243 a.F. StGB subsumiert werden, verbot sich eine Anwendung des § 243 a.F. StGB aufgrund des Analogieverbots zu Lasten des Täters. Hierauf wies explizit auch der BGH[39] in einer Entscheidung hin, in der er ausführte, dass Art. 103 GG und § 2 Abs. 1 StGB es dem Richter verbieten, andere ähnliche verwerfliche Diebstähle dem Einbruch- und Nachschlüsseldiebstahl gleichzustellen.

Maurach pointiert diese Situation in seiner Glosse „Besorgter Brief an einen künftigen Verbrecher", dass Bescheidenheit desjenigen, der beabsichtige, (nur) wertvolle Stücke aus einem Koffer zu entwenden und deswegen den Koffer nicht mitnehme, im Hinblick auf eine mögliche Bestrafung nach § 243 a.F. StGB fehl am Platz sei.[40]

Infolgedessen wurde der Qualifikationstatbestand des § 243 a.F. StGB gar als Musterfall unerfreulicher Kasuistik bezeichnet.[41]

Allerdings kann bei § 243 RStGB im Vergleich zu den Vorschriften über den schweren Diebstahl des PreußStGB von 1851, welches Vorbild für das RStGB von 1871 war, durchaus von einer „gewissen Auflockerung des Tatbestandes des schweren Diebstahls"[42] gesprochen werden.[43] Im übrigen hatte auch Feuerbach trotz Reduzierung des

---

39 NJW 1956, S. 271.

40 („Reginhardus Muraquensis-Monacensis") JZ 1962, S. 380.

41 *Maurach*, Deutsches Strafrecht, BT, 5. Aufl., S. 214; hierzu auch m.w.N. *Krämer*, Die Regelung des schweren Diebstahls durch das 1. StrRG, S. 8.

42 Hierzu *Krämer*, Die Regelung des schweren Diebstahls durch das 1. StrRG, S. 9.

43 Der § 218 PreußStGB lautete: „Zuchthausstrafe bis zu zehn Jahren und Stellung unter Polizei-Aufsicht tritt in folgenden Fällen ein: 1. wenn aus einem zum Gottesdienste bestimmten Gebäude Gegenstände gestohlen werden, welche dem Gottesdienste gewidmet sind; 2. wenn der Diebstahl in einem bewohnten Gebäude entweder zur Nachtzeit oder von zwei oder mehreren Personen begangen wird; 3. wenn in einem Gebäude oder in einem umschlossenen Raume vermittelst Einbruchs oder Einsteigens gestohlen wird; 4. wenn der Diebstahl dadurch bewirkt wird, daß zur Eröffnung eines Gebäudes oder der Zugänge eines umschlossenen Raumes, oder zur Eröffnung der im Innern befindlichen Thüren oder Behältnisse falsche Schlüssel angewendet werden; 5. wenn auf einem öffentlichen Wege, einer Straße, einem öffentlichen Platze, einer Wasserstraße oder Eisenbahn, oder in einem Postgebäude oder dem dazu gehörigen Hof-raume, oder auf einem Eisenbahnhofe, eine zum Reisegepäck oder zu anderen Gegenständen des Transports gehörende Sache, mittels Abschneidens oder Ablösens der Befestigungs- oder Verwahrungsmittel oder durch Anwendung falscher Schlüssel gestohlen wird; 6. wenn Sachen, welche eine blödsinnige Person oder ein Kind unter zwölf Jahren an oder bei sich führt, gestohlen werden; 7. wenn der Dieb oder einer der Diebe, oder einer der Theilnehmer am Diebstahle Waffen bei sich führt; 8. wenn zu dem Diebstahle zwei oder mehrere Personen als Urheber oder Theilnehmer mitwirken, welche sich zur fortgesetzten Verübung von Raub oder Diebstahl verbunden haben; 9. wenn der Diebstahl während einer Feuers- oder Wassersnoth an den gefährdeten oder geflüchteten Sachen begangen wird". Im PreußStGB waren zudem in den

Umfangs früherer Gesetze[44] immerhin acht Artikel im Bayerischen StGB von 1813[45] für den schweren Diebstahl benötigt.[46] In dem lange Zeit verschollenen, erst von Radbruch bei den Vorarbeiten zu der erstmals 1934 erschienenen Feuerbach-Biographie wiederentdeckten Entwurf eines revidierten BayStGB von 1824[47] versuchte Feuerbach „umfassendere Vollständigkeit mit größerer Kürze und höherer Klarheit [zu] vereinigen".[48] Er unterschied beim Diebstahl nur noch in zwei Artikeln zwischen Diebstählen „unter erschwerenden Umständen" und „ausgezeichneten Diebstählen."[49] Jedoch erfolgte die Aufzählung selbst erneut kasuistisch.[50]

2. § 211 StGB

Neben der zuvor aufgezeigten Problematik, dass eine kasuistische Formulierung eines Tatbestandes ebenso strafwürdige Sachverhalte nicht zu erfassen vermag, kommt ein weiteres hinzu.

Bei Vorliegen des qualifizierenden Umstandes muss immer der verschärfte Strafrahmen angewendet werden. Die sich daraus ergebenden Schwierigkeiten standen allerdings zu der damaligen Zeit bei der Kritik an der Gesetzestechnik der Qualifikationstatbeständen nicht im Vordergrund.

---

§§ 222, 223 und 224 PreußStGB Begriffe wie Einsteigen, Einbruch und falscher Schlüssel definiert. Exemplarisch ist § 222 PreußStGB zu nennen: „Einsteigen ist vorhanden, wenn der Eintritt in Gebäude oder umschlossene Räume über Dachwerk, Thüren, Mauern, Hecken oder andere Einfriedigungen, oder durch Fenster, Kellerlöcher oder andere nicht zum Eingang bestimmte, unter oder über der Erde befindliche Oeffnungen bewirkt wird."

44 Vgl. die bei Feuerbach bereits zusammengefassten Vorschriften des Allgemeinen Landrechts für die Preußischen Staaten von 1794: § 1137 bis § 1157 (Diebstahl mit erschwerenden Umständen), § 1163 bis § 1173 (Gewaltsamer Diebstahl) sowie § 1174 bis § 1180 (Gewaltsamer Diebstahl mit erschwerenden Umständen).

45 Siehe zur grundsätzlichen Kritik an den Diebstahlsvorschriften des BayStGB von 1813 die Ausführungen – des Gegenspielers von Feuerbach –, *Gönner*, Neues Archiv des Criminalrechts, Bd. 8, Stück 1, S. 1 ff. u. 19.

46 Siehe Art. 216 bis 223 BayStGB.

47 *Schubert*, Feuerbachs Entwurf zu einem Strafgesetzbuch für das Königreich Bayern aus dem Jahre 1824, S. 16.

48 Feuerbach zitiert nach *Radbruch*, Paul Johann Anselm Feuerbach, S. 165.

49 Buch 2 Siebentes Hauptstück Art. 6 u. 8 BayStGB-E 1924.

50 Siehe Wortlaut des Art. 8 BayStGB-E 1924: „Ein ausgezeichneter Diebstahl wird begangen, I) […] oder IV) […] an den von der Post, von Fuhrleuten oder Boten verführten Waren mittels Abschneidens oder Erbrechens von Koffern, Kisten, Mantelsäcken […]"; hierzu auch *Scheffler*, Strafgesetzgebungstechnik in Deutschland und Europa, S. 23 f.

Die Problematik der Regelung durch einen abschließenden und zwingenden Qualifikationstatbestand wird dann besonders offenbar, wenn das Gesetz keine Möglichkeit des Abweichens von dem verschärften Strafrahmen vorsieht.

Dies lässt sich an der Vorschrift des heutigen Mordtatbestandes gemäss § 211 StGB am Beispiel der Heimtücke belegen.

Nach Auffassung der Literatur[51] stellt die Regelung des § 211 StGB einen Qualifikationstatbestand zu § 212 Abs. 1 StGB dar. Aber auch für die Rechtsprechung, welche die Mordmerkmale als strafbegründend und nicht als strafschärfend ansieht,[52] stellt sich das Problem des zu weit geratenen Wortlauts gleichermaßen.

Nach § 211 StGB wird mit lebenslanger Freiheitsstrafe bestraft, wer heimtükkisch einen Menschen tötet. Unabhängig vom Vorliegen bestimmter schuld- oder unrechtsmindernder Umstände wären damit sämtliche Fallkonstellationen des Ausnutzens der Arg- und Wehrlosigkeit des Opfers mit lebenslanger Freiheitsstrafe zu belegen. Der § 211 StGB sieht keinen minder schwerer Fall vor, der ein Unterschreiten der absoluten Strafandrohung zulässt.

Es besteht gleichwohl in Rechtsprechung und Lehre insoweit Einigkeit darüber, dass der Gesetzeswortlaut des § 211 StGB zu weit geraten ist[53] und die Beachtung des Schuldgrundsatzes, zum Beispiel im Fall der „Mitleidstötung“[54] oder beim „Familien- beziehungsweise Haustyrannenmord“,[55] der Verhängung einer lebenslangen Freiheitsstrafe entgegensteht.

Das BVerfG hat in seiner Entscheidung vom 21. Juni 1977[56] die lebenslange Freiheitsstrafe im Falle der „Heimtücke“ nur bei einer an dem verfassungsrechtlichen Verhältnismäßigkeitsgrundsatz orientierten restriktiven Auslegung mit dem Grundgesetz für vereinbar gehalten. Damit solle dem Umstand Rechnung getragen werden, dass der Richter bei § 211 StGB nicht wie im Falle des Tatbestandes der Tötung gem. § 212 StGB die Möglichkeit habe, innerhalb eines Strafrahmens die Strafe nach dem Verschulden oder der Gefährlichkeit des Täters zu bemessen.[57] Es sei nicht mit dem Gerechtigkeitsgedanken vereinbar, wenn nicht nur den sogenannten niedrigen Beweggründen, sondern auch den anderen Begehungsformen des § 211 StGB ein fiktiver

---

51 *Eser* in Schönke / Schröder, Vorbem. §§ 211 ff. Rn. 5 m.w.N.

52 BGHSt 1, 368 (370 f.).

53 Vgl. hierzu schon m.w.N. aus der älteren Rechtsprechung und Literatur *Rieß,* NJW 1968, S. 628; siehe auch *Eser* in Schönke / Schröder, § 211 Rn. 8.

54 BGHSt 37, 376.

55 BGHSt 48, 255.

56 BVerfGE 45, 187.

57 BVerfGE 45, 187 (193).

Schuldgehalt beigemessen werde, der mit der persönlichen Schuld des Täters nicht notwendigerweise korrespondiere.[58]

Streit gibt es in Rechtsprechung und Literatur (nur) hinsichtlich desWeges des zu erreichenden Ziels einer restriktiven Handhabung des Mordmerkmals der Heimtücke. Während die Rechtsprechung des BGH bislang von einem tatbestandlich abschließenden Charakter der Mordmerkmale ausgeht[59] und die sog. Rechtsfolgenlösung[60] präferiert, wird im Schrifttum unter Ablehnung dieser Rechtsprechung[61] versucht, eine restriktive Auslegung des Mordmerkmals der Heimtücke auf der Tatbestandsebene im Wege einer sog. Typenkorrektur[62] herbeizuführen.[63]

Nun soll es aber nicht Aufgabe dieser Untersuchung sein, die Rechtsfolgenlösung des BGH als auch die Versuche der Literatur, eine Einschränkung des Tatbestandes im Wege einer Typenkorrektur, einer kritischen Würdigung zu unterziehen.[64]

Einen für die Tötungsdelikte umfassenden Lösungsvorschlag, der sowohl der Rechtssicherheit als auch der Einzelfallgerechtigkeit dienen soll, hat nunmehr der Arbeitskreis

---

58 BVerfGE 45, 187 (193).

59 Siehe BGHSt (GrS) 30, 105 (115 ff.); ob mit der Entscheidung des 1. Strafsenats in BGHSt 48, 207 (211) ein Abrücken von diesem Grundsatz eingeläutet wurde, bleibt abzuwarten, offengelassen vom 4. Strafsenat, BGH NStZ 2007, 525.

60 BGHSt (GrS) 30, 105 (119 ff.): Es bestehe die Möglichkeit, in Heimtückefällen auf der Rechtsfolgenseite des Mordes, an die Stelle der lebenslangen Freiheitsstrafe den Strafrahmen § 49 Abs. 1 Nr. 1 StGB treten zu lassen, wenn außergewöhnlicher Umstände vorliegen, die das Ausmaß der Täterschuld erheblich mindern. Zwar mangele es an einer abschließenden Definition für „außergewöhnliche Umstände". Solche können aber durch eine notstandsnahe, durch eine ausweglos erscheinende Situation motivierte, in großer Verzweiflung begangene, aus tiefem Mitleid oder aus gerechtem Zorn auf Grund einer schweren Provokation verübte Taten in Betracht kommen. Obligatorische Milderungen beispielsweise nach § 35 Abs. 2, § 49 Abs. 1 Nr. 1 StGB gehen aber vor, siehe zu Letzterem BGHSt 48, 255.

61 Es wird unter anderem vorgebracht, dass der Große Senat mit dieser Entscheidung neues Recht geschaffen und seine Kompetenzen verfassungswidrig überschritten habe, siehe *Meurer,* NJW 2000, S. 2938; ebenso *Küper,* JuS 2000, S. 746. Weiterhin sei die Rechtsprechung mit der aus Art. 20 GG folgenden Bindung der Justiz an das Gesetz unvereinbar, da die Anwendung des § 49 Abs. 1 Nr. 1 StGB ohne gesetzliche Grundlage erfolge, hierzu *Arzt / Weber*, Strafrecht BT, Rn. 112a; ebenso *Krahl*, Tatbestand und Rechtsfolge, S. 81.

62 Zur sog. positiven und negativen Typenkorrektur siehe Nachweise bei *Fischer*, § 211 Rn. 5.

63 Siehe hierzu *Eser* in Schönke / Schröder, § 211 Rn. 10 f.

64 Auf die Frage, inwieweit diese Versuche der Literatur eine Annäherung an die Regelbeispielstechnik darstellen, wird im folgenden der Arbeit zurückgekommen.

deutscher, österreichischer und schweizerischer Strafrechtslehrer in einem Alternativ-Entwurf Leben vorgestellt.[65] Hiernach soll beim Mord gem. § 211 Abs. 2 E-AE auf lebenslange Freiheitsstrafe nur erkannt werden,

> „wenn besonders erhöhtes Unrecht verwirklicht wird, das die Lebenssicherheit der Allgemeinheit zu bedrohen geeignet ist. Dafür ist notwendig und in der Regel ausreichend, dass der Täter
> 1. […]
> 2. […]
> […]
> 8. […].“

Mit diesem Gesetzesvorschlag will der Arbeitskreis der generell gesetzlich zwingenden Androhung lebenslanger Freiheitsstrafe entgegenwirken, gleichzeitig aber nur bei Vorliegen eines der acht benannten Regelmerkmale eine Verhängung lebenslanger Freiheitsstrafe zulassen.[66]

Vielmehr kommt es an dieser Stelle der Untersuchung darauf an, deutlich zu machen, welchen Nachteil eine abschließende und die Anwendung eines Strafrahmens zwingende Regelung für die Einzelfallgerechtigkeit mit sich bringen kann.

Auf diesen Nachteil, dass der verschärfte Strafrahmen auch dann zur Anwendung kommen müsse, wenn trotz Erfülltsein des qualifizierenden Umstandes eine Bestrafung aus dem verschärften Strafrahmen als ungerecht empfunden werde, hat auch schon Dreher,[67] wenngleich in Bezug auf die Regelung des § 243 a.F. StGB, hingewiesen. Ein Ausgleich dieses Nachteils könne bis zu einem gewissen Grade erfolgen, wenn das Gesetz in gewissen Fällen ein Abweichen vom strengeren Strafrahmen des Qualifikationstatbestandes zulässt, wie beispielsweise durch Anerkennung der in § 243 a.F. StGB in Abs. 2[68] normierten mildernden Umstände.[69]

Tatsächlich kam es in der Praxis zu einer vermehrten Zubilligung mildernder Umstände nach § 243 Abs. 2 a.F. StGB, um keine Zuchthausstrafe verhängen zu müssen.[70] Jescheck[71] zu Folge wurden gesetzliche Zuchthausandrohungen durch ständige Zubilli-

---

65 Siehe GA 2008, S. 193 ff.

66 Siehe GA 2008, S. 199; damit folgt der Entwurf der sog. „nur, aber nicht immer“ Technik, vgl. hierzu unter Gliederungspunkt 1. Teil D) II. 1. b) cc).

67 *Dreher*, ZStW 77 (1965), S. 233.

68 § 243 Abs. 2 a.F. StGB: „Sind mildernde Umstände vorhanden, so tritt Gefängnisstrafe nicht unter drei Monaten ein“. Vgl. demgegenüber § 243 Abs. 1 a.F. StGB: „Auf Zuchthaus bis zu zehn Jahren ist zu erkennen, wenn […].“

69 *Dreher*, ZStW 77 (1965), S. 233.

70 Siehe *Krämer*, Die Regelung des schweren Diebstahls durch das 1. StrRG, S. 13 f. m.w.N.

71 Strafrecht AT, § 12 IV. 2.

gung mildernder Umstände „gewohnheitsrechtlich“ in Gefängnisstrafdrohungen abgewandelt. Wurde der Diebstahl 1886 noch in 17 % der Fälle mit Zuchthaus bestraft, waren es 1952 nur noch 1,5 % der Fälle.[72]

C) Unbenannte schwere Fälle

I. Strafrechtsreformentwürfe

Die Kritik an der Regelung kasuistischer Qualifikationstatbestände im RStGB von 1871,[73] insbesondere die oben aufgezeigte Klage in den Vorarbeiten zur Strafrechtsreform in der Vergleichenden Darstellung des ausländischen und deutschen Strafrechts, führte zu Überlegungen, in den im folgenden zu analysierenden Strafrechtsreformentwürfen, durch sogenannte unbenannte – d.h. ohne gesetzliche Beispiele versehene besonders schwere Fälle – den Nachteilen der Kasuistik zu begegnen.

1. Vorentwurf von 1909

Erstmalig schlug der Vorentwurf[74] von 1909 zu einem Deutschen Strafgesetzbuch bei ca. 30[75] Tatbeständen die Gesetzesfigur der unbenannten besonders schweren Fälle vor. Zur Begründung führte der Vorentwurf an, dass die kasuistischen Formulierungen in den Qualifikationstatbeständen teilweise nicht auf Fälle zuträfen, „die doch dem natürlichen Gefühl als gleich schwer oder noch schwerer erscheinen.“[76] Darüber hinaus gebe es auch bei Tatbeständen, bei denen solche kasuistische erschwerende Umstände im Gesetz nicht geregelt

---

72 *Jescheck*, Strafrecht AT, § 12 IV. 2.

73 Nach den Worten v. Liszts war das Reichstrafgesetzbuch vom 15. Mai 1871 „bei seiner Geburt bereits veraltet“, *v. Liszt*, Verh. 26. DJT 1902, Bd. 1, S. 259 (262).

74 Dieser Vorentwurf war kein amtlicher, sondern wurde durch Auftrag des Staatssekretärs des Reichsjustizamts und unter Zustimmung des Königlich Preußischen und des Königlich Bayerischen Justizministers einer Kommission von fünf praktischen Juristen erteilt, vgl. Vorentwurf zu einem Deutschen Strafgesetzbuch, 1909, Begründung I; Der Vorentwurf wurde auf der Grundlage der Arbeiten – „Vergleichende Darstellung des deutschen und ausländischen Strafrechts“ – des ebenfalls von Nieberding in die Wege geleiteten freien wissenschaftlichen Komitees von acht Professoren erarbeitet. Die Kommission trat am 1. Mai 1906 im Reichs-Justizamt zusammen und hielt 117 Sitzungen ab, deren Ergebnis der im Herbst 1909 veröffentlichte „Vorentwurf zu einem Deutschen Strafgesetzbuch war“; näher zum Ganzen *v. Hippel*, Deutsches Strafrecht, Bd. 1, § 18 X; siehe auch *Eb. Schmidt*, Einführung in die Geschichte der deutschen Strafrechtspflege, 3. Aufl., §§ 327, 328.

75 *K. Horn*, Die Entwicklung der Strafzumessungsbestimmungen in den Entwürfen eines Deutschen Reichsstrafgesetzbuchs, Dritter Abschnitt I. 1.

76 Vorentwurf zu einem Deutschen Strafgesetzbuch, 1909, Begründung zu § 84, S. 325.

seien, „mitunter so außergewöhnlich schwerwiegende Fälle, daß sie eine strengere Bestrafung erfordern, als sie der gewöhnliche Strafrahmen vorsieht."[77]

Ziel der Verwendung unbenannter besonders schwerer Fälle war es, sich in der Formulierung der Tatbestände von der Kasuistik des gegenwärtigen Strafgesetzbuches loszusagen und seine Bestimmungen elastischer auszugestalten.[78] Der Vorentwurf wollte dem Richter größeres Vertrauen als bisher schenken, ohne dabei die Aufgaben des Gesetzgebers auf ihn abzuwälzen.[79]

Die konkrete Umsetzung soll am Beispiel der Jagdwilderei im Vorentwurf aufgezeigt werden. Die Regelung der Jagwilderei im Vorentwurf in § 295[80] ließ den früheren Qualifikationstatbestand zur Jagdwilderei (§ 293 StGB von 1871[81]) entfallen. Zwar erkannte der Vorentwurf die in § 293 StGB von 1871 aufgeführten Umstände als grundsätzlich strafschärfende Umstände an.[82] Jedoch sei die kasuistische Aufzählung unbefriedigend, weil eine solche nicht erschöpfend sei. Insbesondere gebe es weitere, bisher nicht geregelte Gründe, die eine Strafschärfung erforderlich machen.[83] Als derartige Gründe kämen die Unkenntlichmachung durch Vermummung, Anwendung von Sprenggeschossen oder Sprengstoffen, von Gift, Benutzung von Wagen oder anderen die Flucht oder die Fortschaffung der Beute erleichternden Beförderungsmittel in Betracht.[84] Um all den zuvor genannten strafschärfenden Umständen, insbesondere auch jenen des § 293 StGB von 1871 Rechnung tragen zu können, erweiterte der Vorentwurf den ordentlichen Strafrahmen der Jagdwilderei

---

77 Vorentwurf zu einem Deutschen Strafgesetzbuch, 1909, Begründung zu § 84, S. 325.

78 Vorentwurf zu einem Deutschen Strafgesetzbuch, 1909, Begründung IV.

79 Vorentwurf zu einem Deutschen Strafgesetzbuch, 1909, Einleitung, S. X.

80 „Wer an Orten, an denen zu jagen er nicht berechtigt ist, die Jagd ausübt, wird mit Geldstrafe bis zu eintausend Mark oder mit Haft oder Gefängnis bis zu sechs Monaten, in besonders schweren Fällen (§ 84) mit Gefängnis bis zu einem Jahr bestraft. […]."

81 Wortlaut des § 293 RStGB von 1871: „Die Strafe kann auf Geldstrafe bis zu zweihundert Thalern oder auf Gefängniß bis zu sechs Monaten erhöht werden, wenn dem Wilde nicht mit Schießgewehr oder Hunden, sondern mit Schlingen, Netzen, Fallen oder anderen Vorrichtungen nachgestellt oder, wenn das Vergehen während der gesetzlichen Schonzeit, in Wäldern, zur Nachtzeit oder gemeinschaftlich von Mehreren begangen wird."; vgl. *Vormbaum / Welp*, StGB, Band 1, S. 66.

82 Vorentwurf zu einem Deutschen Strafgesetzbuch, 1909, Begründung zu § 295, S. 823.

83 Vorentwurf zu einem Deutschen Strafgesetzbuch, 1909, Begründung zu § 295, S. 823.

84 Vorentwurf zu einem Deutschen Strafgesetzbuch, 1909, Begründung zu § 295, S. 824.

(§ 295 VE),[85] um dem Richter mehr Spielraum für die Bewertung des Einzelfalles zu geben.[86] Darüber hinaus führte der Vorentwurf eine Strafschärfung für besonders schwere Fälle ein, um weitere strafschärfende Umstände wie die Vernichtung eines ganzen Wildbestandes, bandenmäßiges, gefahrdrohendes Auftreten erfassen zu können.[87]

Weiterhin begründete der Vorentwurf die Anordnung eines besonders schweren Falles bei der Erpressung (§ 275 VE) unter anderem damit, dass eine kasuistische Aufzählung der erschwerenden Umstände wegen der großen Vielgestaltigkeit der möglichen Fälle nicht Erfolg versprechend sei.[88]

Es ist jedoch darauf hinzuweisen, dass dem Vorentwurf ein einheitliches Konzept bei der Anordnung besonders schwerer Fälle fehlt.[89] Insbesondere wurde die Gesetzestechnik nicht nur als Ersatz für kasuistische Qualifikationstatbestände verwendet. Besonders schwere Fälle wurden teilweise sowohl dem Grundtatbestand als auch dem nachfolgenden Qualifikationstatbestand angehängt. Ein Beispiel hierfür ist die Regelung des Diebstahls (§ 269 VE):[90] „Wer eine bewegliche Sache […] wird wegen Diebstahls mit Gefängnis, in besonders schweren Fällen (§ 84) mit Zuchthaus bis zu zehn Jahren bestraft. […]“ Dem folgt der Qualifikationstatbestand des (§ 270):[91] „Ist der Diebstahl begangen 1. aus einem zum Gottesdienst bestimmten Gebäude an Sachen, die dem Gottesdienst gewidmet sind, 2. an Sachen, die in Sammlungen zur öffentlichen Besichtigung ausgestellt sind, 3. […], 4. […], 5. […], 6., 7. […], so ist auf Zuchthaus bis zu zehn Jahren, bei mildernden Umständen auf Gefängnis nicht unter drei Monaten, in besonders schweren Fällen (§ 84) auf Zuchthaus nicht unter zwei Jahren zu erkennen.“ Von einer Ersetzung der Qualifikationsmerkmale durch die Regelung des § 84 VE sah der Vorentwurf ab, weil es Diebstähle gäbe, die nicht unter die Legaldefinition des § 84 VE zu fassen seien, aber dennoch einer schwereren Bestrafung bedürfen.[92]

---

85 Die Geldstrafe wurde auf 1000 Mark, statt bisher 100 Taler und die Gefängnisstrafe von drei auf sechs Monate angehoben.

86 Vorentwurf zu einem Deutschen Strafgesetzbuch, 1909, Begründung zu § 295, S. 824.

87 Vorentwurf zu einem Deutschen Strafgesetzbuch, 1909, Begründung zu § 295, S. 824.

88 Vorentwurf zu einem Deutschen Strafgesetzbuch, 1909, Begründung zu § 275, S. 759.

89 *Aichinger*, Strafmilderung und Strafschärfung im Vorentwurf zu einem Deutschen Strafgesetzbuch verglichen mit dem geltenden Recht, S. 66; *K. Horn*, Die Entwicklung der Strafzumessungsbestimmungen in den Entwürfen eines Deutschen Reichsstrafgesetzbuchs, Dritter Abschnitt I. 1.; *Aschrott / v. Liszt*, Die Reform des RStGB, Bd. I, S. 380. Es fehlten zu diesem Zeitpunkt insbesondere jene Vorstudien über die Strafzumessungspraxis, die Erxner dann betrieb, siehe *Erxner*, Studien über die Strafzumessungspraxis der deutschen Gerichte.

90 Vorentwurf zu einem Deutschen Strafgesetzbuch, 1909, S. 49 f.

91 Vorentwurf zu einem Deutschen Strafgesetzbuch, 1909, S. 49 f.

92 Vorentwurf zu einem Deutschen Strafgesetzbuch, 1909, Begründung zu § 270, S. 737.

Neben der Anordnung eines unbenannten besonders schweren Falles im Besonderen Teil bestimmte der im 8. Abschnitt des Allgemeinen Teils verankerte § 84 Abs. 1 VE, dass, soweit besonders schwere Fälle auf die Bestimmung der Art oder der gesetzlichen Grenzen der Strafe von Einfluss sind, dies im Gesetz ausdrücklich vorgesehen ist. Die systematische Stellung des § 84 VE im Allgemeinen Teil hatte zur Folge – sog. Klammerwirkung[93] –, dass jeder im Besonderen Teil des StGB-VE normierte besonders schwere Fall am Maßstab des § 84 VE zu messen war. Der Vorentwurf stellte dies in den jeweiligen Vorschriften des Besonderen Teils klar, indem er hinter dem Begriff der besonders schweren Fälle die Vorschrift des § 84 VE in Klammern aufführte. Weiterhin fand sich in Absatz 2 des § 84 VE eine Legaldefinition des besonders schweren Falls.[94] Anlass hierfür war insbesondere die Rechtssicherheit im Interesse des Angeklagten.[95]

2. Gegenentwurf von 1911

Im Jahre 1911 wurde ein Gegenentwurf nebst Begründung zum Vorentwurf von 1909 veröffentlicht, der von den Professoren Kahl – ein Mitglied der Strafrechtskommission – und „drei Outsidern"[96] v. Lilienthal, v. Liszt und Goldschmidt erarbeitet wurde.[97]

Im Gegensatz zum Vorentwurf von 1909 wurde die Gesetzesfigur der unbenannten besonders schweren Fälle im Gegenentwurf als allgemeiner Straferhöhungsgrund zugelassen, der „zur Schärfung innerhalb des ordentlichen Strafrahmens und darüber hinaus innerhalb der Strafart des ordentlichen Strafrahmens dienen sollte."[98]

Dies sollte durch die im Allgemeinen Teil im 6. Abschnitt in § 89 StGB-Gegenentwurf[99] normierte Legaldefinition erreicht werden:[100] „In besonders schweren Fällen hat die

93 Siehe *Lange,* MDR 1948, S. 311.

94 „Ein besonders schwerer Fall liegt vor, wenn die rechtswidrigen Folgen der Tat ungewöhnlich bedeutend sind und der verbrecherische Wille des Täters ungewöhnlich stark und verwerflich erscheint", vgl. Vorentwurf zu einem Deutschen Strafgesetzbuch, 1909, S. 12.

95 Vorentwurf zu einem Deutschen Strafgesetzbuch, 1909, S. 226.

96 *Wach,* DJZ 1911, S. 835.

97 *Schäfer*, Deutsche Strafgesetzentwürfe v. 1909–1927, Einl. VIII; *Kahl*, Gegenentwurf zum Vorentwurf eines deutschen Strafgesetzbuchs.

98 Begründung zum Gegenentwurf, S. 120; siehe auch *Eisele*, Die Regelbeispielsmethode im Strafrecht, S. 79.

99 *Kahl*, Gegenentwurf zum Vorentwurf eines deutschen Strafgesetzbuchs, 1911, S. 29.

100 *Kahl*, Gegenentwurf zum Vorentwurf eines deutschen Strafgesetzbuchs, 1911, S. 29 f.

Strafe das Mindestmaß der angedrohten Strafe erheblich zu übersteigen. Auch kann bis auf das gesetzliche Höchstmaß der angedrohten zeitigen Freiheitsstrafe und, wenn Gefängnis ohne beschränktes Höchstmaß angedroht ist, bis auf fünf Jahre Gefängnis heraufgegangen werden. Wo das Gesetz die Wahl zwischen Freiheitsstrafe und Geldstrafe gestattet, ist auf Freiheitsstrafe zu erkennen.

Ein besonders schwerer Fall liegt vor, wenn die verschuldeten Folgen der Tat bedeutend sind, oder der verbrecherische Wille des Täters besonders stark und verwerflich erscheint.

Diese Regelung des unbenannten besonders schweren Falles im Gegenentwurf diente damit nicht mehr als Ersatz kasuistisch formulierter Qualifikationstatbestände, die Bestandteil des Gegenentwurfs blieben, sondern sollte bei jedem Straftatbestand eine Straferhöhung bis zum angedrohten gesetzlichen Höchstmaß ermöglichen.[101]

Wach[102] erhob den Vorwurf, dass mit dieser Regelung des unbenannten besonders schweren Falles der Unterschied zwischen richterlicher Strafschärfung und richterlicher Strafmilderung nicht beachtet sei. „Denn Strafschärfungsrecht des Richters ist gefährlicher als Strafmilderungsrecht, um so viel gefährlicher, als eine ungerechte Bestrafung für den Staat schädlicher ist denn die Straflosigkeit des Schuldigen."[103] Weiterhin wurde eingewandt, dass eine solche allgemeine „Strafschärfung" zu schematisch sei und die jeweiligen Eigenarten der Tatbestände des Besonderen Teils nicht genügend berücksichtigt würden.[104]

3. Strafrechtsreformentwürfe von 1913 bis 1930

Die Strafrechtsreformentwürfe von 1913 bis 1930 können aufgrund ihrer Gemeinsamkeiten hinsichtlich der Regelung besonders schwerer Fälle gemeinsam erörtert werden. Der Kommissionsentwurf von 1913[105] sowie die Straf-

---

101 *Eisele*, Die Regelbeispielsmethode im Strafrecht, S. 79.

102 DJZ 1911, Sp. 841.

103 *Wach*, DJZ 1911, Sp. 841.

104 *Aichinger*, Strafmilderung und Strafschärfung im Vorentwurf zu einem Deutschen Strafgesetzbuch verglichen mit dem geltenden Recht, S. 66.

105 Der Kommissionsentwurf wurde vom 04. April 1911 bis zum 27. September 1913 durch eine aus 16 Mitgliedern bestehende Kommission – von denen bis auf drei alle Praktiker waren –, zunächst unter dem Vorsitz von Lucas (preuß. Justizministerium) erstellt, näher *Eb. Schmidt*, Einführung in die Geschichte der deutschen Strafrechtspflege, 3. Aufl., § 330.

rechtsreformentwürfe von 1919,[106] 1922,[107] 1925,[108] 1927[109] und 1930[110] verwendeten – wenn auch teilweise mit Unterschieden in der Häufigkeit der Anordnung bei den jeweiligen Tatbeständen[111] – die Gesetzesfigur der unbenannten besonders schweren Fälle. Ziel war es, dem richterlichen Ermessen, insbesondere auch im Bereich der Strafschärfung, einen größeren Spielraum einzuräumen.[112]

Sämtliche Entwürfe enthielten im Allgemeinen Teil jedoch eine Legaldefinition des besonders schweren Falles,[113] obgleich mit Unterschieden in der konkreten Ausgestaltung dieser.[114]

---

106 Zur Entstehung des Entwurfs von 1919, siehe Quellen zur Reform des Straf- und Strafprozessrechts, I. Abteilung Band 1, II. S. VIII; *Eb. Schmidt*, Einführung in die Geschichte der deutschen Strafrechtspflege, 3. Aufl., § 330.

107 Der Entwurf von 1922 wurde vom damaligen Reichsjustizminister Gustav Radbruch der Reichsregierung vorgelegt und deshalb zum Teil als Radbruchscher Entwurf bezeichnet, siehe Quellen zur Reform des Straf- und Strafprozessrechts, I. Abteilung Band 1, II. S. XI; *Eb. Schmidt*, Einführung in die Geschichte der deutschen Strafrechtspflege, 3. Aufl., § 334.

108 Der Entwurf von 1925 erschien als erster „amtlicher Entwurf eines Allgemeinen Deutschen Strafgesetzbuchs", vgl. *Eb. Schmidt*, Einführung in die Geschichte der deutschen Strafrechtspflege, 3. Aufl., § 334.

109 Der Entwurf von 1927 wurde am 14. Mai 1927 dem Reichstage zugeleitet; vgl. *Eb. Schmidt*, Einführung in die Geschichte der deutschen Strafrechtspflege, 3. Aufl., § 334.

110 Der Entwurf von 1930 wurde durch Antrag von D. Kahl und Genossen in den Reichstag der V. Wahlperiode eingebracht, vgl. *Eb. Schmidt*, Einführung in die Geschichte der deutschen Strafrechtspflege, 3. Aufl., § 334.

111 *Milletat*, Die „besonders schweren Fälle" im Entwurf eines Strafgesetzbuches (StGB) E 1962, S. 12 ff.

112 So auch *Milletat*, Die „besonders schweren Fälle" im Entwurf eines Strafgesetzbuches (StGB) E 1962, S. 16; *Waßner*, Die Stellung der besonders schweren Fälle zwischen Tatbestand und Strafzumessung, S. 44; vgl. zusammenfassend *Eisele*, Die Regelbeispielsmethode im Strafrecht, S. 85.

113 Siehe § 118 E 1913; § 117 E 1919; § 76 E 1922 u. E 1925; § 77 E 1927 und E 1930, hierzu *Milletat*, Die „besonders schweren Fälle" im Entwurf eines Strafgesetzbuches (StGB) E 1962, S. 15; *Eisele*, Die Regelbeispielsmethode im Strafrecht, S. 80 Fn. 336, S. 81 Fn. 344 und S. 83 Fn. 354.

114 Siehe im Vergleich zur Legaldefinition des § 84 VE die Legaldefinition des § 118 Kommissionsentwurf: „Ein besonders schwerer Fall liegt vor, wenn der verbrecherische Wille des Täters ungewöhnlich stark und verwerflich und die Tat durch die besonderen Umstände ihrer Begehung *oder* (Hervorhebung von mir) durch ihre verschuldeten Folgen ungewöhnlich schwer ist". Entwurf zu einem deutschen StGB, Erster Teil, S. 34; *K. Horn*, Die Entwicklung der Strafzumessungsbestimmungen in den Entwürfen eines Deutschen Reichsstrafgesetzbuchs, Dritter Abschnitt I. 3.; *Waßner*, Die Stellung der besonders schweren Fälle zwischen Tatbestand und Strafzumessung, S. 43.

Dabei folgen alle diese Entwürfe in dem Grundverständnis von der Verwendung der Gesetzestechnik der unbenannten besonders schweren Fälle dem Vorentwurf von 1909 und sehen die Gesetzesfigur im Gegensatz zum Gegenentwurf von 1911 als Abkehr von der Bildung kasuistischer Qualifikationstatbestände.[115] Besonders hervorgehoben wird diese Zielrichtung der Abkehr von Qualifikationstatbeständen in der Denkschrift[116] zum Entwurf von 1919, in der betont wird, dass Qualifizierungstatbestände als gesetzgeberisches Mittel der Strafschärfung nicht genügen könnten, da diese einerseits Fälle einbezögen, für die eine Strafschärfung zu hart erscheine, andererseits aber Fälle nicht erfasst würden, die genau so schwer lägen.[117]

Diesem Grundbestreben entsprechend beinhalteten beispielsweise sämtliche Strafrechtsreformentwürfe seit dem E 1919 mit im wesentlichen gleichlautenden Begründungen[118] den Verzicht auf den damaligen Qualifikationstatbestand der Schweren Urkundenfälschung (§ 268 StGB i.d.F. von 1871). Die Schwere Urkundenfälschung (§ 268 Abs. 1 StGB i.d.F. von 1871) ordnete Zuchthausstrafe in jeweils unterschiedlicher Höhe bei Privaturkunden und öffentlichen Urkunden an, wenn die Urkundenfälschung in der Absicht begangen wurde, sich oder einem anderen einen Vermögensvorteil zu verschaffen oder einem anderen Schaden zuzufügen.[119] Die Einfache Urkundenfälschung (§ 267 StGB i.d.F. von 1871) sah lediglich Gefängnis vor. Man ging aufgrund der damaligen Kriminalstatistik davon aus, dass der Fall der Schweren Urkundenfälschung den Regelfall bildete, so dass diese Fälle nur ausnahmsweise zuchthauswürdig seien und folglich im Regelfall eine Vergehensstrafe genüge. Demzufolge wurden die Vorschriften des geltenden Rechts als zu streng empfunden. Auf Zuchthaus sollte nur dann erkannt werden, wenn die Voraussetzungen eines in § 267 eingefügten besonders schweren Falles erfüllt seien.[120]

---

115 Eingehend hierzu auch unter Hervorhebung der Besonderheiten des Gegenentwurfs von 1911 *Eisele*, Die Regelbeispielsmethode im Strafrecht, S. 72 ff.

116 Der Entwurf von 1919 wurde nicht als Regierungsvorlage herausgegeben, sondern sollte lediglich der persönlichen Überzeugung seiner Verfasser Ausdruck geben, siehe *Eb. Schmidt*, Einführung in die Geschichte der deutschen Strafrechtspflege, 3. Aufl., § 330.

117 *Waßner*, Die Stellung der besonders schweren Fälle zwischen Tatbestand und Strafzumessung, S. 44; Entwurf zu einem deutschen StGB, Dritter Teil, Denkschrift S. 94 f. u. 103 f.

118 Vgl. Denkschrift E 1919, S. 185; Begründung zum E 1925, S. 99 – Quellen zur Reform des Straf- und Strafprozessrechts, I. Abteilung Band 1, S. 339; Begründung E 1927, S. 107 – Quellen zur Reform des Straf- und Strafprozessrechts, I. Abteilung Band 1, S. 587; Begründung E 1936, S. 238 – Quellen zur Reform des Straf- und Strafprozessrechts, II. Abteilung Band 1, 2. Teil, S. 238.

119 *Vormbaum / Welp*, StGB, Band 1, S. 169.

120 Des weiteren sahen – wenn auch mit unterschiedlichen Begründungen und Konsequenzen – der Kommissionsentwurf von 1913, der E 1919, sowie die Entwürfe von 1922 und 1925 die Abschaffung des Qualifikationstatbestandes der Nötigung im Amt

4. Zwischenergebnis zu den Entwürfen

Mit Ausnahme des Gegenentwurfs von 1911 beabsichtigten sämtliche Strafrechtsreformentwürfe – wenn auch mit im einzelnen unterschiedlicher Intensität – den Verzicht auf kasuistisch formulierte Qualifikationstatbestände. Auffallend ist, dass die zahlenmäßige Verwendung besonders schwerer Fälle als Methode der Strafschärfung stetig in den oben genannten Entwürfen zum StGB anstieg.[121] Darüber hinaus ähnelte sich die Art der Strafschärfung bei Vorliegen eines besonders schweren Falles in den Entwürfen gleich.[122] Beispielsweise trat bei Vergehen bei Gegebensein eines besonders schweren Falles an die Stelle von Gefängnis Zuchthausstrafe.[123]

II. Nebenstrafrecht

Während in den Reformentwürfen noch über das grundsätzliche Für und Wider der Gesetzestechnik der besonders schweren Fälle gestritten wurde, fanden diese bereits Eingang im „damals von der Theorie weniger beachteten“[124] Nebenstrafrecht.

Exemplarisch ist Artikel II. § 2 der „Verordnung über Sondergerichte gegen Schleichhandel und Preistreiberei“ (Wuchergerichte) vom 27. November 1919[125] zu nennen:

> „In besonders schweren Fällen des Schleichhandels und der vorsätzlichen Preistreiberei (§ 1 der Verordnung gegen den Schleichhandel, § 1 Abs. 1, § 4 Abs. 1 der Verordnung gegen Preistreiberei) ist die Strafe Zuchthaus bis zu fünf Jahren und Geldstrafe bis zu fünfhunderttausend Mark. Neben der Strafe ist auf Verlust der bürgerlichen Ehrenrechte zu erkennen und anzuordnen, daß die Verurteilung auf Kosten des Schuldigen öffentlich bekanntzumachen ist […].“

---

gemäss § 339 Abs. 1 RStGB von 1871 und die Einführung eines besonders schweren Falles beim Nötigungstatbestand vor.

121 Vgl. hierzu die Auflistung bei *Milletat*, Die „besonders schweren Fälle“ im Entwurf eines Strafgesetzbuches (StGB) E 1962, S. 15 f.

122 Siehe eingehend *Milletat*, Die „besonders schweren Fälle“ im Entwurf eines Strafgesetzbuches (StGB) E 1962, S. 16.

123 Weitergehend *Milletat*, Die „besonders schweren Fälle“ im Entwurf eines Strafgesetzbuches (StGB) E 1962, S. 16.

124 *Hirsch*, FS Gössel, S. 300.

125 RGBl. I, S. 1909; *Waßner*, Die Stellung der besonders schweren Fälle zwischen Tatbestand und Strafzumessung, S. 45.

Es fanden aber nicht nur unbenannte besonders schwere Fälle Eingang in nebenstrafrechtliche Vorschriften. Der besonders schwere Fall wurde mit gesetzlichen Beispielen – verbunden durch „insbesondere“ – erläutert.

So lautete § 2 des Gesetzes über Verschärfung der Strafen gegen Schleichhandel, Preistreiberei und verbotene Ausfuhr lebenswichtiger Gegenstände vom 18. Dezember 1920:[126] „Als besonders schwerer Fall ist es insbesondere anzusehen 1. wenn der Täter aus Habsucht mit erheblichen Mengen von Gegenständen des täglichen Bedarfs Schleichhandel treibt; 2. [...].“

Ebenfalls zu nennen ist § 12 der „Preistreiberei-Verordnung“ vom 28. Juni 1923:[127]

> „Wer Preistreiberei (§§ 2 bis 11) vorsätzlich begeht, wird mit Gefängnis und mit Geldstrafe von zehntausend Mark bis zu zwanzig Millionen Mark bestraft.
>
> In besonders schweren Fällen ist die Strafe Zuchthaus und Geldstrafe von mindestens einer Million Mark; das Höchstmaß der Geldstrafe ist unbeschränkt.
>
> Als besonders schwerer Fall ist es insbesondere anzusehen,
>
> 1. wenn der Täter aus Habsucht die wirtschaftliche Notlage der Bevölkerung in besonders verwerflicher Weise ausbeutet;
>
> 2. wenn der Täter aus Habsucht mit erheblichen Mengen von Gegenständen des täglichen Bedarfs Schleichhandel treibt.“

III. StGB

In das StGB wurde die Gesetzesfigur der unbenannten besonders schweren Fälle erstmalig im Jahre 1926 hinter der Anstiftung zum Zweikampf (§ 210 a.F. StGB) in § 210a S. 2 a.F. StGB eingefügt.[128] Gemäß § 210a S. 1 i.V.m. S. 2 a.F. StGB musste in besonders schweren Fällen neben einer nach den Vorschriften der §§ 201 bis 203, 205 bis 208, 210 a.F. StGB erkannten Strafe auf Verlust der bekleideten öffentlichen Ämter und bei Soldaten auf Lösung des Dienstverhältnisses erkannt werden.[129] Der besonders schwere Fall des § 210a

126 RGBl., S. 2107; vgl. auch schon § 114 Abs. 2 des Militärstrafgesetzbuches von 1872: „In schweren Fällen, insbesondere im Rückfalle, kann zugleich auf Dienstentlassung oder Degradation erkannt werden.“

127 RGBl., S. 700.

128 Siehe das Gesetz über die Bestrafung des Zweikampfes, RGBl. I, 1926, S. 201. Die Regelung des § 210a wurde bereits mit Gesetz vom 26. Mai 1933 durch einen gänzlich neuen § 210a ersetzt, der keinen besonders schweren Fall mehr vorsah, RGBl. I, 1933, S. 295.

129 *Vormbaum / Welp*, StGB, Band 1, S. 254.

S. 2 StGB normierte jedoch keine Strafschärfung für eine Hauptstrafe i.S.v. § 1 StGB von 1924,[130] sondern nur eine Nebenstrafe.[131]

Die Strafschärfung einer Hauptstrafe aufgrund des Vorliegens eines besonders schweren Falles wurde mit der Verordnung des Reichspräsidenten vom 19. Dezember 1932 zur Erhaltung des inneren Friedens in das StGB eingeführt.[132] Gemäß Abschnitt IV i.V.m. § 9 der Verordnung wurde die Vorschrift des § 49b in das StGB eingefügt, die in besonders schweren Fällen der Teilnahme an einer Verbindung oder Verabredung, die Verbrechen wider das Leben bezweckt oder als Mittel für andere Zwecke in Aussicht nimmt oder eine solche Verbindung unterstützt, die Mindeststrafe des § 49b Abs. 1 StGB von 1932 von nicht unter drei Monaten auf Zuchthaus bis zu fünf Jahren anhob.[133]

IV. Kritik an der Gesetzestechnik der unbenannten besonders schweren Fälle

Sowohl hinsichtlich der generellen[134] Verwendung der Gesetzestechnik in den Reformentwürfen als auch bezüglich der Einführung des unbenannten besonders schweren Falles in § 210a S. 2 a.F. StGB wurde Kritik geübt.

Bereits die Verwendung der besonders schweren Fälle im Vorentwurf von 1909 wurde als außerordentliche Erhöhung der Machtbefugnis des Richters empfunden.[135] Mendelssohn-Bartholdy[136] sprach gar vom „Wolf des freien richterlichen Ermessens im Schafspelz der Erweiterung der Strafrahmen, der würgend in den Hürden des künftigen Strafgesetzbuches umhergehe, schon vielfach gerötet vom Blut unschuldiger §-Lämmer".

---

130 Der § 1 StGB in der Fassung vom 06. Februar 1924 sah als Hauptstrafen z.B. Zuchthaus und Festungshaft vor.

131 Siehe auch *Waßner*, Die Stellung der besonders schweren Fälle zwischen Tatbestand und Strafzumessung, S. 46.

132 RGBl. I, S. 548; *Vormbaum / Welp*, StGB, Band 1, S. 269.

133 *Vormbaum / Welp*, StGB, Band 1, S. 269; *Bayerwaltes*, Die unbenannten Strafschärfungs- und Strafmilderungsgründe, unter Ausschluss der mildernden Umstände, insbesondere der minder schweren Fälle im Militärstrafgesetz sowie der besonders schweren Fälle des Strafgesetzbuches, S. 4.

134 Siehe zur Kritik hinsichtlich Einzelfragen wie der Definition des § 84 Abs. 2 VE, *Waßner*, Die Stellung der besonders schweren Fälle zwischen Tatbestand und Strafzumessung, S. 40 m.w.N.

135 Vgl. hierzu *von Calker*, ZfRpflin-Bay 1910, S. 71; ebenso m.w.N. *Waßner*, Die Stellung der besonders schweren Fälle zwischen Tatbestand und Strafzumessung, S. 38.

Beling[137] kritsierte am Entwurf von 1925 unter anderem den allgemeinen Wertbegriff „besonders schwer“ als völlig inhaltsleer.[138] Auch Finger[139] hielt es für bedenklich, dass dieser Entwurf nicht den Versuch unternahm, die Merkmale besonders schwerer Fälle zu umschreiben. Die Legaldefinition sei trotz ihres Wortreichtums nichtssagend.

Nagler[140] wies ebenso bezüglich des Entwurfs von 1925 darauf hin, dass die Regelung strafschärfender Umstände durch kasuistische Qualifikationen pädagogischen Wert hätten, da sie ihren Eindruck auf das Volk nicht verhehlen werden. Da jedoch nicht abzuschätzen sei, welche Gesetzestechnik das kleinere Übel sei, sollte man die unbenannten besonders schweren Fälle, wenn auch mit Bedenken, passieren lassen.

Gleichwohl rügte Graf zu Dohna[141] die erstmalige Einführung des unbenannten besonders schweren Falles in § 210a S. 2 a.F. StGB. Der Gesetzgeber habe „einen grotesken Mangel an Formgefühl“ gezeigt. Bei der zwingenden Vorschreibung der Dienstentlassung, die andererseits vom richterlichen Ermessen, der Bejahung eines besonders schweren Falls, abhänge sei „als blicke man in einen Vexierspiegel.“

D) Regelbeispielstechnik

I. Entstehung

Während das RStGB von 1871 strafschärfende Umstände ausschließlich durch kasuistisch qualifizierte Tatbestände regelte, bei deren Vorliegen fast[142] immer der verschärfte Strafrahmen anzuwenden war, wollten im Gegensatz dazu die Reformentwürfe in zunehmenden Maße auf kasuistische Qualifikationstatbe-

136 DRiZ 1911, S. 387.

137 GerS 91 (1925), S. 352. Der eigentliche Sinn dieses Entwurfs könne, so Beling, wenn auch übertrieben wie folgt wiedergegeben werden: „§ 1. Unmoralische Menschen werden nach richterlichem Ermessen behandelt. § 2. Der Richter soll sich dabei ungefähr an folgende Richtlinien handeln […].“

138 Siehe zu den Friktionen mit den verfassungsrechtlichen Anforderungen des Grundgesetzes unter Gliederungspunkt 1. Teil D) II. 1.

139 GerS 92 (1926), S. 82 f.

140 GerS 94 (1927), S. 106.

141 DJZ 1926, S. 885.

142 Zur (Ausnahme-) Regelung des § 222 StGB von 1871 sogleich unter Gliederungspunkt D) I. 1.

stände durch die Verwendung unbenannter besonders schwerer Fälle verzichten.

Die Einführung besonders schwere Fälle mit gesetzlichen Beispielen im Nebenstrafrecht deutete jedoch bereits auf einen Mittelweg in der Gesetzestechnik für das StGB hin. Ein Mittelweg, der einerseits das enge „Korsett" der Qualifikationstechnik lockert, andererseits den zu weiten Beurteilungsspielraum des Richters bei den unbenannten besonders schweren Fällen eingrenzt: die Regelbeispielstechnik.

Bevor die Regelbeispielstechnik, so wie sie im heutigen StGB mit der „In-der-Regel"-Formel vielfach verwendet wird („Ein besonders schwerer Fall liegt in der Regel vor"), Eingang in das StGB fand, bedurfte es weiterer Entwicklungsstufen. Auf diese und die Vorläufer der heutigen Regelbeispielstechnik ist nun einzugehen.

1. Vorläufer

a) § 222 RStGB

Schon das RStGB von 1871 enthielt in § 222 Abs. 2 StGB von 1871 (Fahrlässige Tötung) eine Besonderheit in der Gesetzestechnik der Regelung strafschärfender Umstände,[143] die jedoch in der älteren Literatur – soweit ersichtlich – nicht als solche wahrgenommen wurde. Im Gegensatz zur ganz überwiegenden Regelung der sonstigen Qualifikationstatbestände, bei der es bei Vorliegen des im Gesetz genannten strafschärfenden Umstandes zwingend zur Anwendung eines verschärften Strafrahmens kam, wurde die Anwendung des verschärften Strafrahmens bei § 222 Abs. 2 StGB von 1871 in das Ermessen des Richters gestellt: „Wenn der Thäter zu der Aufmerksamkeit, welche er aus den Augen setzte, vermöge seines Amtes, Berufes oder Gewerbes besonders verpflichtet war, so *kann* die Strafe bis auf fünf Jahre Gefängniß erhöht[144] werden." Der ordentliche Strafrahmen der Fahrlässigen Tötung (§ 222 Abs. 1 StGB von 1871: „Wer durch Fahrlässigkeit den Tod eines Menschen verursacht, wird mit Gefängnis bis zu drei Jahren bestraft") sah Gefängnis bis zu drei Jahren vor.

143 Zu weiteren Regelungen siehe *Eisele*, Die Regelbeispielsmethode im Strafrecht, S. 69.

144 Der Verwendung des Verbs „erhöhen" steht der Tatsache nicht entgegen, daß es sich bei dieser Regelung um eine Strafschärfung und nicht um eine Straferhöhung handelt; vgl. *Binding*, Deutsches Strafrecht AT, 8. Aufl., § 109 III.

Dem Richter war somit die Möglichkeit gegeben, trotz der Bejahung des strafschärfenden Umstandes von der Anwendung des Sonderstrafrahmens abzuweichen und die Strafe dem ordentlichen Strafrahmen zu entnehmen.

Diese Möglichkeit der Nichtanwendung des verschärften Strafrahmens verkörpert bereits ein Teilelement der heutigen Regelbeispielstechnik. Auch heute ist es dem Richter trotz Vorliegen eines Regelbeispiels möglich, bei Vorliegen bestimmter Umstände den verschärften Strafrahmen nicht anzuwenden.

b) §§ 263 Abs. 4, 266 Abs. 2 StGB von 1933

Mit dem Gesetz zur Abänderung strafrechtlicher Vorschriften vom 26. Mai 1933[145] wurden erstmalig beim damaligen Betrugs- (§ 263 Abs. 4 a.F. StGB) und beim Untreuetatbestand (§ 266 Abs. 2 a.F. StGB) besonders schwere Fälle mit gesetzlichen Beispielen in das StGB eingefügt.[146] Sie lauteten wörtlich übereinstimmend:

> „In besonders schweren Fällen tritt an die Stelle der Gefängnisstrafe Zuchthaus bis zu zehn Jahren. Ein Besonders Schwerer Fall liegt insbesondere dann vor, wenn die Tat das Wohl des Volkes geschädigt oder einen anderen besonders großen Schaden zur Folge gehabt oder der Täter besonders arglistig gehandelt hat."

Zwar war trotz des eindeutigen Wortlauts („insbesondere dann [...], wenn") umstritten, ob der Richter bei Gegebensein eines der aufgeführten Beispiele einen besonders schweren Fall bejahen und zwingend den geschärften Strafrahmen annehmen musste.[147] Besondere Beachtung verdient jedoch die mit dieser Technik eingeführte Möglichkeit, auch bei Nichtvorliegen eines gesetzlichen Beispiels einen sonstigen besonders schweren Fall anzunehmen.[148]

Dies stellte eine deutliche Erweiterung richterlicher Befugnisse im Bereich der Strafschärfung dar, wenn man berücksichtigt, dass eine Legaldefinition des besonders schweren Falles nicht in das StGB mit aufgenommen wurde. Auch hatten, wie aufgezeigt, sämtliche Reformentwürfe bis 1930 die Einführung

---

145 RGBl., 1933, S. 295.

146 *Scheffler*, Strafgesetzgebungstechnik in Deutschland und Europa, S. 29: „eine Art Vorläufer der Regelbeispielstechnik."

147 Vgl. mit Nachweisen aus der Literatur und Rechtsprechung des Reichsgerichts *Eisele*, Die Regelbeispielsmethode im Strafrecht, S. 90 Fn. 393; siehe auch BGHSt 5, S. 211 zu § 292 a.F. StGB, der die Beispiele für zwingend hielt; siehe auch *Nesemann*, Die Problematik des „besonders schweren Falles" im Strafrecht, S. 25 f.

148 Vgl. *Nesemann*, Die Problematik des „besonders schweren Falles" im Strafrecht, S. 25 f.

besonders schwerer Fälle nur mit gleichzeitiger Normierung einer Legaldefinition im Allgemeinen Teil vorgeschlagen.

Die Erweiterung der richterlichen Befugnis durch die Möglichkeit der Annahme eines sonstigen besonders schweren Falles entsprach durchaus dem damaligen Zeitgeist. Diesen gibt anschaulich Nesemann wieder, der die vergangene rechtsstaatliche Epoche des Liberalismus durch eine verständnislose Milde der Rechtsprechung in der Behandlung der die Gemeinschaft schwer schädigenden Verbrecher gekennzeichnet sieht.[149] Es sei die fehlende geistige Geschlossenheit der vorangegangenen Reformbestrebungen gewesen, die eine frühere Einführung besonders schwerer Fälle verhindert hätten.[150]

Diesem Zeitgeist entsprechend kam es in den Jahren von 1933 bis 1944 zu einer vermehrten Verwendung von besonders schweren Fällen im StGB, allerdings vorrangig zur Einführung unbenannter besonders schwerer Fälle.[151] Diesbezüglich wird gar von einer Hochflut[152] beziehungsweise Hochkonjunktur[153] gesprochen. Beispielsweise wurden mit dem Gesetz zur Änderung von Vorschriften des Strafrechts und des Strafverfahrens vom 24. April 1934[154] unbenannte besonders schwere Fälle in den §§ 90a Abs. 5, 90h Abs. 2 RStGB; mit dem Gesetz zur Änderung des Strafgesetzbuchs vom 28. Juni 1935[155] unbenannte besonders schwere Fälle in den §§ 141 Abs. 3, 141a Abs. 3, 143a Abs. 3; 315 Abs. 1 S. 2, Abs. 2 S. 3 RStGB eingeführt. Neben der Integration besonders schwerer Fälle wurden beginnend mit der Verordnung zur Ergänzung der Strafvorschriften zum Schutz der Wehrkraft des Deutschen Volkes vom 25. November 1939[156] schwere Fälle in das StGB eingefügt.[157] Ein sachlicher Unterschied zu den besonders schweren Fällen bestand gleichwohl nicht.[158]

---

149 *Nesemann*, Die Problematik des „besonders schweren Falles" im Strafrecht, S. 5.

150 *Nesemann*, Die Problematik des „besonders schweren Falles" im Strafrecht, S. 11.

151 Vgl. hierzu die Auflistung bei *Milletat*, Die „besonders schweren Fälle" im Entwurf eines Strafgesetzbuches (StGB) E 1962, S. 7 f.

152 *Milletat*, Die „besonders schweren Fälle" im Entwurf eines Strafgesetzbuches (StGB) E 1962, S. 7; *Maiwald*, NStZ 1984, S. 434.

153 *Milletat*, Die „besonders schweren Fälle" im Entwurf eines Strafgesetzbuches (StGB) E 1962, S. 9.

154 RGBl., 1934, 341; *Vormbaum / Welp*, StGB, Band 1, S. 296 ff.

155 RGBl., 1935, S. 839; *Vormbaum / Welp*, StGB, Band 1, S. 307 ff.

156 Vgl. RGBl., 1939, S. 2319 abgedruckt in *Vormbaum / Welp*, StGB, Band 1, S. 327 ff.

157 Siehe Wortlaut des § 1 Abs. 1 S. 2 (Wehrmittelbeschädigung) der VO v. 25. November 1939: „In schweren Fällen ist auf Todesstrafe oder auf lebenslanges oder zeitiges Zuchthaus zu erkennen"; siehe hierzu auch *Eisele*, Die Regelbeispielsmethode im Strafrecht, S. 90.

158 *Milletat*, Die „besonders schweren Fälle" im Entwurf eines Strafgesetzbuches (StGB) E 1962, S. 8 Fn. 39.

Neben dem Bestreben, mittels der Einführung (unbenannter) besonders schwerer Fälle drastische Strafen verhängen zu können,[159] kam ein weiteres hinzu. Auf die Schaffung von Qualifikationstatbeständen sollte verzichtet werden, um das schwere Unrecht nicht nur Ausschnittweise erfassen zu können.[160] Strafbarkeitslücken sollten somit vermieden werden.

Beleg hierfür ist die Aufhebung des Qualifikationstatbestandes der Nötigung im Amt gemäß § 339 Abs. 1 RStGB von 1871 durch die Verordnung zur Angleichung des Strafrechts des Altreichs und der Alpen- und Donau-Reichsgaue (Strafrechtsangleichungsverordnung) vom 29. Mai 1943[161] und die Einführung eines unbenannten besonders schwerer Falles in § 240 StGB. Ebenso wurde mit der Einführung eines unbenannten schweren Falls bei der Urkundenfälschung in § 267 Abs. 3 in der Fassung vom 15 Juni 1943, der bis dahin geltende Qualifikationstatbestand des § 268 a.F. StGB beseitigt.[162] Weiterhin traten schwere Fälle als Ersatz für Qualifikationstatbestände am 01. Mai 1942[163] in § 132, sowie am 15 Juni 1943[164] in § 348 Abs. 4 in Kraft.[165]

2. Der Entwurf von 1936

Die Arbeiten bezüglich der Reform des Strafrechts nahm das Reichsjustizministerium im Jahre 1933 wieder auf und schuf den Entwurf von 1936.[166] Der Entwurf von 1936 sah ebenso wie die vorangegangenen Strafrechtsreformentwürfe die Gesetzes-technik der besonders schweren Fälle vor.

Hinsichtlich der konkreten Ausgestaltung der besonders schweren Fälle unterschied sich dieser Entwurf von den früheren aber erheblich. Zunächst einmal wurde im Ergebnis[167] auf eine Legaldefinition im Allgemeinen Teil verzichtet.[168] Die im Besonderen Teil geregelten besonders schweren Fälle wurden

---

159 *Maiwald,* NStZ 1984, S. 434.

160 *Nesemann*, Die Problematik des „besonders schweren Falles“ im Strafrecht, S. 13.

161 RGBl., 1943, S. 339; siehe auch *Vormbaum / Welp*, StGB, Band 1, S. 353 ff.

162 *Kohlrausch / Lange*, StGB, § 267, S. 383.

163 Siehe VO v. 09. April 1942, RGBl. 1942, S. 174 abgedruckt in *Vormbaum / Welp*, StGB, Band 1, S. 343 ff.

164 Siehe VO v. 29. Mai 1943, RGBl. 1943, S. 339 abgedruckt in *Vormbaum / Welp*, StGB, Band 1, S. 353 ff.

165 *Kohlrausch / Lange*, StGB, Vorbem. § 13, S. 47.

166 Eingehend hierzu *Eisele*, Die Regelbeispielsmethode im Strafrecht, S. 85 ff.

167 Vgl. zu früheren Entwürfen *Eisele*, Die Regelbeispielsmethode im Strafrecht, S. 86 m.w.N.

168 *Milletat*, Die „besonders schweren Fälle“ im Entwurf eines Strafgesetzbuches (StGB) E 1962, S. 17.

nunmehr teilweise[169] durch Beispiele konkretisiert. Hierbei wurden überwiegend Qualifikationstatbestände in besonders schwere Fälle beziehungsweise schwere Fälle aufgelöst.[170]

Dies galt auch für die Regelung des schweren Diebstahls in § 455 E 1936.

> „In schweren Fällen wird der Dieb mit Zuchthaus oder mit Gefängnis nicht unter sechs Monaten bestraft.
>
> Ein schwerer Fall liegt insbesondere vor, 1. wenn aus einem einer dem Gottesdienst [...] gestohlen wird, 2. wenn die Sache aus einem geschlossenen Raum gestohlen wird, den ein am Diebstahl Beteiligter in diebischer Absicht mit Diebeswerkzeug eröffnet hat [...].“[171]

Der Entwurf verwendete neben dieser „insbesondere“-Formel auch die „namentlich“-Formel[172] beziehungsweise die „vor-allem-wenn“-Formel[173]. Unabhängig der variierenden Formulierungstechnik sollte bei Gegebensein eines aufgeführten Beispiels stets der schärfere Strafrahmen zur Anwendung kommen.[174]

Allerdings ist darauf hinzuweisen, dass Kohlrausch im Jahre 1935 für den schweren Diebstahl die „In-der-Regel“-Formel[175] vorgeschlagen hatte.[176] Im

---

169 Der Entwurf verwendete aber auch weiterhin unbenannte besonders schwere Fälle, siehe *Milletat*, Die „besonders schweren Fälle“ im Entwurf eines Strafgesetzbuches (StGB) E 1962, S. 18.

170 *Milletat*, Die „besonders schweren Fälle“ im Entwurf eines Strafgesetzbuches (StGB) E 1962, S. 18.

171 *Regge / Schubert*, Quellen zur Reform des Straf- und Strafprozeßrechts, 2. Abt., Bd. 1, 1. Teil, S. 465.

172 § 465 E 1936 (Jagdwilderei): „In besonders schweren Fällen ist auf Gefängnis nicht unter drei Monaten zu erkennen. Ein besonders schwerer Fall liegt namentlich vor, wenn die Tat zur Nachtzeit, in der Schonzeit oder […] begangen wird“, *Regge / Schubert*, Quellen zur Reform des Straf- und Strafprozeßrechts, 2. Abt., Bd. 1, 1. Teil, S. 466.

173 § 199 E 1936 (Notzucht): „In besonders schweren Fällen, vor allem wenn die Tat gleichzeitig einen Rasseverrat (§ 133) darstellt, ist die Strafe […]“, *Regge / Schubert*, Quellen zur Reform des Straf- und Strafprozeßrechts, 2. Abt., Bd. 1, 1. Teil, S. 435.

174 Siehe *Milletat*, Die „besonders schweren Fälle“ im Entwurf eines Strafgesetzbuches (StGB) E 1962, S. 18.

175 *Rosenfeld* schlug bereits 1908 in der „Vergleichende[n] Darstellung des Deutschen und Ausländischen Strafrechts“ die „In-der-Regel“-Formel im Rahmen der Beleidigung vor, siehe Rosenfeld, Vergleichende Darstellung, AT Bd. III, S. 153: „Bei der Beleidigung hat in der Regel straferhöhend zu wirken a) der Umstand, dass […].“ Der Vorschlag stand jedoch noch nicht im Zusammenhang mit der Gesetzesfigur des besonders schweren Falls, sondern betraf eine Straferhöhung im Rahmen der Beleidigung.

Entwurf der Strafrechtskommission sollte nach Abschluss der ersten Lesung zunächst für den gewerbsmäßigen Diebstahl als Qualifikationstatbestand Zuchthausstrafe, anstelle der in § 242 StGB normierten Gefängnisstrafe, angedroht werden.[177] Nachfolgend war die Formulierung vorgesehen: „Auch in sonstigen schweren Fällen ist auf Zuchthaus zu erkennen. Das wird in der Regel der Fall sein, wenn [...].“[178] Es wurden dann vier „markante Fälle“ – die Verunehrung einer dem Gottesdienst oder der Heldenverehrung geweihten Stätte durch einen Diebstahl; der Einbruchsdiebstahl; der bewaffnete Diebstahl und der sog. räuberische Diebstahl – aufgeführt.[179]

Die „In-der-Regel“-Formel tauchte später auch im Rahmen der Diskussion über die Fassung des noch heute gültigen Mordtatbestandes von 1941 auf.[180] Zwar wurde zur damaligen Zeit der Mordtatbestand nicht als Qualifikation des Totschlags angesehen. Allerdings verdeutlicht die Diskussion um die Formulierungstechnik des Absatz 2 des Mordtatbestandes, dass durchaus auch auf der Ebene der Grundtatbestände daran gedacht wurde, kasuistischen Tatbestandsfassungen entgegenzuwirken. So enthielt bereits für Roland Freisler der Absatz 2 des Mordtatbestandes nur „Veranschaulichungsbilder“ ohne „Ausschließlichkeitsanspruch.“[181] Die spätere Streichung der für Freisler „verunklarenden Worte“ – in der Regel – bedeute jedoch nicht eine „grundsätzliche Änderung des Verhältnisses des ersten und des zweiten Absatzes zueinander.“[182] Entsprechend diesem Verständnis Freislers des nicht abschließenden, aber auch nicht zwingenden Charakters der „Fallsammlung“[183] des Absatz 2 führte er aus: „Ich denke etwa an den Fall, daß die Tat zwar heimtükkisch, aber aus verständlichen Beweggründen begangen worden ist; der Vater hat denjenigen, der seiner Tochter die Ehre geraubt und sie dann

176 *Kohlrausch* in Gürtner, BT, 1. Aufl., S. 297 (307); *Krämer*, Die Regelung des schweren Diebstahls durch das 1. StRG, S. 34 f.; siehe auch *Eisele*, Die Regelbeispielsmethode im Strafrecht, S. 87; Metzger trat ebenfalls für eine Exemplifikation der besonders schweren Fälle ein, siehe Protokolle der 48. Sitzung vom 21. September 1934 bei *Regge / Schubert*, Quellen zur Reform des Straf- und Strafprozeßrechts, 2. Abt., Bd. 2, 2.Teil, S. 547 (561).

177 *Eisele*, Die Regelbeispielsmethode im Strafrecht, S. 87.

178 Kohlrausch wies darauf hin, dass mit dieser Methode nicht von einem imaginären Höhepunkt nach unten abgebaut, sondern, unter weitgehender richterlicher Ermessensfreiheit, vom Grunddelikt nach oben aufgebaut wird, siehe *Kohlrausch* in Gürtner, BT, 2. Aufl., S. 484; *Prinz*, Diebstahl – §§ 242 ff. StGB, S. 119.

179 *Kohlrausch* in Gürtner, BT, 2. Aufl., S. 484 f.

180 Der Mordparagraph sollte nach der zweiten Lesung der Amtlichen Strafrechtskommission beginnen: „Wer einen Menschen tötet, wird, wenn er besonders verwerflich gehandelt hat, als Mörder [...] bestraft. Besonders verwerflich handelt in der Regel, [...].“

181 *Freisler,* DJ 1941, 934 f.; siehe auch *Dahm,* DR 1942, 405: „legt man [...] das fehlende ‘insbesondere’ auf dem Wege über die entsprechende Gesetzesanwendung in den Abs. 2 [...] hinein.“

182 *Freisler,* DJ 1941, 935.

183 *Eser,* Verh. 53. DJT 1980, S. 40.

im Stich gelassen hat, nicht offen, sondern heimtückisch niedergeschossen."[184] Auch heute noch werden die Mordmerkmale – jedenfalls auf Grundlage der Lehre von der (negativen) Typenkorrektur – explizit als Regelbeispiele bezeichnet.[185]

Im übrigen war dem Richter auch im Entwurf von 1936 die Möglichkeit gegeben, bei Nichtvorliegen eines normierten Beispiels einen sonstigen besonders schweren Fall anzunehmen. Aufgrund einer fehlenden Legaldefinition des besonders schweren Falles im Allgemeinen Teil, an der die Annahme eines sonstigen besonders schweren Falles überprüfte hätte werden können, kann dies als eine Erweiterung der Befugnisse des Richters im Bereich der Strafschärfung gegenüber den früheren Re-formentwürfen gewertet werden. Das die im Besonderen Teil normierten Beispiele für besonders schwere Fälle dem Richter auch in den Fällen, in denen keine Beispiele eingefügt waren, ein anschauliches Bild davon geben sollten, was sich der Gesetzgeber unter den besonders schweren Fällen vorstellte, kann nicht hierüber hinwegtäuschen.[186]

Schließlich ist zu klarzustellen, dass die Erweiterung der richterlichen Befugnisse im Bereich der Strafschärfung in erster Linie darauf abzielt, dass der Richter von der Regel nach oben abweichen kann. Bei sämtlichen Formulierungstechniken („insbesondere"-Formel, „namentlich"-Formel beziehungsweise „vor-allem-wenn"-Formel) musste der Richter im Falle des Gegebenseins eines aufgeführten Beispiels den schärferen Strafrahmen zwingend anwenden.[187] Ein Rückgriff auf den Grundstrafrahmen, trotz Bejahung eines gesetzlichen Beispiels, war ihm verwehrt. Ob er gleichwohl über den geregelten Beispielen hinaus einen besonders schweren Fall annehmen wollte, lag in seinem pflichtgemäßen Ermessen.[188] Diese Erweiterung des richterlichen Ermessens „nach oben" entsprach der Grundausrichtung des E 1936, der die Strafvorschriften so gestaltete, dass die „vornehmste richterliche Aufgabe, der

---

184 *Freisler,* DJ 1941, 935; nicht weniger aktuell das Beispiel bei *Dahm,* DR 1942, 404 („Familientyrann").

185 *H. Schneider* in Münch-Komm, § 211 Rn. 36.

186 Siehe hierzu m.w.N. *Milletat,* Die „besonders schweren Fälle" im Entwurf eines Strafgesetzbuches (StGB) E 1962, S. 18.

187 Siehe Begr. E 1936 zu § 319 (Besonders schwere Fälle des Vertragsbruchs): „Er [der Richter] muß einen solchen [besonders schweren Fall] aufgrund des § 319 Abs. 2 annehmen […], *Regge / Schubert,* Quellen zur Reform des Straf- und Strafprozeßrechts, 2. Abt., Bd. 1, 2. Teil, S. 206. § 319 Abs. 2 E 1936 lautete: „In besonders schweren Fällen ist die Strafe […] Ein besonders schwerer Fall liegt vor allem vor, wenn durch die Tat in der Bevölkerung Angst und Schrecken erregt werden sollte."

188 Vgl. exemplarisch Begr. E 1936 zu § 319, *Regge / Schubert,* Quellen zur Reform des Straf- und Strafprozeßrechts, 2. Abt., Bd. 1, 2. Teil, S. 206.

sittlichen Gerechtigkeit zu dienen, nach Möglichkeit erleichtert wird."[189] Dies wird auch durch die Verwendung der besonders schweren Fälle in 105 Vorschriften deutlich. Zudem gab es Regelungen wie § 154 Abs. 3,[190] bei denen bei unbenannten besonders schweren Fällen die Todesstrafe zu verhängen war.

3. Regelung Besonders schwerer Fälle nach dem 2. Weltkrieg

a) Herausnahme der gesetzlichen Beispiele in §§ 263 Abs. 4, 266 Abs. 2 StGB

Durch das 3. StrafÄndG vom 4. August 1953 wurden die in §§ 263 Abs. 4, 266 Abs. 2 StGB von 1933 normierten Beispiele wieder herausgenommen, um vor der einer späteren allgemeinen Überarbeitung des StGB vorbehaltenen grundsätzlichen Beantwortung der Frage, in welcher Weise die besonders schweren Fälle näher umschrieben werden können,[191] „den Anschluss an die sonst übliche Gesetzestechnik,"[192] d.h. an die zu diesem Zeitpunkt überwiegend unbenannt besonders schweren Fälle, zu finden.[193]

b) Einführung von §§ 129 Abs. 4, 241a Abs. 4 StGB – erstmalig „Regelbeispielstechnik" –

Allerdings wurde bereits mit dem Gesetz zum Schutz der persönlichen Freiheit vom 15. Juli 1951[194] eine von der gesetzlichen Ausgestaltung her besondere

---

189 Siehe die Allgemeine Begr. zum E 1936, *Regge / Schubert*, Quellen zur Reform des Straf- und Strafprozeßrechts, 2. Abt., Bd. 1, 2. Teil, S. 5.

190 „In besonders schweren Fällen ist auf lebenslanges Zuchthaus oder auf Todesstrafe zu erkennen."

191 Siehe Begr. BRegE BT-DrS. 1/3713, S. 42.

192 Begr. BRegE BT-DrS. 1/3713, S. 42.

193 Begr. BRegE BT-DrS. 1/3713, S. 42; ebenfalls mit dem 3. StrÄndG vom 04. August 1953 wurde beim Totschlag (§ 212 Abs. 2 StGB) der besonders schwere Fall eingefügt, BGBl. I, S. 735. Nach dem Ende des zweiten Weltkriegs wurde auch ein Teil der in diesem Zeitraum eingefügten unbenannten besonders schweren Fälle durch das Kontrollratsgesetz Nr. 11 vom 30. Januar 1946 beseitigt, siehe Amtsblatt des Kontrollrats Nr. 3, S. 55 abgedruckt in *Vormbaum / Welp*, StGB, Band 1, S. 369 ff.: u.a. Aufhebung folgender mit besonders schweren Fällen versehener Vorschriften, z.B. §§ 90a, 90h, 141, 141a, 143.

194 BGBl. I, 448; in die Vorschrift des § 90a a.F. StGB (Verfassungsfeindliche Vereine) wurde in Absatz 2 auch eine „Kann"-Formulierung, wenn auch für einen unbenannten besonders schweren Fall eingeführt, siehe abgeruckt bei *Vormbaum / Welp*, StGB, Band 1, S. 380.

Form[195] der Regelung besonders schwerer Fälle in die Vorschriften der §§ 129 Abs. 4, 241a Abs. 4 StGB eingefügt.

Exemplarisch ist der Wortlaut der Regelung des § 241a Abs. 4 StGB zu nennen:

> „Wird in der Anzeige, Verdächtigung oder Mitteilung gegen den anderen eine unwahre Behauptung aufgestellt oder ist die Tat in der Absicht begangen, eine der in Absatz 1 bezeichneten Folgen herbeizuführen, oder liegt sonst ein besonders schwerer Fall vor, so *kann* auf Freiheitsstrafe von einem Jahr bis zu zehn Jahren erkannt werden."

Die Besonderheit dieser bei § 241a Abs. 4 StGB bis heute geltenden, im StGB einmaligen gesetzlichen Ausgestaltung von besonders schweren Fällen besteht darin, dass der Wortlaut eine „kann"-Bestimmung auf der Rechtsfolgenseite enthält.

Mit dem 1. StrRG vom 25. Juni 1969[196] wurde die „Kann"-Regelung der besonders schweren Fälle in § 129 StGB in eine „Ist"-Regelung umgewandelt.[197] § 129 Abs. 4 StGB lautet: „Gehört der Täter zu den Rädelsführern oder Hintermännern oder liegt sonst ein besonders schwerer Fall vor, so ist auf Freiheitsstrafe [...] zu erkennen."

Dies erscheint in zweierlei Hinsicht bemerkenswert. Bislang sollte das Vorliegen eines besonders schweren Falles unmittelbar zur Anwendung eines verschärften Strafrahmens führen. Dies galt sowohl für die in den Reformentwürfen bis 1930 vorgesehenen unbenannten besonders schweren Fälle, als auch für die im Entwurf von 1936 normierten Beispiele für besonders schwere Fälle.

Das „Kann" auf der Rechtsfolgenseite deutet darauf hin, dass der Richter bei Bejahung eines aufgeführten Beispiels, aber auch bei der Annahme eines sonstigen besonders schweren Falles noch ein Ermessen hat, ob er den verschärften Strafrahmen anwendet.

Ob der Gesetzgeber tatsächlich eine Sonderform der besonders schweren Fälle regeln wollte, stellt sich nicht eindeutig dar.

---

195 Hettinger bezeichnet die Regelung des § 241a Abs. 4 StGB als merkwürdige Sonderstellung, siehe *Hettinger,* GA 1995, S. 414, Fn. 69.

196 BGBl. I, 653.

197 Siehe hierzu im Ersten schriftlichen Bericht des Sonderausschusses für die Strafrechtsreform, dass die bei Rädelsführern und Hintermännern im Gegensatz zum geltenden Recht nunmehr zwingende Mindeststrafe von sechs Monaten angemessen sei, BT-DrS. V/4094, Nr. 41, S. 28.

aa) Gesetzesmaterialien

Die Gesetzesmaterialien geben keine hinreichende Auskunft darüber, ob und wann dem Richter auf der Rechtsfolgenseite ein Ermessen zugestanden werden soll.[198] Auch die zu diesem Gesetz ergangene Denkschrift des Bundesjustizministeriums[199] enthält diesbezüglich keine näheren Anhaltspunkte. Diese stellt hinsichtlich § 241a Abs. 4 StGB lediglich fest, dass diese Vorschrift für besonders schwere Fälle allgemein die Möglichkeit vorsehe, auf eine verschärfte Strafe zu erkennen und hierfür Beispiele für das Vorliegen eines besonders schweren Falles namentlich aufführe.[200]

bb) Rechtsprechung zu § 241a Abs. 4 StGB

Auch die zu § 241a StGB ergangene Rechtsprechung liefert zu der Frage eines möglichen Ermessens des Richters auf der Rechtsfolgenseite bei dem Gegebensein eines besonders schweren Falles keine hinreichenden Erkenntnisse. Diese setzte sich vorrangig mit dem Problem auseinander, ob die in § 241a Abs. 4 StGB ausdrücklich genannten Erschwerungsgründe bei ihrem Vorliegen die Tat aufgrund des Strafrahmens[201] zu einem Verbrechen werden lassen.[202] Die Entscheidung des 5. Strafsenats in BGHSt 20, 140 ff. deutete lediglich an, dass bei Vorliegen eines der explizit genannten Beispiele in § 241a Abs. 4 StGB i.d.F. vor dem 1. StrRG nicht zwingend auf Zuchthaus zu erkennen ist.[203]

Denn der BGH bestätigte das mit der Revision angegriffene Urteil der Strafkammer des LG Berlin, das den Angeklagten wegen politischer Verdächtigung trotz Vorliegen von § 1 Abs. 5 des Berliner Gesetzes zum Schutze der persönlichen Freiheit (FreiheitsschutzG) v. 14. Juni 1951 zu einer Gefängnisstrafe verurteilt hat. Der § 1 Abs. 5 des Berliner FreiheitsschutzG bedrohte ebenso wie § 241a Abs. 4 StGB i.d.F. vor dem 1. StrRG v. 25. Juni 1969 den besonders schweren Fall der politischen Verdächtigung mit Zuchthaus bis zu zehn Jahren, wohingegen insbesondere der § 1 Abs. 1 des Berli-

198 Siehe BT-DrS. I/2344, sowie den Bericht des Rechtsausschusses, BT-DrS. I/2377.

199 Vgl. DRiZ 1951, S. 164.

200 Siehe DRiZ 1951, S. 164.

201 Der Strafrahmen des § 241a Abs. 4 StGB i.d.F. vor dem 1. StrRG v. 25. Juni 1969 sah zum Zeitpunkt der Entscheidungen des BGH Zuchthaus bis zu zehn Jahren vor. Gemäß § 1 Abs. 1 StGB i.d.F. des Gesetzes v. 26. November.1964 war eine mit Zuchthaus bedrohte Handlung ein Verbrechen, eine mit Gefängnis bedrohte Handlung gem. § 1 Abs. 2 StGB ein Vergehen.

202 Bejahend noch BGH 5. Strafsenat, BGHSt 20, 140 = JR 1965, 307; ablehnend BGH 3. Strafsenat, BGHSt 20, 184 = JR 1965, 306 f.; und sodann auch verneinend BGH 5. Strafsenat NJW 1967, S. 1330 f.

203 Vgl. *Schröder*, JR 1965, S. 308.

ner FreiheitsschutzG Gefängnisstrafe vorsah. Diesbezüglich stimmten der § 1 des Berliner FreiheitsschutzG mit der Regelung des § 241a StGB überein.[204]

cc) Stimmen aus der Literatur zu § 241a Abs. 4 StGB

In der Literatur herrscht bis heute keine Einigkeit hinsichtlich der Auslegung des § 241a Abs. 4 StGB.

(a) Kann = Ist

Teilweise wird das „Kann" in § 241a Abs. 4 StGB in ein „Ist" umgedeutet.

Radtke[205] und Kindhäuser[206] bezeichnen die in § 241a Abs. 4 StGB aufgezählten Beispiele wie jene des § 129 Abs. 4 StGB[207] als zwingend und halten den Richter bei Verwirklichung dieser an den höheren Strafrahmen gebunden. Die Vorschrift des § 129 Abs. 4 StGB weist jedoch gerade keine „Kann"- sondern eine „Ist"-Regelung auf derRechtsfolgenseite auf.

Auch Roxin[208] ging bislang davon aus, dass der Gesetzgeber in der Vorschrift des § 241a Abs. 4 StGB unbenannte und benannte Strafänderungsgründe deshalb so nebeneinander gestellt habe, dass die benannten den Richter zur Anwendung des veränderten Strafrahmens zwingen, wenn sie vorliegen. Roxin stellt die Vorschrift des § 241a Abs. 4 StGB der des Minder schweren Fall des

---

204 *Heimann-Trosien* in LK, 9. Aufl., § 241 a Rn. 12.

205 Münch-Komm, § 12 Rn. 17.

206 LPK, § 12 Rn. 11.

207 Siehe hierzu ebenso aber nicht eindeutig *Gribbohm* in LK, § 12 Rn. 20, der die Beispiele in § 241a Abs. 4 StGB ebenfalls im Zusammenhang mit denen des § 129 Abs. 4 StGB als zwingende Beispiele behandelt und den Richter an den höheren Strafrahmen gebunden hält, wenn ein Beispielsfall verwirklicht ist. Dann bezeichnet Gribbohm die Strafrahmenänderung des § 241a Abs. 4 StGB wiederum als fakultativ, *Gribbohm* in LK, Vor § 46 Rn. 22; vgl. auch *Lackner / Kühl*, 26. Aufl., § 46 Rn. 11, der die Beispiele in § 241a Abs. 4 StGB im Zusammenhang mit jenen des § 129 Abs. 4 StGB ohne nähere Begründung als zwingend nennt. Zu der Frage, ob es bei Vorliegen der Beispiele auch zwingend zur Anwendung des Strafrahmens des § 241a Abs. 4 StGB kommt, nimmt Kühl keine Stellung.

208 *Roxin*, Strafrecht AT, Bd. 1, 3. Aufl., § 9 IV Rn. 16. In der 4. Aufl. nimmt Roxin hierzu keine Stellung mehr, vgl. *Roxin*, Strafrecht AT, Bd. 1, 4. Aufl., § 9 IV Rn. 15.

Totschlags (§ 213 StGB)[209] gegenüber. Der § 213 StGB enthält auf der Rechtsfolgenseite allerdings keine „Kann"- sondern eine „Ist"-Regelung.[210]

(b) § 241a Abs. 4 StGB = Regelbeispielstechnik?!

Ein Teil der Literatur bewertet die in § 241a Abs. 4 StGB genannten Strafschärfungsgründe als – die Anwendung eines verschärften Strafrahmens – nicht zwingende Merkmale.

Nach Gallas[211] und Rehs[212] wird bei Gegebensein eines der in § 241a Abs. 4 StGB aufgeführten Beispiele das „kann" nicht erst auf der Rechtsfolgenseite berücksichtigt, sondern schon bei der Frage, ob überhaupt ein besonders schwerer Fall vorliegt.[213]

Rehs[214] sieht die Intention des Gesetzgebers zur Benennung von Beispielen in § 241a Abs. 4 StGB darin, dass dieser noch den Gedanken mit in die Norm hineingetragen habe, bei welchen Umständen besonders schwere Fälle vorliegen können. Der Gesetzgeber habe aber damit nicht zum Ausdruck bringen wollen, dass bei Vorliegen der genannten Umstände ein besonders schwerer Fall gegeben sein müsse, sondern er habe diese Entscheidung dem Richter übertragen. Gallas schlägt zudem als zukünftige Formulierung auch für § 241a Abs. 4 StGB die der heutigen Regelbeispielstechnik zu Grunde liegende „in der Regel"-Formulierung vor.[215]

Das „kann" wird somit in die Voraussetzungsseite hinsichtlich der Frage des Vorliegens eines besonders schweren Falles hineingelesen. Die Beispiele in § 241a Abs. 4 StGB sind demnach nicht zwingend. Liegt aber ein besonders schwerer Fall vor, dann ist die Strafe zwingend aus dem Strafrahmen des

---

209 Auch Radtke erwähnt den § 213 in unmittelbaren Zusammenhang mit § 241a Abs. 4 StGB, *Radtke* in Münch-Komm, § 12 Rn. 17.

210 Hinsichtlich des § 213 StGB wird zudem diskutiert, ob bei Vorliegen der Voraussetzungen des § 213 Alt. 1 StGB stets ein minder schwerer Fall gegeben ist oder eine nochmalige Gesamtabwägung zu erfolgen hat; gegen eine solche Gesamtabwägung u.a. *Fischer*, § 213 Rn. 2 m.w.N.

211 Niederschriften über die Sitzungen der Großen Strafrechtskommission, Band 1, S. 134.

212 Niederschriften über die Sitzungen der Großen Strafrechtskommission, Band 1, S. 136.

213 Vgl. ebenfalls – wenn auch nicht eindeutig – *Lenckner / Perron / Stree* in Schönke / Schröder, Vorbem §§ 38 ff. Rn. 44b, die die Frage aufwerfen, ob denn im Fall des § 241a Abs. 4 StGB die modifizierte Strafdrohung bei Vorliegen eines Regelbeispiels immer anzuwenden sei und dies für eine Auslegungsfrage halten. Die in § 241a Abs. 4 StGB ausdrücklich aufgezählten Umstände werden explizit als Regelbeispiele benannt, deren strafändernde Bedeutung im Falle des Gegebenseins besonderer Faktoren entfallen kann.

214 Niederschriften über die Sitzungen der Großen Strafrechtskommission, Band 1, S. 136.

215 Niederschriften über die Sitzungen der Großen Strafrechtskommission, Band 1, S. 134.

§ 241a Abs. 4 StGB zu entnehmen.[216] Diese Sichtweise entspricht dem heutigen Verständnis der Regel-beispielstechnik.

(c) Stellungnahme

Der Auffassung, die von einer zwingenden Strafrahmenänderung bei Vorliegen der gesetzlich aufgeführten Erschwerungsgründe in § 241a Abs. 4 StGB ausgeht, kann nicht gefolgt werden. Insbesondere überzeugt die Bezugnahme auf die Regelung besonders schwerer Fälle in § 129 Abs. 4 StGB nicht. Zwar ähnelt die Regelung des § 241a Abs. 4 StGB hinsichtlich der Art und Weise der Gesetzestechnik der des § 129 Abs. 4 StGB. Dies dürfte daran liegen, dass die Regelung für besonders schwere Fälle in § 129 StGB ebenfalls im Jahre 1951[217] in das StGB gelangt ist.

Beide Normen führen, einmal abgesehen von der jeweils in Absatz 4 anzutreffenden Bestimmung, zunächst gesetzliche Beispiele für besonders schwere Fälle auf und verwenden anschließend den Halbsatz „oder liegt sonst ein besonders schwerer Fall vor".

Einzige – aber bestehende – gesetzestechnische Differenz dieser Vorschriften ist jedoch, dass die Regelung des § 241a Abs. 4 StGB auf der Rechtsfolgenseite das Wort „kann" und die Norm des § 129 Abs. 4 StGB das Wort „ist" verwendet.

Darüber hinaus gibt die Gesetzesgebungsgeschichte des § 129 StGB zu erkennen, dass der Gesetzgeber bezüglich des § 129 Abs. 4 StGB eine andere Auslegung als in § 241a Abs. 4 StGB beabsichtigt hat. Mit dem 1. StrRG von 25. Juni 1969[218] wurde die Regelung der besonders schweren Fälle in § 129 StGB, die bis dahin ebenfalls auf der Rechtsfolgenseite ein „kann" enthielt, in ein „ist" umgewandelt.

Zwar hat der Gesetzgeber die Umwandlung in der Gesetzesbegründung nicht ausdrücklich näher erläutert. Jedoch heißt es bereits im Ersten schriftlichen

---

216 Siehe *Gallas*, Niederschriften über die Sitzungen der Großen Strafrechtskommission, Band 1, S. 134, der darauf verweist, dass bezüglich der Generalklausel nicht einzusehen sei, nach welchem Prinzip der Richter von der schwereren Strafe absehen soll, wenn ein besonders schwerer Fall vorliege; ebenso *Rehs*, Niederschriften über die Sitzungen der Großen Strafrechtskommission, Band 1, S. 136.

217 Die besonders schweren Fälle in § 129 StGB wurden durch das 1. StrÄndG vom 30. August 1951 eingefügt – BGBl. I, 1951, S. 739, 744; siehe näher zur Entstehungsgeschichte des § 129 StGB *Scheiff*, Wann beginnt der Strafrechtsschutz gegen kriminelle Vereinigungen (§ 129 StGB)?, S. 4 ff.

218 BGBl. I, S. 653.

Bericht des Sonderausschusses für die Strafrechtsreform[219] hierzu, dass die bei Rädelsführern und Hintermännern im Gegensatz zum geltenden Recht nunmehr zwingende Mindeststrafe von sechs Monaten angemessen sei.

Daraus ist im Umkehrschluss zu folgern, dass es bezüglich des bis dahin geltenden Rechts bei Rädelsführern und Hintermännern eben nicht zu einer zwingenden Anwendung des verschärften Strafrahmens des § 129 Abs. 4 StGB kommen sollte. Damit ist die Gleichstellung mit § 241a Abs. 4 StGB nunmehr so ohne weiteres nicht möglich. Denn wenn der Gesetzgeber für die Beispiele in § 241a Abs. 4 StGB ebenfalls eine zwingende Strafrahmenänderung gewollt hätte, wäre es ihm unbenommen, die „Kann“- in eine „Ist“-Formulierung bei § 241a Abs. 4 StGB umzuwandeln.[220]

Schließlich kann auch nicht argumentiert werden, der Gesetzgeber habe diese Umgestaltung in § 241a StGB lediglich übersehen. Dieser Erwägung ist folgendes entgegen zu halten: Auch andere Regelungen besonders schwerer Fälle[221]enthielten im StGB auf der Rechtsfolgenseite eine „Kann“-Bestimmung.[222] Diese Normen wurden jedoch zum Teil[223] in die Regelbeispielstechnik umgewandelt.[224]

---

219 BT-DrS. V/4094, Nr. 41, S. 28.

220 Dies betont auch Warda, der darüber hinaus hervorhebt, dass es eine andere Frage sei, ob eine solche Regelung sachlich gutzuheißen ist, *Warda*, Dogmatische Grundlagen des richterlichen Ermessens im Strafrecht, S. 95.

221 Nur ohne Aufzählung von gesetzlichen Beispielen.

222 Siehe beispielsweise § 100d Abs. 4 StGB (Agententätigkeit) i.d.F. vor dem 8. StrÄndG von 1968: „In besonders schweren Fällen [...] kann auf [...] erkannt werden.“

223 So lautet der § 100 Abs. 2 StGB, der dem § 100d StGB i.d.F. vor dem 8. StrÄndG von 1968 nachgefolgt ist: „In besonders schweren Fällen ist die Strafe [...]. Ein besonders schwerer Fall liegt in der Regel vor [...].“

224 Nun ließe sich umgekehrt argumentieren, dass der Gesetzgeber nur aus Versehen in § 129 Abs. 4 StGB die Regelbeispielstechnik nicht eingeführt habe. Dagegen spricht jedoch u.a., dass der Gesetzgeber ebenfalls mit der Einführung besonders schwerer Fälle in § 129 StGB die Vorschrift des § 90a a.F. StGB (Verfassungsfeindliche Vereine) einführte, die in ihrem Absatz 2 auch eine „Kann“-Formulierung für besonders schwere Fälle, aber ohne Aufzählung von Beispielen, enthielt; BGBl. I, 1951, S. 739, 740; *Vormbaum / Welp*, StGB, Band 1, S. 380. Dieser § 90a a.F. StGB wurde durch das Vereinsgesetz vom 12. September 1964 (also doch vor der Änderung des § 129 StGB durch das 1. StrRG) durch einen neuen § 90a a.F. StGB (Verstoß gegen Entscheidungen des Bundesverfassungsgerichts) ersetzt, der in Absatz 3 zwar wiederum eine Regelung für besonders schwere Fälle enthielt, welche aber der heutigen Regelbeispielstechnik entsprach; BGBl. I, 1951, S. 593; *Schwarz / Dreher*, 28. Aufl., § 90a; Regelbeispiele wurden in § 90a StGB i.d.F. des Vereinsgesetzes, wenn der Täter zu den Rädelsführern oder Hintermännern gehörte. Dies waren die gleichen Merkmale wie sie noch heute bei § 129 Abs. 4 StGB anzutreffen sind. Hätte der Gesetzgeber also keine zwingenden Beispiele in § 129 Abs. 4 StGB haben wollen, dann

Demgegenüber ist den Vertretern, welche die Regelung des § 241a Abs. 4 StGB entsprechend der Regelbeispielstechnik auslegen, zuzugeben, dass der (heutige) Gesetzgeber bei der Bejahung eines besonders schweren Falles generell auch von der zwingenden Anwendung eines modifizierten Strafrahmens ausgeht. Jedenfalls gibt es im geltenden StGB außer der des § 241a Abs. 4 StGB keine weitere Regelung für besonders schwere Fälle, deren Wortlaut auf der Rechtsfolgenseite ein „kann“ aufweist. Dieser nach Sinn und Zweck der Norm erfolgten Auslegung steht aber entgegen, dass die Beispiele und die Generalklausel in § 241a Abs. 4 StGB eine Einheit bilden („[...] *oder liegt sonst*[225] ein besonders schwerer Fall vor [...]“) für die der Wortlaut des § 241a Abs. 4 StGB auch einheitlich das „kann“ auf der Rechtsfolgenseite festlegt.

Auch ist die Vermischung von Voraussetzungs- und Rechtsfolgenseite durch das Einbeziehen des „kann“ bei der Frage, ob bei Vorliegen eines Beispiels ein besonders schwerer Fall gegeben ist, nicht unbedenklich.

Darüber hinaus bedarf es einer solchen Vermischung auch nicht.

Liegt eines der in § 241a Abs. 4 StGB aufgeführten Beispiele vor, dann ist zunächst einmal ein besonders schwerer Fall nach der Wertung des Gesetzgebers gegeben. Die Beispiele führen bei ihrem Vorliegen demzufolge zwingend zur Bejahung eines besonders schweren Falles. Dem Richter steht jedoch dann noch ein Ermessen auf der Rechtsfolgenseite in dem Sinne zu, dass er bei dem Gegebensein bestimmter strafmildernder Umstände den modifizierten Strafrahmen des § 241a Abs. 4 StGB nicht anzuwenden braucht. Dem Einwand, der Gesetzgeber stelle mit einer solchen Gesetzgebungstechnik seine eigenen Wertungen in Frage, ist zumindest entgegenzuhalten, dass mit dieser Gesetzgebungstechnik den Umständen des Einzelfalls Rechnung getragen werden kann. Das wahrt zumindest die Möglichkeit, eventuell bestehende gesetzgeberische Unsicherheiten bei der Festlegung von strafschärfenden Merkmalen im konkreten Einzelfall auszugleichen.

Ist demgegenüber keines der genannten Beispiele des § 241a Abs. 4 StGB erfüllt und bejaht der Richter einen sonstigen besonders schweren Fall, verbleibt aufgrund des Wortlauts ebenso ein Ermessen auf der Rechtsfolgenseite.

Der Überlegung, im Falle der Annahme eines sonstigen besonders schweren Falles, das vom Wortlaut her bestehende Ermessen auf der Rechtsfolgenseite

hätte er wie bei § 90a StGB i.d.F. des Vereinsgesetzes die Regelbeispielstechnik verwenden können. Dies hat er jedoch bis heute nicht getan.

225 Hervorhebung von mir.

auf Null zu reduzieren, ist entgegenzutreten. Selbst wenn Richter, um einen sog. unbenannten besonders schweren Fall annehmen zu können, eine Gesamtwürdigung unter Heranziehung sämtlicher Zumessungstatsachen nach dem Gewicht von Unrecht und Schuld vorzunehmen hat,[226] wäre eine Ermessensreduzierung auf Null eine unzulässige Benachteiligung des Beschuldigten.

Abschließend ist zu konstatieren, dass der § 241a Abs. 4 StGB in gewissem Maße eine Sonderform der Regelung besonders schwerer Fälle ist. Zwar sind die aufgeführten Beispiele in § 241a StGB wie jene in § 129 Abs. 4 StGB zwingend, jedoch bleibt dem Richter bei Vorliegen dieser Beispiele noch ein Ermessen, von dem modifizierten Strafrahmen des § 241a Abs. 4 StGB abzuweichen.

Insoweit unterscheidet sich § 241a Abs. 4 StGB von § 129 Abs. 4 StGB und ist zwar nicht von der gesetzestechnischen Konzipierung, allerdings im Ergebnis der Regelbeispielstechnik angenähert.

c) Zwischenfazit

Die Einfügung besonders schwerer Fälle in die Vorschriften der §§ 129 Abs. 4, 241a Abs. 4 StGB durch das Gesetz zum Schutz der persönlichen Freiheit vom 15. Juli 1951[227] verdeutlicht, dass der Gesetzgeber auch nach dem Ende des Zweiten Weltkriegs nicht auf die Gesetzestechnik der besonders schweren Fälle verzichtete.

Eine einheitliche Ausgestaltung der besonders schweren Fälle gab es jedoch nicht. Zumeist verwendete der Gesetzgeber die unbenannten besonders schweren Fälle. Ein Grund für diese Situation ist darin zu sehen, dass Uneinheitlichkeiten einer „Totalrevision" des StGB vorbehalten bleiben sollten.[228] Gleichwohl deutet insbesondere die gesetzestechnische Ausgestaltung besonders schwerer Fälle in § 241a Abs. 4 StGB von 1951 auf eine zukünftige Regelung besonders schwerer Fälle im Sinne der Regelbeispielstechnik hin.

---

226 Siehe unter Gliederungspunkt 1. Teil D) II. 5.

227 BGBl. I, S. 448; in die Vorschrift des § 90a a.F. StGB (Verfassungsfeindliche Vereine) wurde in Absatz 2 auch eine „Kann"-Formulierung jedoch für einen unbenannten besonders schweren Fall eingeführt; siehe abgedruckt bei *Vormbaum / Welp*, StGB, Band 1, S. 380.

228 Hierzu *Scheffler*, Das Reformzeitalter 1953–1975, S. 178.

4. Gutachten von Richard Lange für die Große Strafrechtskommission 1954

Nach dem Ende des Zweiten Weltkriegs wurden auch die Arbeiten für eine Strafrechtsreform wieder aufgenommen.[229]

Es war Richard Lange, der in seinem Gutachten für die vom Justizminister Dehler einberufene Große Strafrechtskommission[230] eingehend zur zukünftigen Regelung strafschärfender Umstände im StGB Stellung nahm.

Richard Lange sprach sich zunächst einmal für die Beibehaltung der Gesetzestechnik durch besonders schwere Fälle aus.[231] Denn es müsse damit gerechnet werden, dass sich technisch, soziologisch oder wirtschaftlich neue Lebenskonstellationen oder sozialethisch neue anzuerkennende Wertvorstellungen bilden, die sich noch nicht voraussehen lassen.[232]

Allen diesen Möglichkeiten müsse durch die Anfügung einer Klausel Rechnung getragen werden, die ihrerseits durch die Worte „oder in anderen gleich schweren Fällen" gradmäßig an die durch den Gesetzgeber ausgeprägten Fälle gebunden sind.[233]

Einen konkreten Formulierungsvorschlag für die Verbindung der Beispiele mit der Generalklausel des besonders schweren Falles machte Richard Lange, worauf er in einer späteren Sitzung der Großen Strafrechtskommission hinwies, absichtlich nicht.[234]

Dies sei – so Richard Lange[235] – die Übernahme des Prinzips der Exemplifikation. Richard Lange verwies hierbei darauf, dass bereits Adolf Wach in seinem Beitrag über die legislative Technik in der Vergleichenden Darstellung des ausländischen und deutschen Strafrechts Ausführungen gemacht habe, welche in ihrer Tiefgründigkeit auch heute noch vorbildlich seien. Bemerkenswert sei insbesondere die Kritik Wachs „an den bis ins Absurde gestei-

229 Siehe eingehend zum geschichtlichen Hintergrund der Strafrechtskommission, *Scheffler*, Das Reformzeitalter 1953–1975, S. 179 ff.

230 Siehe eingehend zum geschichtlichen Hintergrund der Strafrechtskommission, *Scheffler*, Das Reformzeitalter 1953–1975, S. 179 ff.

231 Materialien zur Strafrechtsreform, Bd. 1, S. 84.

232 Materialien zur Strafrechtsreform, Bd. 1, S. 84.

233 Materialien zur Strafrechtsreform, Bd. 1, S. 84.

234 *R. Lange*, Niederschriften über die Sitzungen der Großen Strafrechtskommission, Bd. I, S. 138.

235 Materialien zur Strafrechtsreform, Bd. 1, S. 84.

gerten unüberbrückbaren Gegensätzen zwischen leichtesten Fällen der §§ 242 und 243 einerseits, dem Mundraub andererseits".[236]

Unter zustimmender Bezugnahme auf Ausführungen von Engisch wies Richard Lange schließlich darauf hin, dass darin der gesunde Mittelweg zwischen der Kasuistik und der Generalklausel liege.[237] Er stellte im Rahmen der späteren Sitzungen der Großen Strafrechtskommissionallerdings klar, dass die Verwendung „besonders schwerer Fälle" unter rechtsstaatlichen Gesichtspunkten zu beanstanden ist, wenn diese Formel eine leere Hülse ist.[238]

5. Diskussion in der Großen Strafrechtskommission

a) Allgemein

Im Rahmen der Sitzungen der Großen Strafrechtskommission kam es zu einer grundsätzlichen Diskussion hinsichtlich der Verwendung der Gesetzestechnik der besonders schweren Fälle.

Insbesondere von Bockelmann und Eb. Schmidt wurde gefordert, auf die besonders schweren Fälle gänzlich zu verzichten.[239] Die besonders schweren Fälle ordneten Zuchthausstrafe an, ohne anzugeben, wann ein solcher Fall denn gegeben sei.[240] Ein Absehen von besonders schweren Fällen – jedoch nur beim Übergang von Gefängnis- zur Zuchthausstrafe – befürwortete Welzel.[241]

Demgegenüber setzten sich vor allem R. Lange[242] und Dreher[243] für die Verwendung der besonders schweren Fälle ein, um – so explizit Dreher[244] – im Interesse der Verwirklichung der materiellen Gerechtigkeit „einerseits die Scylla der weiten Strafrahmen zu vermeiden und auf der anderen Seite an der Charybdis einer ungerechten Kasuistik vorbeizukommen." Hinsichtlich unge-

---

236 Materialien zur Strafrechtsreform, Bd. 1, S. 84.

237 Materialien zur Strafrechtsreform, Bd. 1, S. 84.

238 *R. Lange* Materialien zur Strafrechtsreform, Bd. 1, S. 72.

239 Niederschriften über die Sitzungen der Großen Strafrechtskommission, Bd. V, S. 12 f.

240 So explizit *Eb. Schmidt*, Niederschriften über die Sitzungen der Großen Strafrechtskommission, Bd. V, S. 13.

241 Niederschriften über die Sitzungen der Großen Strafrechtskommission, Bd. V, S. 13.

242 Siehe die Leitsätze von *R. Lange* in Anhang B Nr. 42 Umdruck R 3, Niederschriften über die Sitzungen der Großen Strafrechtskommission, Bd. I, S. 396.

243 Niederschriften über die Sitzungen der Großen Strafrechtskommission, Bd. V, S. 16, 28.

244 Niederschriften über die Sitzungen der Großen Strafrechtskommission, Bd. V, S. 16, 28.

rechter Kasuistik wurde hierbei immer auf die Regelung des schweren Diebstahls des § 243 verwiesen.[245]

b) „In-der-Regel"-Formel

Hinsichtlich der konkreten gesetzlichen Ausgestaltung der besonders schweren Fälle schlug Mezger[246] bereits in der 6. Sitzung der Großen Strafrechtskommission die Benennung von Beispielen im Besonderen Teil derart vor, dass ein besonders schwerer Fall bei Vorliegen der näher aufgezählten Umstände „in der Regel" gegeben sei.

Dreher[247] setzte sich in einer späteren Sitzung ebenfalls für die „In-der-Regel"-Formel ein, da diese eine größere Elastizität[248] ermögliche. Demgegenüber seien die „insbesondere", „namentlich" oder „stets"-Formeln Ausdruck für zwingende Beispiele – der Sache nach Qualifikationstatbestände – und somit auch in solche umzuwandeln.[249] Eine Nichtumwandlung würde Dreher zur Folge unter Anwendung der abstrakten Betrachtungsweise bei der Einteilung der Straftaten in Vergehen und Verbrechen zu unangemessenen Ergebnissen führen.[250]

---

245 Vgl. *R. Lange*, Niederschriften über die Sitzungen der Großen Strafrechtskommission, Bd. I, S. 120; *Dreher*, Niederschriften über die Sitzungen der Großen Strafrechtskommission, Bd. V, S. 16; ebenso *Fritz*, Niederschriften über die Sitzungen der Großen Strafrechtskommission, Bd. V, S. 16; vgl. auch *Lackner*, der der generellen Verwendung zwingender Tatbestandsmerkmale entgegenhielt, dass damit wieder zu der unerfreulichen zu erheblichen Unbilligkeiten führenden Kasuistik des geltenden Rechts zurückgekehrt werde, was am Beispiel des schweren Diebstahls deutlich werde. Deshalb müsse dort auf die „Stets"-Form verzichtet werden, wo der Richter eine Ausweichmöglichkeit haben müsse, weil sonst in besonders leicht gelagerten Fällen das Ergebnis vom Standpunkt der Gerechtigkeit aus, untragbar wäre, Niederschriften über die Sitzungen der Großen Strafrechtskommission, Bd. V, S. 13.

246 Vgl. Niederschriften über die Sitzungen der Großen Strafrechtskommission, Bd. I, S. 133.

247 Niederschriften über die Sitzungen der Großen Strafrechtskommission, Bd. V, S. 16, 29.

248 Siehe zu den verfassungsrechtlichen Bedenken an der „In-der-Regel"-Formel von Müller-Emmert und Kaffka unter Gliederungspunkt 1. Teil D) II. 1. b) bb).

249 *Dreher*, Niederschriften über die Sitzungen der Großen Strafrechtskommission, Bd. V, S. 29.

250 *Dreher*, Niederschriften über die Sitzungen der Großen Strafrechtskommission, Bd. V, S. 29: „Würde man nämlich beim Übergang von Gefängnis zu Zuchthaus in besonders schweren Fällen ein zwingendes Beispiel verwenden, so bliebe die Tat nach der Regel unseres § 12 Abs. 4 Vergehen, wenn ein Beispielsfall gegeben ist, während sie ein Verbrechen wäre, wenn statt des zwingenden Beispiels ein qualifizierter Tatbestand verwendet würde."

6. Der Entwurf von 1962 (E 1962)

Es war unter anderem[251] der Entwurf eines Strafgesetzbuches aus dem Jahre 1962, der sog. E 1962, der die in der Großen Strafrechtskommission insbesondere von R. Lange und Dreher gegebenen Anregungen zur Regelung besonders schwerer Fälle umsetzte.[252] Dem E 1962 kommt deshalb besondere Bedeutung zu, weil auch nachfolgende Strafrechtsreformgesetze – insbesondere auch das im folgenden der Arbeit noch zu erörternde 6. StrRG – auf diesen Bezug nahmen.[253]

Der E 62 schlug neben einer im Allgemeinen Teil in § 62[254] vorgesehenen Legaldefinition für einen besonders schweren Fall im Besonderen Teil ca. 65[255] besonders schwere Fälle vor, die gesetzlich durch die „In-der-Regel"-Formel näher erläutert waren. In der amtlichen Begründung des Entwurfs wird darauf Bezug genommen, dass die Verwendung der „In-der-Regel"-Formel zu erkennen gebe, dass der Richter auch beim Vorliegen der Merkmale eines Regelbeispiels nicht gehindert sei, einen besonders schweren Fall zu verneinen, wenn sich Unrecht und Schuld als nicht wesentlich erhöht darstellen.[256] Die Formulierung eröffne auch die Möglichkeit, weitere ähnliche Sachverhalte zu erfassen.[257]

Nach dem Entwurf war es nicht erforderlich, dass die bestimmte Tat der Art nach einem Regelbeispiel ähnlich ist. Ausreichend war, dass sie ihrer Schwere nach einem Regelbeispiel gleicht und die Voraussetzungen des § 62 erfüllt.[258]

> „Der Vorteil liegt darin, daß der Richter [...] Taten, die sich nicht unter die Beispiele bringen lassen, ihnen aber nach Schwere des Unrechts und der Schuld nahestehen, ebenfalls aus dem schwereren Rahmen strafen kann [...]."[259]

---

251 Vgl. zum E 1959 I, II und zum E 1960 *Scheffler*, Das Reformzeitalter 1953–1975, S. 180 f.

252 Vgl. hierzu *Maiwald*, FS Gallas, S. 139 f.; *Kaulfuß*, Die Regelbeispielstechnik vor dem Hintergrund des 6. Strafrechtsreformgesetzes, S. 8; *Jescheck / Weigend*, AT, § 26 V. 2.

253 Siehe auch *Eisele*, Die Regelbeispielsmethode im Strafrecht, S. 93.

254 § 62 E 1962: „Ein besonders schwerer Fall liegt vor, wenn Umstände, die zur Tat gehören oder ihr vorausgehen, oder das Verhalten des Täters nach der Tat das Unrecht und die Schuld wesentlich erhöhen". Begr. BRegE 1962 BT-DrS. IV/650, S. 19.

255 Siehe Aufzählung bei *Milletat*, Die „besonders schweren Fälle" im Entwurf eines Strafgesetzbuches (StGB) E 1962, S. 30 Fn. 8; vgl. auch *Wahle*, Die Rechtsnatur der „besonders schweren Fälle" im Strafrecht, S. 13.

256 Vgl. Begr. BRegE 1962 BT-DrS. IV/650, S. 185, 400.

257 Begr. BRegE 1962 BT-DrS. IV/650, S. 185.

258 Begr. BRegE 1962 BT-DrS. IV/650, S. 185.

7. Besonderheit der „In-der-Regel"-Formel

Die Verknüpfung der Generalklausel und der gesetzlichen Beispiele durch die „In-der-Regel"-Formel bildete den Höhepunkt in der Entwicklung der Gesetzestechnik der Regelung strafschärfender Umstände. Eine Entwicklung, die der Gesetzgeber – wenn auch nicht gezielt – schon mit der Einführung des § 241a Abs. 4 StGB eingeleitet hatte.

Die „In-der-Regel"-Formel sollte einen Mittelweg in der Gesetzestechnik darstellen. Es sollten einerseits die Nachteile der kasuistischen Qualifikationstatbestände – die Nichterfassung gleichschwerer Fälle ebenso wie die zwingende Anwendung des verschärften Strafrahmens bei Vorliegen des strafschärfenden Umstandes – vermieden werden. Weiterhin sollte von unbenannten besonders schweren Fällen, die dem Richter keinerlei Anhaltspunkt für deren Anwendung liefern, Abstand genommen werden.[260]

8. Aufnahme und zunehmende Verwendung der Regelbeispielstechnik im StGB

Die Regelbeispielstechnik fand sodann durch das 7. Strafrechtsänderungsgesetz vom 1. Juni 1964[261]in § 311 Abs. 3[262] Eingang in das StGB, der ein Regelbeispiel für einen besonders schweren Fall einführte.

Eine Legaldefinition des besonders schweren Falles, wie im E 62 vorgeschlagen, wurde aber bis heute nicht in das StGB aufgenommen.

Der Anwendungsbereich dieser Gesetzestechnik wurde, was an dieser Stelle der Arbeit zur Verdeutlichung nur skizziert werden soll,[263] nach und nach durch Strafrechtsänderungs- und -reformgesetze erweitert.

Diese Erweiterung erfolgte nicht nur durch die Neueinfügung strafschärfender Merkmale im Gewand der Regelbeispielstechnik, sondern auch durch die Umwandlung von Qualifikationstatbeständen in die Regelbeispielstechnik. Auf die Motive des Gesetzgebers hierfür und die Kritik an dieser Vorgehensweise wird noch einzugehen sein.

---

259 Vgl. Begr. BRegE 1962, BT-DrS. IV/650, S. 400.

260 *Milletat*, Die „besonders schweren Fälle" im Entwurf eines Strafgesetzbuches (StGB) E 1962, S. 26: „nichts weiter [...] als [...] Erweiterung der Strafrahmen."

261 BGBl. I, S. 337.

262 „Ein besonders schwerer Fall liegt in der Regel vor, wenn der Täter durch die Tat leichtfertig den Tod eines Menschen verursacht."

263 Vgl. hierzu auch die umfassende Auflistung bis zum 6. StrRG bei *Kaulfuß*, Die Regelbeispielstechnik vor dem Hintergrund des 6. Strafrechtsreformgesetzes, S. 12 ff.

a) 8. StrafÄndG von 1968

In verstärkterem Maße wurde die Regelbeispielstechnik mit dem 8. Strafrechtsänderungsgesetz vom 25. Juni 1968[264] in das StGB in die Vorschriften der §§ 94 Abs. 2, 95 Abs. 3, 98 Abs. 1 S. 2, 99 Abs. 2, 100 Abs. 2 und 100a Abs. 4 eingeführt.

b) 1. StrRG von 1969

Durch das 1. StrRG von 1969 wurde der § 243 StGB von einem Qualifikationstatbestand in einen durch sechs[265] Regelbeispiele benannten (besonders)[266] schweren Fall umgewandelt.[267]

c) 3. StrRG von 1970

Durch das 3. StrRG vom 20. Mai 1970[268] wurde die Vorschrift des § 125a StGB (Besonders schwerer Fall des Landfriedensbruchs) in das StGB eingefügt. In § 125a S. 2 Nr. 4 Alt. 1 StGB ist das Plündern von fremden Sachen als Regelbeispiel eines besonders schweren Falles aufgeführt. Dieses Regelbeispiel war in dem vor der Einführung des § 125a StGB geltenden § 125 Abs. 2 StGB i.d.F. vor dem 3. StrRG geregelt, der einen Qualifikationstatbestand zum § 125 StGB (Landfriedensbruch) bildete.

Ebenfalls mit dem 3. StrRG wurde in die Vorschrift des Widerstandes gegen Vollstreckungsbeamte (§ 113 StGB) die Regelbeispiele in Abs. 2 S. 2 Nr. 1 und Nr. 2 in das StGB eingefügt.

d) 15. StrÄndG von 1976

Das 15. StrÄndG vom 18. Mai 1976[269] führte in die Regelung des Schwangerschaftsabbruchs in § 218 zwei Regelbeispiele in Abs. 2 S. 2 ein.

e) 1. WiKG von 1976

Durch das Erste Gesetz zur Bekämpfung der Wirtschaftskriminalität vom 29. Juni 1976[270] sind in die Vorschriften des Bankrotts (§ 283 StGB) und der

---

264 BGBl. I, S. 741.

265 § 243 Abs. 1 Nr. 7 wurde erst 1989 in das StGB eingefügt.

266 Das Wort wurde erst durch das EGStGB 1975 eingefügt.

267 Siehe hierzu unter Gliederungspunkt 1. Teil D) II. 3.

268 BGBl. I, S. 505.

269 BGBl. I, S. 1213.

Schuldnerbegünstigung (§ 283d StGB) besonders schwere Fälle mit Regelbeispielen eingefügt worden.

f) OrgKG von 1992

Durch das Gesetz vom 15. Juni 1992[271] zur Bekämpfung des illegalen Rauschgifthandels und anderer Erscheinungsformen der Organisierten Kriminalität (OrgKG) von 1992 wurde in die Vorschrift des § 261 Abs. 4 StGB die Merkmale der Mitgliedschaft in einer Bande und das gewerbsmäßige Handeln als Regelbeispiele besonders schwerer Fälle eingeführt.[272]

g) 33. StrÄndG von 1997

Mit dem 33. Strafrechtsänderungsgesetz (StrÄndG) vom 1. Juni 1997[273] wurde der Qualifikationstatbestand[274] der Vergewaltigung (§ 177 StGB i.d.F. vor dem 33. StrÄndG) zu einem Regelbeispiel eines besonders schweren Falles des nunmehr einheitlichen Verbrechenstatbestandes der Sexuellen Nötigung, Vergewaltigung (§ 177 Abs. 2 S. 2 Nr. 1 StGB) unter Beibehaltung der Mindeststrafandrohung von nicht unter zwei Jahren Freiheitsstrafe umgestaltet.

h) KorrbekG von 1997

Mit dem Gesetz zur Bekämpfung der Korruption (KorrbekG) vom 13. August 1997[275] hat der Gesetzgeber besonders schwere Fälle mit Regelbeispielen bei der Bestechlichkeit und Bestechung im geschäftlichen Verkehr (§ 300 StGB) und bei der Bestechlichkeit und Bestechung (§ 335 StGB) eingefügt.

i) 6. StrRG von 1998

Der Gesetzgeber des 6. StrRG führte in die Vorschriften über den Betrug (§ 263 Abs. 3 StGB), der Untreue (§§ 266 Abs. 2 i.V.m. 263 Abs. 3 StGB)

---

270 BGBl. I, S. 2034 ff.

271 BGBl. I, S. 1304.

272 BT-DrS. 12/989, B. Lösung Nr. 5 S. 2; BT-DrS. 12/989, Begründung S. 26; zu den Motiven des Gesetzgebers siehe unter Gliederungspunkt 1. Teil D) II. 2. A) aa).

273 BGBl. I, S. 1607; vgl. hierzu näher unter Gliederungspunkt 1. Teil D) II. 3. B).

274 Die Vergewaltigung war bis zum 33. StrÄndG ein das tatbestandliche Unrecht der sexuellen Nötigung (§ 178 i.d.F. vor dem 33. StrÄndG) qualifizierender Spezialfall; siehe *Dreher / Tröndle*, 48. Aufl., § 177 Rn. 1.

275 BGBl. I, S. 2039; vgl. hierzu näher unter Gliederungspunkt 1. Teil D) II. 2. A) cc).

und der Urkundenfälschung (§ 267 Abs. 3 StGB) Regelbeispiele der bis dahin unbenannten besonders schweren Fälle ein.[276]

j) SchwArbBekG von 2002

Das Gesetz zur Erleichterung der Bekämpfung von illegaler Beschäftigung und Schwarzarbeit vom 23. Juli 2002[277] führte in § 266a Abs. 4 StGB die Regelbeispielstechnik ein.

II. Kritik und Diskussion bezüglich der Regelbeispielstechnik

Der mit der Verwendung der Regelbeispielstechnik beschrittene Mittelweg in der Gesetzestechnik hat zu einer Reihe von Diskussionen geführt. Ein Teilbereich dieser befasst sich mit der Gesetzestechnik selbst. Im Vordergrund steht hierbei insbesondere die Frage derVerfassungsmäßigkeit dieser Gesetzestechnik.

Darüber hinaus richtet sich das kritische Augenmerk verstärkt auf die Vorgehensweise des Gesetzgebers bei der Anwendung der jeweiligen Gesetzestechnik. Im Mittelpunkt steht die Frage, nach welchen Gesichtspunkten der Gesetzgeber sich bei der Normierung eines strafschärfenden Umstandes für den Mittelweg der Regelbeispielstechnik entscheidet oder die Bildung eines Qualifikationstatbestandes vorzieht. Ebenso ist zu klären, warum Qualifikationstatbestände in die Regelbeispielstechnik umgewandelt werden.

1. Verfassungsgemäßheit der Regelbeispielstechnik?

a) Rechtsprechung des Bundesverfassungsgerichts

Das Bundesverfassungsgericht hat bereits mit Beschluss des 2. Senats vom 21. Juni 1977[278] grundlegend entschieden, dass die Verwendung der Rechtsfigur des besonders schweren Falles verfassungsrechtlich nicht zu beanstanden sei, insbesondere nicht gegen das Bestimmtheitsgebot verstoße.

Das Gebot der Gesetzesbestimmtheit bedeute nicht, dass der Gesetzgeber gezwungen sei, sämtliche Straftatbestände ausschließlich mit rein deskriptiven, exakt erfassbaren Tatbestandsmerkmalen zu umschreiben.[279] Gegen Gene-

276 Begr. BRegE BT-DrS. 13/8587, S. 43 f.; eingehend hierzu unter Gliederungspunkt 1. Teil D) II. 2. A) dd).

277 BGBl. I, S. 2787.

278 BVerfGE 45, S. 363 (371).

279 BVerfGE 45, S. 363 (371).

ralklauseln oder unbestimmte, wertausfüllungsbedürftige Begriffe im Strafrecht bestünden solange keine Bedenken, wie sich mit Hilfe der üblichen Auslegungsmethoden, insbesondere durch Heranziehung anderer Vorschriften desselben Gesetzes, durch Berücksichtigung des Normzusammenhangs oder aufgrund einer gefestigten Rechtsprechung eine zuverlässige Grundlage für die Anwendung und Auslegung der jeweiligen Norm gewinnen lasse.[280]

Besonderes Augenmerk verdient hierbei die Rüge des Beschwerdeführers, dass der Gesetzgeber die Regelbeispielstechnik nicht richtig anwende, weil das Merkmal „besonders schwerer Nachteil" i.S.d. § 94 Abs. 2 S. 1 und 2 Nr. 2 StGB nicht geeignet sei, als Leitbild für den besonders schweren Fall zu dienen. Eine allgemeine Umschreibung des Täterverhaltens – besonders schwerer Fall – dürfe nicht durch eine weitere allgemeine Umschreibung – „besonders schwerer Nachteil" – exemplifiziert werden. Das Wort „besonders" (schwerer Nachteil) sei nicht geeignet, den richterlichen Spielraum einzugrenzen.[281]

Unter Verweis auf die Entscheidung des 2. Senats hat der 1. Senat des Bundesverfassungsgerichts im Hinblick auf die gesetzliche Bestimmtheit den unbenannten besonders schweren Fall des Totschlags gem. § 212 Abs. 2 StGB für unbedenklich gehalten.[282] Das Fehlen gesetzlicher Regelbeispiele sah der 1. Senat durch die Nähe zum Mordtatbestand (§ 211 StGB) und dessen als hinreichend sichere Auslegungskriterien aufgeführte Hinweise, welchen Unrechts- und Schuldgehalt der Gesetzgeber für die absolute Strafandrohung voraussetzen wollte, als ausgeglichen an.[283]

b) Auffassungen in der Literatur

Ungeachtet der beiden zuvor aufgeführten Entscheidungen des Bundesverfassungsgerichts wird die Verfassungsgemäßheit der Regelbeispielstechnik in der Literatur äußerst kritisch beurteilt, bis hin zur Ablehnung der Gesetzesfigur wegen Verfassungswidrigkeit.

Nach Krahl ist durch die aufgeführten Entscheidungen des Bundesverfassungsgerichts auf keine Verallgemeinerung zu schließen, dass die besonders schweren Fälle mit dem

---

280 BVerfGE 45, S. 363 (371).

281 BVerfGE 45, S. 363 (366) siehe hierzu auch *Eisele*, Die Regelbeispielsmethode im Strafrecht, S. 394.

282 BVerfG JR 1979, S. 28 ff.; Krahl hält dies wegen der absoluten Strafandrohung beim unbenannten besonders schweren Fall für eine rechtsstaatlich unerträgliche Situation, *Krahl*, Tatbestand und Rechtsfolge, S. 130 f.

283 BVerfG JR 1979, S. 28 ff.

Bestimmtheitsgebot vereinbar sind.[284] Die Verfassungsmäßigkeit der besonders schweren Fälle ist für ihn vielmehr eine offene verfassungsrechtliche Frage.[285] Es sei kein Zufall, dass der Gesetzgeber mit dem 6. StrRG zahlreiche unbenannte besonders schwere Fälle anhand von Regelbeispielen exemplifiziert hat, damit dem Gesetzlichkeitsprinzip entsprochen wird, dies aber bei § 212 Abs. 2 StGB angesichts der genannten Bundesverfassungsgerichtsentscheidung nicht für rechtsstaatlich erforderlich gehalten hat.[286]

Die nun aufzuzeigende Kritik der Literatur richtet sich zumeist nicht isoliert gegen die Regelbeispielstechnik, sondern wird im Zusammenhang mit generellen Bedenken an der Verfassungsgemäßheit der Gesetzesfigur des besonders schweren Falles vorgebracht.

aa) Verfassungswidrigkeit

(a) Maiwald

Maiwald[287] bejahte schon 1973 einen Verstoß der Regelbeispielstechnik gegen das Bestimmtheitsgebot. Ein Gesetz, dass ein bisschen bestimmt sei, bleibe letztlich ein unbestimmtes Gesetz.[288] Daran ändere auch nichts, dass der Gesetzgeber die Wertung, wann ein besonders schwerer Fall gegeben sei, im Sinne eines Typus ein bisschen vorentschieden habe, indem er mit den Beispielen Vermutungen für das Vorliegen eines besonders schweren Falles aufstellt. Die Regelbeispielstechnik beseitige demzufolge die Bedenken, die sich gegen die besonders schweren Fälle überhaupt richten, keineswegs.[289]

---

284 Tatbestand und Rechtsfolge, S. 129 f.; vgl. auch E. *Horn*, Die besonders schweren Fälle und Regelbeispiele im Strafgesetzbuch, S. 49 f.; vgl. aber auch *Hettinger*, GA 1995, S. 415, der darauf hinweist, dass den Kritikern aufgrund der Rechtsprechung des BVerfG gewissermaßen „die Hände gebunden" sind; ebenso *Degener,* FS Stree / Wessels, S. 325 f.

285 *Krahl*, Tatbestand und Rechtsfolge, S. 129 f.

286 *Krahl*, Tatbestand und Rechtsfolge, S. 130.

287 FS Gallas, S. 162; Ebenso hat Calliess schon frühzeitig auf die verfassungsrechtlichen Bedenken gegen die Regelbeispielstechnik hingewiesen, wobei er jedoch eine verfassungskonforme Auslegung der Regelbeispielstechnik für möglich hält, *Calliess,* JZ 1975, S. 117 f.; *Ders*., NJW 1998, S. 935.

288 *Maiwald,* FS Gallas, S. 159.

289 *Maiwald,* FS Gallas, S. 159.

(b) Zieschang

Für Zieschang handelt es sich „bei der derzeitigen Ausgestaltung des § 243 um eine Umgehung des Analogieverbots."[290] Der Gesetzgeber schafft durch die Figur eines besonders schweren Falles die Voraussetzungen dafür, dass grundsätzlich vom Wortlaut der Regelbeispiele nicht erfasste Konstellationen dennoch über die Auffangklausel der Strafschärfung unterworfen werden können.[291]

Zieschang begründet dies mit der Einführung des § 248c in das StGB, die deshalb erfolgte, weil das Reichsgericht der Elektrizität keine Sachqualität im Sinne des § 242 StGB zuerkannte. Mit der Einfügung des § 248c StGB stünden auch diese Verhaltensweisen ohne Verstoß gegen den nullum-crime-Satz unter Strafe. Des weiteren seien auch die Regelungen des § 261 StGB sowie des § 263a StGB in das StGB aufgenommen worden, um Verhaltensweisen zu pönalisieren, welche die bisherigen Straftatbestände nicht zu erfassen vermochten.[292]

Bei der Regelbeispielstechnik erübrige sich dagegen ein solches Vorgehen. Bei dieser Gesetzgebungstechnik können Fälle mit vergleichbaren Unrechtsgehalt unmittelbar der Strafschärfung unterworfen werden, was im Ergebnis zur Umgehung des Analogieverbots führe.[293]

(c) Esko Horn, H. J. Hirsch

Esko Horn[294] und sein Doktorvater H. J. Hirsch[295] halten die Gesetzestechnik der besonders schweren Fälle mit oder ohne Regelbeispiele für eine juristische Fehlkonstruktion beziehungsweise für ein nicht legitimes Gesetzgebungskonzept, das auf nichts anderes als auf eine Umgehung wesentlicher Verfassungsprinzipien hinauslaufe.[296]

H. J. Hirsch[297] bezweifelt gar, ob das Bundesverfassungsgericht beim gegenwärtigen Erkenntnisstand wie damals entscheiden würde. Das Bundesverfas-

---

290 *Zieschang,* Jura 1999, S. 563 f.

291 *Zieschang,* Jura 1999, S. 563.

292 *Zieschang,* Jura 1999, S. 564.

293 *Zieschang,* Jura 1999, S. 564.

294 Die besonders schweren Fälle und Regelbeispiele im Strafgesetzbuch, S. 139.

295 FS Gössel, S. 302.

296 Die besonders schweren Fälle und Regelbeispiele im Strafgesetzbuch, S. 139.

297 FS Gössel, S. 297.

sungsgericht sei bei der damaligen Entscheidung von der inzwischen durch die Praxis widerlegten Vorstellung ausgegangen, dass ein zwingendes praktisches Bedürfnis für diese Rechtsfigur bestünde.

Esko Horn hält es bereits für fraglich, ob eine Generalklausel überhaupt einer Auslegung fähig ist.[298] Er nimmt Bezug auf den Wortsinn des Begriffes „Auslegen" und konstatiert, dass der aus der Auslegung sich ergebende Inhalt dem auslegungsbedürftigem Begriff selber innewohnen muss.[299] Eine offene Generalklausel, so E. Horn weiter, die jeder Interpretation zugänglich sei, kann hingegen selber nicht ausgelegt werden, sondern muss erst mit Inhalt gefüllt werden.[300] Der Konkretisierungsauftrag an die Judikatur dürfe nicht zu einer Verwässerung der Bindung des Gesetzgebers an das Bestimmtheitsgebot führen.[301]

Esko Horn sieht sowohl in den besonders schweren Fällen mit oder ohne Regelbeispiele eine Umgehung des Analogieverbotes.[302]

bb) Weitere kritische Stimmen

Neben der Auffassung, dass die Regelbeispielstechnik verfassungswidrig ist, gibt es von jeher kritische Stimmen in der Rechtspraxis und der Literatur, die Zweifel an der Verfassungsmäßigkeit dieser Gesetzestechnik haben. Ein kurzer Überblick.

Aus der Rechtspraxis haben bereits Müller-Emmert und Kaffka auf der 27. Sitzung am 22. Oktober 1964 im Sonderausschuss „Strafrecht" in der 4. Wahlperiode diesbezüglich Kritik geäußert. Nach Müller-Emmert geht die „Formulierung 'in der Regel' […] hart an die Grenze des Analogieverbots."[303]

298 *E. Horn*, Die besonders schweren Fälle und Regelbeispiele im Strafgesetzbuch, S. 59.

299 *E. Horn*, Die besonders schweren Fälle und Regelbeispiele im Strafgesetzbuch, S. 59 f.

300 *E. Horn*, Die besonders schweren Fälle und Regelbeispiele im Strafgesetzbuch, S. 60.

301 *E. Horn*, Die besonders schweren Fälle und Regelbeispiele im Strafgesetzbuch, S. 60 unter Bezugnahme auf *Krey*, Keine Strafe ohne Gesetz, S. 127 f.

302 *E. Horn*, Die besonders schweren Fälle und Regelbeispiele im Strafgesetzbuch, S. 73; siehe ebenso die generelle Kritik von *H. J. Hirsch,* FS Gössel, S. 292 ff.

303 Protokolle über die Sitzungen des Sonderausschusses „Strafrecht" in der 4. Wahlperiode, S. 515.

Auch Kaffka sieht „vorsichtig ausgedrückt [...] gewisse Ansätze zur Umgehung des Analogieverbots".[304]

Aus den Reihen der Literatur hat unter anderem Hettinger[305] in seiner kritischen Würdigung des Verbrechensbekämpfungsgesetz von 1994 konstatiert, dass die Regelbeispielstechnik den Gesetzgeber in die bequeme Lage versetze, Entscheidungen treffen zu können, ohne sich „bestimmt" festlegen zu müssen.

Darüber hinaus hat auch der Arbeitskreis der Strafrechtslehrer in seiner Stellungnahme zu den Entwürfen zum 6. StrRG darauf hingewiesen, dass die Regelbeispielstechnik hinter den verfassungsrechtlich zu stellenden Anforderungen zurück bleibe.[306] Insbesondere das „Erfindungsrecht" des Normanwenders für weitere, vom Gesetzgeber nicht benannte schwere Fälle sowie die dem Normanwender eingeräumte Möglichkeit, durch eigene Unrechtswertung von der durch die Legislative vorgegebenen Bewertung abzuweichen, führe zu einem massiven Verlust an Rechtssicherheit.[307]

cc) „Nur, aber nicht immer"-Formel als Ausweg aus der Verfassungswidrigkeit?

Calliess[308] hält einen Verstoß der Regelbeispielstechnik gegen das Analogieverbot zu Lasten des Täters nur im Wege einer verfassungskonformen und restriktiven Auslegung für vermeidbar. Für Calliess ist es mit „[...] dem gesetzlichen Wortlaut: 'Ein besonders schwerer Fall [...]' [...] ohne Überanstrengung der Wortbedeutung zu vereinbaren, daß der Richter einen besonders schweren Fall *nur,* aber *nicht immer* bei Vorliegen eines Regelbeispiels annehmen muß".[309]

Calliess will damit zur Wahrung des Analogieverbotes sicherstellen, dass „der Richter über die im Gesetz aufgezählten Regelbeispiele hinaus nicht auch noch

304 Protokolle über die Sitzungen des Sonderausschusses „Strafrecht" in der 4. Wahlperiode, S. 513; zustimmend *Krämer*, Die Regelung des schweren Diebstahls durch das 1. StrRG, S. 89.

305 GA 1995, S. 414.

306 *Freund,* ZStW 109 (1997), S. 471; siehe ebenso E. *Horn*, Die besonders schweren Fälle und Regelbeispiele im Strafgesetzbuch, S. 139 f.; *Stächelin,* StV 1998, S. 102.

307 *Freund,* ZStW 109 (1997), S. 471; vgl. auch *Stächelin,* StV 1998, S. 102.

308 NJW 1998, S. 934; ebenso in JZ 1975, S. 117 f.

309 *Calliess,* NJW 1998, S. 935 – Hervorhebung von dort.

weitere gesetzlich nicht geregelte besonders schwere Fälle erfinden und zur Grundlage der erhöhten Strafbarkeit machen darf".[310]

Der Ansatz von Calliess zielt im Ergebnis auf eine Gesetzestechnik, auf die bereits als ein – wenn auch wenig beachteter – Vorläufer der Regelbeispielstechnik hingewiesen wurde. Es geht um die Regelung des § 222 Abs. 2 RStGB von 1871, die bei Vorliegen des im Gesetz genannten strafschärfenden Umstandes die Anwendung des verschärften Strafrahmens in das Ermessen des Richters stellte: „Wenn der Thäter zu der Aufmerksamkeit, welche er aus den Augen setzte, vermöge seines Amtes, Berufes oder Gewerbes besonders verpflichtet war, so *kann* die Strafe bis auf fünf Jahre Gefängniß erhöht[311] werden." Der ordentliche Strafrahmen der Fahrlässigen Tötung (§ 222 Abs. 1 StGB von 1871) sah Gefängnis bis zu drei Jahren vor.

Die „nur, aber nicht immer"-Formel hatte bereits Horst Schröder 1954 als einen möglichen Weg zur Bildung von Qualifikationstatbeständen vorgeschlagen, um „einerseits die Forderungnach abschließender Kasuistik zu befriedigen, dieser jedoch zugleich die Nachteile zu nehmen, die sich dem Richter in der Form zu hoher Mindeststrafen zu oft offenbaren".[312]

Dieser Vorschlag bewahrt die Schmiegsamkeit „nach unten" und begegnet der Gefahr, in atypischen Fällen unangemessen hohe Strafrahmen anwenden zu müssen.

c) Zwischenfazit

Die obigen Ausführungen verdeutlichen, dass vor allem in der Literatur eine ausgeprägte kritische Grundhaltung gegenüber der Verfassungsmäßigkeit der Regelbeispielstechnik besteht. Diese dürfte nicht zuletzt aus dem Fehlen eines gesetzlichen Anhaltspunktes – beispielsweise durch eine Legaldefinition – dafür, wann ein sonstiger besonders schwerer Fall anzunehmen ist, resultieren.[313]

---

310 *Calliess,* NJW 1998, S. 935.

311 Der Verwendung des Verbs „erhöhen" steht der Tatsache nicht entgegen, daß es sich bei dieser Regelung um eine Strafschärfung und nicht um eine Straferhöhung handelt; vgl. *Binding,* Deutsches Strafrecht AT, 8. Aufl., § 109 III.

312 *H. Schröder,* FS Mezger, S. 427 f.

313 Zu dem weiteren Problemkreis der Gesamtwürdigungslösung der h.M., siehe eingehend unter Gliederungspunkt 1. Teil D) II. 5.

Nun ist es jedoch nicht Aufgabe dieser Untersuchung, eine Entscheidung über die Frage der Verfassungsmäßigkeit der Regelbeispielstechnik herbeizuführen zu versuchen.[314]

Das Hauptaugenmerk gilt vielmehr dem gemeinsamen Nenner der Kritik an dieser Gesetzestechnik. Im Fokus der Kritik steht – unabhängig davon, ob und inwieweit dies zu Friktionen mit dem Bestimmtheitsgrundsatz oder/und dem Analogieverbot führt – die Möglichkeit des Richters, bei Nichtvorliegen eines Regelbeispiels einen sonstigen besonders schweren Fall anzunehmen. Es ist die ablehnende Haltung gegenüber dieser sog. Analogiewirkung[315] der Regelbeispielstechnik, die dazu führt, dass die Gesetzestechnik dem Verdikt der Verfassungswidrigkeit unterfällt, zumindest diesem nahe kommt.[316]

Insofern verdient der „Rettungsversuch" von Calliess durch Anwendung der von ihm für die Regelbeispielstechnik vorgeschlagenen „nur, aber nicht immer"-Formel durchaus besondere Beachtung.

Gleichwohl ist nicht zu verkennen, dass mit einer solchen Auslegung von der vom Gesetzgeber explizit beabsichtigten Struktur der Regelbeispielstechnik abgewichen wird.[317] Mit der Regelbeispielstechnik wollte der Gesetzgeber gerade die Möglichkeit für den Richter schaffen, in gesetzlich nicht explizit genannten Fällen mit ebenso schwerem Unrechts- und Schuldgehalt eine höhere Strafe zu verhängen.[318]

2. Beliebigkeit bei der Wahl der Gesetzestechnik

a) Am Beispiel Gewerbsmäßigkeit / Mitgliedschaft in einer Bande

Zu den oben aufgezeigten verfassungsrechtlichen Bedenken gegen die Regelbeispielstechnik tritt ein weiteres Problemfeld hinzu. Der Gesetzgeber verwendet für einen strafschärfenden Umstand sowohl die Gesetzestechnik der Regelbeispielstechnik als auch die der Qualifikationstechnik. Beispielsweise ist das Merkmal des gewerbsmäßigen Handelns unter anderem in § 260 Abs. 1 Nr. 1 StGB (Gewerbsmäßige Hehlerei; Bandenhehlerei) ein Qualifikations-

314 Eingehend hierzu *E. Horn*, Die besonders schweren Fälle und Regelbeispiele im Strafgesetzbuch.

315 Eingehend hierzu unter Gliederungspunkt 1. Teil D) II. 5.

316 *Kaulfuß*, Die Regelbeispielstechnik vor dem Hintergrund des 6. Strafrechtsreformgesetzes, S. 34.

317 Siehe *E. Horn*, Die besonders schweren Fälle und Regelbeispiele im Strafgesetzbuch, S. 74, der eine solche Auslegung für nicht möglich hält.

318 Begr. BRegE 1962 BT-DrS. IV/650, S. 184 f.

merkmal. In § 253 Abs. 4 S. 2 StGB (Erpressung) ist das gewerbsmäßige Handeln ein Regelbeispiel. Ebenso ist das Merkmal der Mitgliedschaft in einer Bande, die sich zur fortgesetzten Begehung bestimmter Straftaten verbunden hat, in § 284 Abs. 3 Nr. 2 StGB (Unerlaubte Veranstaltung eines Glückspiels) ein Qualifikationsmerkmal, während dieses Merkmal im Rahmen der Geldwäsche; Verschleierung unrechtmäßig erlangter Vermögenswerte (§ 261 Abs. 4 S. 2 Alt. 2 StGB) Regelbeispiel eines besonders schweren Falles ist.

Nun mag die Entscheidung des Gesetzgebers für die jeweilige Gesetzestechnik hinzunehmen sein, wenn dieser ein klar erkennbares gesetzgeberisches Konzept zu Grunde liegt. Sofern ein solches jedoch fehlt, ist dies gerade auch im Hinblick auf die mit der Wahl der Gesetzestechnik verbundenen materiellrechtlichen und prozessualen Folgen höchst bedenklich.

aa) OrgKG von 1992

Durch das Gesetz vom 15. Juli 1992[319] zur Bekämpfung des illegalen Rauschgifthandels und anderer Erscheinungsformen der Organisierten Kriminalität (OrgKG) wurde der Besondere Teil mit mehreren Qualifikationen und Regelbeispielen ergänzt, die sich auf gewerbs- und / oder bandenmäßige Begehung beziehen.[320]

(a) Gewerbsmäßige Hehlerei; Bandenhehlerei

Das Merkmal der Mitgliedschaft in einer Bande, die sich zur fortgesetzten Begehung von bestimmten Straftaten verbunden hat, wurde in den bereits bestehenden Qualifikationstatbestand der gewerbsmäßigen Hehlerei (§ 260 Abs. 1 StGB i.d.F. vor dem OrgKG) eingefügt. Zielsetzung des OrgKG war – dem Namen des Gesetzes entsprechend – eine wirksamere Bekämpfung der Organisierten Kriminalität.[321] Hierzu gehörte die Einführung eines Qualifikationstatbestandes der Bandenhehlerei (§ 260 Abs. 1 Nr. 2 StGB) mit der Folge einer verschärften Strafbarkeit dieser.[322] Weshalb die Hervorhebung des Merkmals der Mitgliedschaft in einer Bande durch die Anordnung eines Qualifikationstatbestandes und nicht durch die Strafschärfungsmethode der Regelbeispielstechnik erfolgte, lässt der Gesetzgeber unbeantwortet.

---

319 BGBl. I, S. 1304.

320 Vgl. *F.-C. Schroeder*, NJW 1999, S. 3614.

321 BT-DrS. 12/989, A. Zielsetzung S. 1.

322 BT-DrS. 12/989, B. Lösung S. 2 sowie Begründung S. 21.

(b) Unerlaubte Veranstaltung eines Glückspiels

Die Merkmale der Gewerbsmäßigkeit und der Mitgliedschaft in einer Bande wurden ebenfalls durch das OrgKG als Qualifikationsmerkmale in § 284 Abs. 3 Nr. 1 u. 2 StGB eingefügt. Nach Auffassung des Gesetzgebers ist die für die unerlaubte Veranstaltung von Glücksspielen (§ 284 Abs. 1 StGB) angedrohte Höchststrafe von zwei Jahren Freiheitsstrafe zur schuldangemessenen Ahndung nicht ausreichend, wenn die Tat gewerbsmäßig oder bandenmäßig begangen werde.[323] Demzufolge bedürfe es eines Qualifikationstatbestandes mit einem Strafrahmen von drei Monaten bis zu fünf Jahren.[324] Warum die vom Gesetzgeber postulierte schuldangemessene Ahndung der gewerbs- und bandenmäßig Unerlaubten Veranstaltung eines Glücksspiels nicht auch durch die Anordnung von besonders schweren Fällen mit Regelbeispielen – hier den Regelbeispielen der gewerbsmäßigen Begehung und der Mitgliedschaft in einer Bande – möglich sein soll, lässt der Gesetzgeber offen.

Darüber, dass die Einfügung einer Strafschärfung durch den Gesetzgeber generell, insbesondere für das Merkmal der Mitgliedschaft in einer Bande in § 284 Abs. 3 Nr. 2 StGB, nicht nur wegen der nicht schuldangemessenen Ahndung bei der bandenmäßigen Begehung des § 283 Abs. 1 StGB erfolgt ist, kann nur gemutmaßt werden. Denn gleichzeitig mit der Regelung des § 284 Abs. 3 Nr. 1 u. 2 StGB eröffnete der Gesetzgeber durch die Einführung von § 285b Abs. 1 StGB[325] i.d.F. vor dem 6. Strafrechtsreformgesetz (StrRG) den Anwendungsbereich von Vermögensstrafe und Erweiterten Verfall für die Fälle des § 284 Abs. 3 StGB. Gemäß § 43a Abs. 1 S. 1 StGB[326] konnte die Vermögensstrafe jedoch nur bei einer zeitigen Freiheitsstrafe von mehr als zwei Jahren verwendet werden, so dass es insoweit einer Strafrahmenerweiterung i.S. einer Strafverschärfung bedurfte, weil die angedrohte Höchststrafe des § 284 Abs. 1 StGB maximal zwei Jahre Freiheitsstrafe beträgt. Grundsätzlich hätte der Gesetzgeber zwar auch die Möglichkeit gehabt, den (Höchst-)Strafrahmen des § 284 Abs. 1 StGB nach oben zu erweitern, um den Anwendungsbereich der Vermögensstrafe zu eröffnen. Dies hätte aber möglicherweise dem mit dem OrgKG verfolgten Anliegen des Gesetzgebers – die wirksame Bekämpfung der Organisierten Kriminalität durch schärfere Strafen und durch das Abschöpfen von Gewinnen – nicht genügend Ausdruck, insbesondere gegenüber den Gerichten, verliehen.

---

323 BT-DrS. 12/989, Begründung S. 29.

324 BT-DrS. 12/989, Begründung S. 29.

325 Vgl. BT-DrS. 12/989, Begründung S. 29.

326 Die Regelung ist durch die Entscheidung des BVerfG vom 20.3.2002 für verfassungswidrig erklärt worden, BGBl. I, S. 1340.

(c) Geldwäsche; Verschleierung unrechtmäßig erlangter Vermögenswerte

Als Regelbeispiele für besonders schwere Fälle wurden die Merkmale der Mitgliedschaft in einer Bande und das gewerbsmäßige Handeln (§ 261 Abs. 4 S. 2 Alt. 1 u. 2 StGB) mit der Vorschrift über die Geldwäsche; Verschleierung unrechtmäßig erlangter Vermögenswerte (§ 261 StGB) eingeführt.[327] Bis auf die allgemeine Intention des Gesetzgebers des OrgKG, der wirksamen Bekämpfung der Organisierten Kriminalität, liefert der Gesetzgeber keine Begründung für die Einkleidung der genannten Merkmale in die Strafschärfungsmethode der Regelbeispielstechnik im § 261 Abs. 4 StGB.[328]

bb) Verbrechensbekämpfungsgesetz von 1994

In die Vorschrift der Erpressung (§ 253 StGB) wurden die Merkmale der Mitgliedschaft in einer Bande sowie das gewerbsmäßige Handeln durch das Gesetz vom 28. Oktober 1994[329] zur Änderung des Strafgesetzbuches, der Strafprozessordnung und anderer Gesetze (Verbrechensbekämpfungsgesetz) als Regelbeispiele (§ 253 Abs. 4 S. 2 Alt. 1 u. 2 StGB) in den bis dahin unbenannten besonders schweren Fall der Erpressung (§ 253 a.F. StGB) eingeführt. Ziel des Verbrechensbekämpfungsgesetzes war unter anderem die Fortentwicklung der gesetzlichen Grundlagen zur Bekämpfung der Organisierten Kriminalität.[330] Dies wollte der Gesetzgeber insbesondere durch die Verbesserung der Gewinnabschöpfung bei sog. Schutzgelderpressungen erreichen.[331] Insbesondere sollte die gewerbs- oder bandenmäßige Begehung der Erpressung (§ 253 StGB) und die Räuberische Erpressung (§ 255 StGB) in den Anwendungsbereich der durch das oben genannte OrgKG eingeführten Vermögensstrafe und des Erweiterten Verfalls einbezogen werden.[332] Der Gesetzgeber führt konkret aus: „Der Entwurf erreicht dieses Ziel, indem er zunächst in einem neuen § 253 Abs. 4 StGB gewerbs- oder bandenmäßiges Handeln als Regelbeispiele eines besonders schweren Falls der Erpressung […] nennt und so dann in einem neuen § 256 Abs. 2 StGB im einzelnen die Verhängung der Vermögensstrafe und die Anordnung des Erweiterten Verfalls regelt“.[333] Un-

327 BT-DrS. 12/989, B. Lösung Nr. 5 S. 2; BT-DrS. 12/989, Begründung S. 26.

328 Siehe BT-DrS. 12/989, Begründung S. 27.

329 BGBl. I, S. 3188.

330 BT-DrS. 12/6853, A. Problem S. 1; BT-DrS. 12/7584, A. Problem, S. 2.

331 BT-DrS. 12/6853, B. Lösung S. 2.

332 BT-DrS. 12/6853, Begründung S. 27.

333 BT-DrS. 12/6853, Begründung S. 27.

beantwortet bleibt allerdings die Frage, warum der Gesetzgeber die in Rede stehenden Merkmale nicht zu Qualifikationstatbeständen hat werden lassen beziehungsweise weshalb er die Strafschärfungsmethode der Regelbeispielstechnik bevorzugt hat.

cc) KorrbekG von 1997

Mit dem Gesetz zur Bekämpfung der Korruption (KorrbekG) vom 13. August 1997[334] wurden die hier in Rede stehenden Merkmale als Regelbeispiele für besonders schwere Fälle bei der Bestechlichkeit und Bestechung im geschäftlichen Verkehr (§ 300 StGB) und bei der Bestechlichkeit und Bestechung (§ 335 StGB) eingefügt.

Der Gesetzgeber bezweckte mit diesem Gesetz die Vorbeugung und Bekämpfung von Korruption in jeglicher Form.[335] Die Wahl der Regelbeispielstechnik begründete der Gesetzgeber konkret nur bei § 335 StGB.

Die Regelbeispielstechnik wurde deshalb gewählt, weil sich besonders schwere Fälle der Bestechlichkeit und Bestechung nach geltendem Recht durch die in den §§ 332, 334 StGB vorgesehenen Strafrahmen nicht immer angemessen erfassen ließen.[336] Deshalb bedürfe es der Regelbeispielstechnik in § 335 StGB, weil diese für eine angemessene Bestrafung der gravierenden Fälle der Bestechlichkeit und Bestechung sorgen könne.[337] Zumal es entsprechende Regelungen bereits für die Straftaten des Diebstahls (§ 243 StGB), des Betrugs (§ 263 Abs. 3 StGB), der Untreue (§ 266 Abs. 2 StGB) und der Urkundenfälschung (§ 267 Abs. 3 StGB) gebe, die einen der Bestechlichkeit und Bestechung ähnlichen Unrechtsgehalt hätten.[338]

Die Bezugnahme auf die „entsprechenden" Regelungen der §§ 263 Abs. 3, 266 Abs. 2, 267 Abs. 3 StGB muss erstaunen. Die genannten besonders schweren Fälle der §§ 263 Abs. 3, 266 Abs. 2, 267 Abs. 3 StGB waren zum Zeitpunkt der Erarbeitung und schließlich des Inkrafttretens des KorrbekG von 1997 noch gänzlich unbenannt. Regelbeispiele gab es in diesen Normen noch nicht. Die hier in Rede stehenden Merkmale wurden erst durch das 6. StrRG, welches am 1. April 1998, also nach dem Inkrafttreten des KorrbekG von 1997 in Kraft trat, als Regelbeispiele in die genannten Vorschriften eingefügt.

---

334 BGBl. I, S. 2039.

335 Entwurf von Abgeordneten und Fraktion der FDP BT-DrS. 13/5584, A. Problem S. 1.

336 Begr. Entwurf von Abgeordneten und Fraktion der FDP BT-DrS. 13/5584, S. 17.

337 Begr. Entwurf von Abgeordneten und Fraktion der FDP BT-DrS. 13/5584, S. 10.

Darüber hinaus bildet das Merkmal der Mitgliedschaft in einer Bande innerhalb des vom Gesetzgeber des KorrbekG angeführten § 243 StGB bis heute kein Regelbeispiel eines besonders schweren Falles. Vielmehr ist das Merkmal der Mitgliedschaft in einer Bande, allerdings unter der zusätzlichen Voraussetzung der Mitwirkung eines anderen Bandenmitglieds, ein Qualifikationsmerkmal beim Diebstahl gemäß § 244 Abs. 1 Nr. 2 StGB. Schließlich ist auch der allgemeine Verweis auf den ähnlichen Unrechtsgehalt mit Blick auf die jeweiligen Strafrahmen dieser Regelungen nicht unproblematisch. Zwar stimmte die Anordnung der Mindeststrafandrohung in § 335 StGB von nicht unter einem Jahr Freiheitsstrafe mit jener der §§ 263 Abs. 3, 266 Abs. 2, 267 Abs. 3 StGB überein – zumindest bis zum Inkrafttreten des 6. StrRG, welches die Mindeststrafe in diesen Vorschriften auf sechs Monate Freiheitsstrafe herabsetzte.[339] Hingegen beträgt die Mindeststrafandrohung in § 243 StGB, die nicht durch das 6. StrRG geändert wurde,[340] weiterhin drei Monate Freiheitsstrafe. Auch wird eine Mindeststrafe von nicht unter einem Jahr innerhalb des Betruges (§ 263 StGB) und der Urkundenfälschung (§ 267 StGB) erst dann und dann in Gestalt von Qualifikationstatbeständen angeordnet, wenn die Merkmale des gewerbsmäßigen Handelns und der Mitgliedschaft in einer Bande kumulativ vorliegen (§§ 263 Abs. 5, 267 Abs. 4 StGB).

Bei § 300 StGB erklärte der Gesetzgeber die Einführung der Regelbeispielstechnik lediglich damit, dass es auch bei der aktiven und passiven Bestechung im geschäftlichen Verkehr Fälle gebe, die eine über den Regelstrafrahmen hinausgehende Strafdrohung erfordere.[341]

dd) 6. StrRG von 1998

(a) Zum Gesetzgebungsverfahren allgemein

Im Gesetzgebungsverfahren[342] zum 6. StrRG wurde die Abschaffung einer Reihe von Qualifikationstatbeständen und im Gegenzug die Einführung besonders schwerer Fälle mit Regelbeispielen vorgeschlagen. Der Gesetzgeber

338 Begr. Entwurf von Abgeordneten und Fraktion der FDP BT-DrS. 13/5584, S. 10 u. 17.

339 Vgl. Begr. BRegE BT-DrS. 13/8587, S. 22.

340 Begr. BRegE BT-DrS. 13/8587, S. 43.

341 Begr. Entwurf von Abgeordneten und Fraktion der FDP BT-DrS. 13/5584, S. 15.

342 Vgl. den am 11.3.1997 von den Fraktionen der CDU/CSU und FDP eingebrachten Gesetzesentwurf BT-DrS. 13/7164; sowie den Gesetzesentwurf der Bundesregierung 25. September 1997 BT-DrS. 13/8587.

des 6. StrRG hielt die Regelbeispielstechnik für die „in der modernen Strafgesetzgebung bevorzugte Technik.“[343]

So sollten beispielsweise die (Verbrechens-) Qualifikationstatbestände der Aussetzung gegenüber Kindern sowie die Verursachung einer schweren Gesundheitsschädigung (§ 221 Abs. 2 u. 3 Alt. 1 a.F. StGB), die Qualifikationstatbestände der gefährlichen Körperverletzung sowie die Körperverletzung im Amt (§§ 223a a.F. StGB, 340 a.F. StGB), die qualifizierte Freiheitsberaubung (§ 239 Abs. 2 S. 1 a.F. StGB) und die Beschädigung wichtiger Anlagen (§ 318 Abs. 2 Alt. 1 a.F. StGB) – beides ebenfalls Verbrechenstatbestände – abgeschafft und in Regelbeispiele besonders schwerer Fälle umgestaltet werden (§§ 221 Abs. 2 S. 2 Nr. 1 u. 2 E 6. StrG,[344] 223 Abs. 3 E 6. StrG,[345] 239 Abs. 3 E 6. StrG,[346] 318 Abs. 2 i.V.m. 312 Abs. 3 E 6. StrG).[347]

Dabei sollte der Wortlaut der bisherigen Qualifikationsmerkmale, nun als „tatbestandsähnliche Regelbeispiele“[348] ausgestaltet, überwiegend übernommen werden.[349] Weiterhin schlug der Bundesrat die Umgestaltung der Qualifikationstatbestände (Verbrechen) des Gefährlichen Eingriffs in den Bahn-, Schiffs- und Luftverkehr (§ 315 Abs. 3 a.F. StGB) und des Gefährlichen Eingriffs in den Straßenverkehr (§§ 315 b Abs. 3 i.V.m. 315 Abs. 3 a.F. StGB) in Regelbeispiele besonders schwerer Fälle vor.[350]

Kritik gegen die weitreichende Umgestaltung von Qualifikationstatbeständen in die Regelbeispielstechnik wurde sowohl von der Rechtspraxis im Rechts-

343 Begr. RegFraktE BT-DrS. 13/7164, S. 36.

344 BT-DrS. 13/7164, S. 5; BT-DrS. 13/8587, S. 6; Diese Entwürfe des § 221 StGB gehen auf den § 139 StGB des E 1962 zurück – siehe dazu BRegE BT-DrS. IV/650, S. 35, 276 f.

345 Siehe BT-DrS. 13/7164, S. 5 f. ; BT-DrS. 13/8587, S. 6; Die Nr. 3 des § 223 Abs. 3 S. 2 E 6. StrRG, der die schwere körperliche Misshandlung durch einen Amtsträger erfasste, sollte insbesondere den § 340 a.F. StGB ablösen.

346 BT-DrS. 13/8587, S. 8.

347 BT-DrS. 13/7164, S. 13; BT-DrS. 13/8587, S. 14.

348 Begr. Entwurf Fraktionen CDU/CSU u. FDP BT-DrS. 13/7164, S. 42 zu § 239 Abs. 3 E 6. StrRG; Begr. BRegE BT-DrS. 13/8587, S. 41 zu § 239 Abs. 3 E 6. StrRG.

349 Begr. Entwurf Fraktionen CDU/CSU u. FDP BT-DrS. 13/7164, S. 35, 42; Begr. BRegE BT-DrS. 13/8587, S. 35, 41.

350 Begr. BRegE BT-DrS. 13/8587, Begründung S. 72 f.

ausschuss des Bundestages[351] als auch von dem wohl überwiegenden Teil der Wissenschaft[352] geäußert.

Infolge dieser Kritik forderte der Bundesrat allgemein im Gesetzgebungsverfahren nach einer „gründliche[n] Auseinandersetzung“[353] mit den gegen die Ersetzung von abschließenden Qualifikationstatbeständen durch die Regelbeispielstechnik erhobenen „strafrechtsdogmatischen und teils verfassungsrechtlichen Einwänden.“[354] Daraufhin schlug die Bundesregierung vor, „im Grundsatz keine neuen Strafzumessungsregeln für besonders schwere Fälle in das Strafgesetzbuch einzuführen“.[355]

Im Ergebnis wurde zwar von der beabsichtigten weitreichenden Umgestaltung von Qualifikationstatbeständen Abstand genommen. Der Grundsatz der Bundesregierung, keine neuen Strafzumessungsregeln für besonders schwere Fälle in das Strafgesetzbuch einzuführen, erfuhr eine Ausnahme.

So wurde der frühere Qualifikationstatbestand[356] der gewerbs- oder gewohnheitsmäßigen Jagdwilderei (§ 292 Abs. 3 Halbs. 1 StGB i.d.F. vor dem 6. StrRG) in Regelbeispiele eines besonders schweren Falles (§ 292 Abs. 2 S. 2 Nr. 1 StGB) umgewandelt.[357] Dieser Wechsel in der Strafschärfungsmethode wurde nicht näher erläutert. Insbesondere gab es keinen Hinweis auf deliktsspezifische Gründe für die Verwendung der Regelbeispielstechnik. Die Bundesregierung hatte zu erkennen gegeben, dass für sie nur beim Kinderhandel deliktsspezifische Gründe für die Verwendung der Regelbeispielstechnik vorlagen.[358] Vorrangiges Ziel war die Auflösung des für systemwidrig und unnötig kompliziert befundenen Strafrahmengefüges des § 292 StGB i.d.F. vor dem 6. StrRG.[359] Der § 292 StGB i.d.F. vor dem 6. StrRG ordnete sowohl in seinem Absatz 2 für besonders schwere Fälle als auch in seinem Absatz 3 für den Qualifikationstatbestand der gewerbs- oder gewohnheitsmäßigen Jagdwilderei eine Freiheitsstrafe von drei Monaten bis zu fünf Jahren an. Darüber hinaus

---

351 Siehe Protokoll des Rechtsausschusses des deutschen Bundestages Nr. 88 v. 4. Juni 1997 mit Anlagen, S. 4, 16, 21, 22, 48; die Kritik zusammenfassend *Calliess*, NJW 1998, S. 930.

352 Hierzu *Freund*, ZStW 109 (1997), S. 470 f.; *Dietmeier*, ZStW 110 (1998), S. 408 ff.

353 Begr. BRegE BT-DrS. 13/8587, S. 55.

354 Begr. BRegE BT-DrS. 13/8587, S. 55.

355 Begr. BRegE BT-DrS. 13/8587, S. 79.

356 Begr. BRegE BT-DrS. 13/8587, S. 45.

357 Begr. BRegE BT-DrS. 13/8587, S. 45 f.

358 Begr. BRegE BT-DrS. 13/8587, S. 79.

359 Begr. BRegE BT-DrS. 13/8587, S. 45 f.

sah der Absatz 3 wiederum eine Regelung für besonders schwere Fälle mit einer Androhung von Freiheitsstrafe von einem Jahr bis zu fünf Jahren vor. Weshalb das Vorliegen der Gewerbs- und Gewohnheitsmäßigkeit bei der Jagdwilderei nunmehr nur zu einer Indizwirkung für die Anwendung des verschärften Strafrahmens des § 292 Abs. 2 S. 1 StGB, der wie der frühere Qualifikationstatbestand der gewerbs- oder gewohnheitsmäßigen Jagdwilderei (§ 292 Abs. 3 Halbs. 1 StGB i.d.F. vor dem 6. StrRG) Freiheitsstrafe von drei Monaten bis zu fünf Jahren vorsieht, führen soll, erklärt der Gesetzgeber nicht.

Darüber hinaus nahm der Gesetzgeber auch nicht generell, wie sogleich zu zeigen sein wird, Abstand von der Regelbeispielstechnik. Vielmehr führte er neue Regelbeispiele ein. Umgekehrt wandelte er aber auch Regelbeispiele wieder in Qualifikationstatbestände um. Beleg ist unter anderem[360] auch die Gesetzgebungsgeschichte des (Wohnungs-)Einbruchsdiebstahls.[361] Wurden durch das 1. StrRG von 1969 der Qualifikationstatbestand des Einbruchs-, Einsteige- und Nachschlüsseldiebstahls (§ 243 Abs. 1 Nr. 2 u. 3 a.F. StGB) in Regelbeispiele umgewandelt,[362] änderte der Gesetzgeber des 6. StrRG den Einbruch-, Einsteige- und Nachschlüsseldiebstahl in Bezug auf Wohnungen in einen Qualifikationstatbestand zurück (§ 244 Abs. 1 Nr. 3 StGB).[363]

(b) Betrug, Untreue, Urkundenfälschung

In die Vorschriften beim Betrug (§ 263 Abs. 3 S. 2 Nr. 1 StGB), der Untreue (§§ 266 Abs. 2 i.V.m. 263 Abs. 3 S. 2 Nr. 1 StGB) und der Urkundenfälschung (§ 267 Abs. 3 S. 2 Nr. 1 StGB) wurden durch das 6. StrRG vom 26. Januar 1998[364] die Merkmale des gewerbsmäßigen Handelns und der Mitgliedschaft in einer Bande als Regelbeispiele eingeführt, weil der Gesetzgeber des 6. StrRG die Regelbeispielstechnik für die „in der modernen Strafgesetzgebung bevorzugte Technik" erachtete.[365] Seit dem E 1962[366] würden die

360 Vgl. auch m.w.N. *Scheffler*, Strafgesetzgebungstechnik in Deutschland und Europa, S. 43, der darauf hinweist, dass die Verwendung der Qualifikationstechnik in §§ 244 f. StGB in erster Linie zur Erreichung anderer Zwecke eingesetzt wurde.

361 Näher *Eisele*, Die Regelbeispielsmethode im Strafrecht, S. 173.

362 Siehe die Gegenüberstellung der Gesetzesfassung vor und nach dem Inkrafttreten des 1. StrRG bei *Krämer*, Die Regelung des schweren Diebstahls durch das 1. StrRG, S. 21 f.

363 Siehe hierzu auch *Hirsch*, FS Gössel, S. 289 Fn. 12.

364 BGBl. I, S. 164.

365 Begr. RegFraktE BT-DrS. 13/7164, S. 36.

366 Vgl. Begr. BRegE BT-DrS. IV/650, S. 266.

besonders schweren Fälle in neueren Gesetzen üblicherweise durch mindestens zwei Regelbeispiele benannt und erläutert,[367] um aufgrund ihrer „maßstabbildenden Bedeutung“[368] dem Tatrichter nähere Anhaltspunkte für die Anwendung dieser – bisher unbenannten, weil lediglich als besonders schwere Fälle bezeichneten – Strafzumessungsvorschriften zu geben.[369]

(c) Geldfälschung, Fälschung von Zahlungskarten und Vordrucken für Euroschecks

Ungeachtet der Regelbeispielstechnik als der „in der modernen Strafgesetzgebung bevorzugte[n] Technik“ wurden die Merkmale des gewerbsmäßigen Handelns und der Mitgliedschaft in einer Bande Qualifikationstatbestände bei der Geldfälschung (§ 146 Abs. 2 StGB) und innerhalb des § 152a Abs. 2 StGB (Fälschung von Zahlungskarten und Vordrucken für Euroschecks).[370]

Die Einführung des § 152a Abs. 2 StGB war einer Angleichung an § 146 Abs. 2 StGB geschuldet, da der Unrechtsgehalt des in § 152a StGB pönalisierten Verhaltens dem der Geldfälschung (§ 146 StGB) entspreche.[371] Zur Vermeidung von Wertungswidersprüchen sei es erforderlich, auch bei § 152a StGB einen Qualifikationstatbestand für die gewerbs- und bandenmäßige Begehung zu normieren.[372]

Die Einführung des Qualifikationstatbestandes der gewerbs- und bandenmäßigen Geldfälschung (§ 146 Abs. 2 StGB) wurde vorrangig auf die Harmonisierung der Strafrahmen innerhalb des § 146 StGB gestützt. Der in § 146 Abs. 2 a.F. StGB festgelegte Strafrahmen für minder schwere Fälle (Freiheitsstrafe bis zu fünf Jahren oder Geldstrafe) der Geldfälschung sei hinsichtlich des Regelstrafrahmens des § 146 Abs. 1 a.F. StGB (Freiheitsstrafe nicht unter zwei Jahren) ein unverhältnismäßig niedriger Strafrahmen gegenüber anderen Strafrahmen für minder schwere Fälle von Verbrechen.[373] Auch sei bei der Bereinigung des Missverhältnisses der Strafrahmen von § 146 Abs. 1, 2 a.F. StGB auf den zum

---

367 Begr. BRegE BT-DrS. 13/8587, S. 42.

368 Begr. BRegE BT-DrS. 13/8587, S. 42.

369 Begr. BRegE BT-DrS. 13/8587, S. 42.

370 Vgl. Begr. BRegE BT-DrS. 13/8587, S. 29, 57, 80. Weiterhin schuf der Gesetzgeber Qualifikationstatbestände in den §§ 275 Abs. 2, 276 Abs. 2 StGB für die Fälle des gewerbsmäßigen Handelns und der Mitgliedschaft in einer Bande, Stellungnahme BRat zu Begr. BRegE BT-DrS. 13/8587, S. 66.

371 Stellungnahme BRat zu Begr. BRegE BT-DrS. 13/8587, S. 57.

372 Stellungnahme BRat zu Begr. BRegE BT-DrS. 13/8587, S. 57, 80.

373 Begr. BRegE BT-DrS. 13/8587, S. 29.

Teil geringen Unrechtsgehalt der von dieser Vorschrift erfassten Handlungen Rücksicht zu nehmen.[374] Demzufolge müsse das bisherige Mindestmaß der Freiheitsstrafe von nicht unter zwei Jahren für den jetzigen Qualifikationstatbestand des § 146 Abs. 2 StGB vorbehalten bleiben, um dem Gebot schuldangemessenen Strafens Genüge zu tun.[375] Auch werde damit ein ausgewogenes Verhältnis zwischen Regelstrafrahmen, dessen Mindestmaß gemäß § 146 Abs. 1 StGB nicht unter einem Jahr Freiheitsstrafe beträgt, und Ausnahmestrafrahmen hergestellt.[376]

Weshalb insbesondere die Schaffung von Qualifikationstatbeständen dem Gebot des schuldangemessenen Strafens Rechnung trägt und inwieweit diesem Gebot nicht auch durch die vermeintlich moderne Strafgesetzgebungstechnik der Regelbeispielstechnik genüge getan werden kann, lässt der Gesetzgeber unbeantwortet.

Ob der Gesetzgeber vielleicht mit der Schaffung der §§ 146 Abs. 2, 152a Abs. 2 StGB und deren Strafrahmen (Freiheitsstrafe von nicht unter zwei Jahren) dem Anwendungsbereich der Vermögensstrafe, welche für die Fälle der §§ 146, 152 a StGB durch den durch das OrgKG von 1992 eingefügten § 150 Abs. 1 StGB zur Anwendung kommen sollte, mehr Ausdruck dahingehend verleihen wollte, diese auch anzuwenden, lässt sich nur erahnen. Wie bereits erörtert, konnte die Vermögensstrafe gemäß § 43a Abs. 1 S. 1 StGB nur bei einer zeitigen Freiheitsstrafe von mehr als zwei Jahren angeordnet werden. Der Tatbestand des § 146 Abs. 1 StGB sieht Freiheitsstrafe nicht unter einem Jahr, der des § 152a Abs. 1 StGB sieht Freiheitsstrafe von einem Jahr bis zu zehn Jahren vor. Eine Begründung für die hier erfolgte Bevorzugung der Strafschärfungsmethode der Qualifikationstatbestände gegenüber der Regelbeispielstechnik ist dies jedoch nicht.

(d) Kinderhandel

Weiterhin wurden die Merkmale des gewerbsmäßigen Handelns und der Mitgliedschaft in einer Bande im Rahmen des Kinderhandels als Qualifikationstatbestände eingefügt (§ 236 Abs. 4 Nr. 1 Alt. 2 und 3 StGB). Diese durch das 6. StrRG[377] neugefasste Vorschrift löste in § 236 Abs. 4 StGB insbesondere die Qualifikationstatbestände des § 14a Abs. 1 S. 2, Abs. 2 S. 2 Adoptionsvermittlungsgesetz (AdVermiG) für gewerbs- oder geschäftsmäßiges Handeln ab.[378]

---

374 Begr. BRegE BT-DrS. 13/8587, S. 29.

375 Begr. BRegE BT-DrS. 13/8587, S. 29.

376 Begr. BRegE BT-DrS. 13/8587, S. 29.

377 Begr. BRegE BT-DrS. 13/8587, S. 39 ff.

378 Begr. BRegE BT-DrS. 13/8587, S. 40.

Zwar sahen sämtliche Gesetzesentwürfe zum 6. StrRG die Umwandlung der Qualifikationstatbestände des § 14a Abs. 1 S. 2, Abs. 2 S. 2 AdVermiG in Regelbeispiele besonders schwerer Fälle vor.[379] Ziel – unter anderem des vorgesehenen Regelbeispiels der Mitgliedschaft in einer Bande – sollte die Erfassung der schwerwiegenden Erscheinungsformen eines kommerziellen und organisierten Kinderhandels sein.[380]

Die Bundesregierung verwies hinsichtlich ihrer Forderung, im Grundsatz keine neuen Strafzumessungsregeln für besonders schwere Fälle in das Strafgesetzbuch einzuführen, darauf, dass beim Kinderhandel (§ 236 Abs. 4 E 6. StrRG) eine Ausnahme gelte. Hier würden deliktsspezifische Gründe für die Verwendung von besonders schweren Fällen mit Regelbeispielen sprechen.[381]

Von diesen durch die Bundesregierung nicht näher benannten deliktsspezifischen Gründen abweichend, schlug der Rechtsausschuss in seinem Abschlussbericht,[382] ebenfalls ohne eingehendere Erläuterung, die Beibehaltung von Qualifikationstatbeständen beim Kinderhandel vor.[383]

ee) Stellungnahme

Zunächst einmal ist festzuhalten, dass der Gesetzgeber strafschärfende Merkmale wie beispielsweise die des gewerbsmäßigen Handelns und der Mitgliedschaft in einer Bande sowohl innerhalb eines Gesetzes als auch im Rahmen aufeinanderfolgender Gesetze, die ein gemeinsames kriminalpolitisches Ziel verfolgen (wie u.a. die Bekämpfung der Organisierten Kriminalität im OrgKG, im Verbrechensbekämpfungsgesetz und auch zum Teil im 6. StrRG), in unter-

---

379 Begr. Entwurf Fraktionen CDU/CSU u. FDP BT-DrS. 13/7164, S. 40 f.; Begr. BRegE BT-DrS. 13/8587, S. 40.

380 Begr. BRegE BT-DrS. 13/8587, S. 40, 41.

381 Begr. BRegE BT-DrS. 13/8587, S. 79.

382 BT-DrS. 13/9064 v. 13. November 1997.

383 Begr. Rechtsausschuss BT-DrS. 13/9064, S. 15. Es kann diesbezüglich nur spekuliert werden, dass der Gesetzgeber auf Qualifikationstatbestände aufgrund der zum einen von der Rechtspraxis im Rechtsausschuss des Bundestages geäußerten Kritik an der Gesetzestechnik der besonders schweren Fälle mit Regelbeispielen zurückgriff – siehe Protokoll des Rechtsausschusses des deutschen Bundestages Nr. 88 v. 4. Juni 1997 mit Anlagen, S. 4, 16, 21, 22, 48; die Kritik zusammenfassend *Calliess,* NJW 1998, S. 930. Darüber hinaus wandte sich auch ein Großteil der Wissenschaft allgemein gegen die vom Gesetzgeber geplante Erweiterung der Strafrahmen Mittels der Regelbeispielstechnik; hierzu *Freund,* ZStW 109 (1997), S. 470 f.; *Dietmeier,* ZStW 110 (1998), S. 408 ff.

schiedliche Strafschärfungstechniken kleidet, ohne hierfür eine ergiebige Begründung zu nennen.

Während sich das gewerbsmäßige Handeln und die Mitgliedschaft in einer Bande als Qualifikationstatbestände im § 236 Abs. 4 Nr. 1 Alt. 2 und 3 StGB wiederfinden, um verstärkt gegen die organisierte Kriminalität vorzugehen, finden sich diese Merkmale in den §§ 263 Abs. 3 S. 2 Nr. 1, 266 Abs. 2 i.V.m. 263 Abs. 3 S. 2 Nr. 1, 267 Abs. 3 S. 2 Nr. 1 StGB als Regelbeispiele wieder, weil der Gesetzgeber die Regelbeispielstechnik für die „in der modernen Strafgesetzgebung bevorzugte Technik" erachtet und seit dem E 1962 die besonders schweren Fälle in neueren Gesetzen üblicherweise durch mindestens zwei Regelbeispiele benannt und erläutert werden.

Wenn der Gesetzgeber des 6. StrRG nun die Regelbeispielstechnik als die bevorzugte Strafschärfungsmethode ansieht, dann muss es doch verwundern, weshalb er die Merkmale der gewerbsmäßigen Begehung und der Mitgliedschaft in einer Bande insbesondere in den §§ 146 Abs. 2, 152a Abs. 2 StGB als Qualifikationsmerkmale eingeführt hat, ohne dass er zumindest im Gesetzgebungsverfahren jemals – wie bei § 236 Abs. 4 StGB – erwogen hat, diese Merkmale als Regelbeispiele für besonders schwere Fälle auszugestalten.

Das Argument, die Einführung dieser Merkmale als Qualifikationstatbestände sei deshalb erfolgt, weil der Gesetzgeber in diesen Vorschriften verstärkt gegen die Organisierte Kriminalität vorgehen wolle und in diesen Fällen deshalb generell Qualifikationstatbestände zu bilden seien, greift nicht. Denn sowohl in § 253 Abs. 4 S. 2 Alt. 1 u. 2 StGB als auch in § 261 Abs. 4 S. 2 StGB sind die Merkmale des gewerbsmäßigen Handelns und der Mitgliedschaft in einer Bande als Regelbeispiele für einen besonders schweren Fall eingefügt worden, um insbesondere eine bessere Bekämpfung der Organisierten Kriminalität zu gewährleisten.

Ein weiteres denkbares Argument für den Gesetzgeber, auf die Regelbeispielstechnik zumindest dann zu verzichten, wenn ein Mindeststrafrahmen von nicht unter einem Jahr Freiheitsstrafe angeordnet ist (vgl. z.B. die Qualifikationstatbestände der §§ 146 Abs. 2, 152a Abs. 2 StGB mit einem Mindeststrafrahmen von sogar nicht unter zwei Jahren) und eine Verbrechenseigenschaft gemäß § 12 Abs. 3 StGB trotz der Mindeststrafe von nicht unter einem Jahr Freiheitsstrafe (§ 12 Abs. 1 StGB) nicht in Betracht kommt, schlägt ebenfalls fehl. Die Mindeststrafe bei den Regelbeispielen des gewerbsmäßigen Handelns und der Mitgliedschaft in einer Bande (§ 335 Abs. 2 Nr. 3 StGB) beträgt bei dem besonders schweren Fall der Bestechlichkeit gemäss §§ 335 Abs. 1 Nr. 1a), 332 Abs. 1 S. 1 StGB ein Jahr Freiheitsstrafe, wobei der Grundstrafrahmen der

Bestechlichkeit (§ 332 Abs. 1 S. 1 StGB) mit einer Mindeststrafe von sechs Monaten Freiheitsstrafe Vergehenscharakter gemäß § 12 Abs. 2 StGB hat.[384] Ebenfalls einen Mindeststrafrahmen von nicht unter einem Jahr weisen die hier in Rede stehenden Merkmale als Regelbeispiele bei der Erpressung gemäß § 253 Abs. 4 S. 2 Alt. 1 u. 2 StGB auf.

Umgekehrt sind die Merkmale des gewerbsmäßigen Handelns und der Mitgliedschaft in einer Bande aber nicht nur dann Regelbeispiele besonders schwerer Fälle, wenn der Mindeststrafrahmen Freiheitsstrafe nicht unter einem Jahr ist, wie dies die Mindeststrafandrohung von sechs Monaten Freiheitsstrafe in den §§ 263 Abs. 3 S. 2 Nr. 1, 266 Abs. 2 i.V.m. 263 Abs. 3 S. 2 Nr. 1, 267 Abs. 3 S. 2 Nr. 1 StGB verdeutlicht.

Rieß hebt bezüglich dieser Merkmale zutreffend hervor, dass die Entscheidung, ob die Heraushebung solcher Umstände durch Qualifikationen oder durch Regelbeispiele vorgenommen wird, ein klares gesetzgeberisches Konzept vermissen lässt; hierbei somit der gesetzgeberische Zufall obwaltet.[385]

Im Ergebnis ist zu schlussfolgern, dass ein klares gesetzgeberisches Konzept bei der Verwendung der jeweiligen Gesetzestechnik nicht zu erkennen ist.[386] Insofern verwundert die Feststellung des BGH nicht, dass es sich bei der Wahl der Strafschärfungsmethode „mehr um eine formale Frage der Gesetzestechnik" handelt.[387]

Darauf, dass der Gesetzgeber selbst nicht einmal formal hinreichend zwischen den Gesetzestechniken unterscheidet, weist zutreffend unter Bezugnahme auf § 330 StGB Eisele[388] hin. Die amtliche Überschrift zur Vorschrift des § 330 StGB lautet „Besonders schwerer Fall einer Umweltstraftat", obgleich nur in Absatz 1 besonders schwere Fälle geregelt sind. In Absatz 2 des § 330 StGB hat der Gesetzgeber Qualifikationen beziehungsweise Erfolgsqualifikationen normiert.

---

384 Zu den materiellrechtlichen Konsequenzen siehe unter Gliederungspunkt 1. Teil D) II. 2. b) bb).

385 Vgl. auch *Rieß*, GA 2007, S. 377; *Ders.*, FS Gössel, S. 664; ähnlich *Eschelbach* in KMR, § 363 Rn. 30; E. Horn wirft dem Gesetzgeber generell vor, an keiner Stelle sämtlicher Gesetzesvorhaben, die eine Regelung von besonders schweren Fällen mit oder ohne Regelbeispiele beinhalteten, Stellung zu der Frage genommen zu haben, warum im konkreten Fall auf diese Regelungstechnik zurückgegriffen wurde, siehe *E. Horn*, Die besonders schweren Fälle und Regelbeispiele im Strafgesetzbuch, S. 114 Fn. 441 u. S. 136. Allerdings liegt dem Vorwurf keine eingehende Untersuchung der jeweiligen Gesetzesbegründungen mit Ausnahme der des 6. StrRG zu Grunde.

386 Ähnlich auch *H. J. Hirsch*, der feststellt, dass bislang Zufall oder der Novellierungszeitpunkt diktiert hätten, wo Regelbeispiele verwendet würden, siehe bei *Dietmeier*, ZStW 110 (1998), S. 413.

387 BGHSt 26, 173.

388 Die Regelbeispielsmethode im Strafrecht, S. 173.

b) Folgen der Vorgehensweise des Gesetzgebers

Die keinem klaren gesetzgeberischen Konzept folgende Einkleidung strafschärfender Umstände in die jeweilige Gesetzestechnik ist, im Hinblick auf die sich daraus ableitenden materiell-rechtlichen und prozessualen Folgen keineswegs nur eine formale Frage der Gesetzestechnik.[389] Dies soll an zwei sich unmittelbar aus dem Gesetz ergebenden Folgen skizziert werden.

aa) Verfolgungsverjährung (§ 78 Abs. 3 StGB)

Der § 78 Abs. 3 StGB bestimmt für die der Verfolgungsverjährung unterliegenden Taten[390] die Verjährungsfristen. So beträgt bspw. die Verjährungsfrist gemäß § 78 Abs. 3 Nr. 4 StGB fünf Jahre bei Taten, die im Höchstmaß mit Freiheitsstrafen von mehr als einem Jahr bis zu fünf Jahren bedroht sind.

Demzufolge verjährt die Verfolgung z.B. beim (einfachen) Betrug (§ 263 Abs. 1 StGB), der im Höchstmaß eine Freiheitsstrafe von bis zu fünf Jahren vorsieht, nach Ablauf von fünf Jahren. Dies gilt nach ganz h.M.[391] auch unabhängig gemäß § 78 Abs. 4 StGB davon, ob ein Regelbeispiel, z.B. die Gewerbsmäßigkeit oder Mitgliedschaft in einer Bande, eines besonders schweren Falles i.S.v. § 263 Abs. 3 S. 2 Nr. 1 StGB vorliegt,[392] für das ein Höchstmaß von bis zu zehn Jahren Freiheitsstrafe vorgesehen ist.

Hätte der Gesetzgeber diese Merkmale jedoch als Qualifikationsmerkmale (wie z.B. bei der qualifizierten Hehlerei i.S.v. § 260 Abs. 1 StGB) ausgestaltet, dann käme erstens § 78 Abs. 4 StGB nicht zur Anwendung, weil er für Qualifikationstatbestände nicht gilt.[393] Weiterhin wäre dann das Höchstmaß der Freiheitsstrafe des § 263 Abs. 3 StGB von bis zu zehn Jahren bei der Festlegung der Verjährungsfrist i.S.v. § 78 Abs. 3 StGB zu berücksichtigen. Das würde z.B. für einen als Mitglied einer Bande begangenen Betrug (wie bei der als Mitglied einer Bande begangenen Hehlerei i.S.v. § 260 Abs. 1 Nr. 2 StGB,

389 Siehe zu weiteren Folgen eingehend *Eisele*, Die Regelbeispielsmethode im Strafrecht, S. 285 ff.

390 Gemäß § 78 Abs. 2 StGB verjährt eine Tat nach § 211 StGB (Mord) nicht.

391 BGH NStZ 1998, S. 36; *Fischer*, § 78 Rn. 5a; *Braunsteffer*, Die Problematik der Regelbeispielstechnik im Strafrecht, S. 49.

392 BGHR StGB § 78 Abs. 3 Fristablauf 2.

393 BGH NStZ 1998, S. 36.

die ebenfalls ein Höchstmaß von zehn Jahren Freiheitsstrafe vorsieht)[394] zu einer Verjährungsfrist von zehn Jahren gemäß § 78 Abs. 3 Nr. 3 StGB führen.

Da der Gesetzgeber diese Merkmale beim Betrug (§ 263 StGB) aber als Regelbeispiele ausgestaltet hat, verbleibt es bei der Regelung des § 78 Abs. 4 StGB mit der Konsequenz, dass die Rechtsfolge der Verjährung – das Vorliegen eines Verfahrenshindernisses[395] – beim Betrug im besonders schweren Fall (§ 263 Abs. 3 S. 2 Nr. 1 StGB) fünf Jahre und bei der qualifizierten Hehlerei (§ 260 Abs. 1 StGB) zehn Jahre beträgt.

Darüber hinaus bewirkt diese Einordnung der Merkmale als Regelbeispiele beim Betrug, dass die sog. absolute Verjährungsfrist gemäß § 78c Abs. 3 S. 2 StGB lediglich zehn Jahre; hingegen bei der nach § 260 Abs. 1 StGB qualifizierten Hehlerei schon das „Doppelte“, nämlich zwanzig Jahre, beträgt.[396]

Das führt unweigerlich auch zu unterschiedlichen Zeitpunkten hinsichtlich des sich aus der Verjährung ergebenden Eintritts eines Verfahrenshindernisses. Diese Problematik der unterschiedlichen absoluten Grenze der Verjährung in den zuvor gezeigten Konstellationen hat den Gesetzgeber veranlasst, durch Art. 6 des Gesetzes zur Entlastung der Rechtspflege vom 11. Januar 1993[397] in § 78b StGB einen Absatz 4 einzuführen.[398] Gemäß § 78b Abs. 4 StGB ruht die Verjährung in den Fällen des § 78 Abs. 3 Nr. 4 StGB ab Eröffnung des Hauptverfahrens vor dem Landgericht für einen Zeitraum von höchstens fünf Jahren, wenn das Gesetz strafschärfend für besonders schwere Fälle Freiheitsstrafe von mehr als fünf Jahren androht. Nach dieser Regelung kann sich die absolute Grenze der Verjährung z.B. bei einem vor dem LG eröffneten Hauptverfahren wegen Betruges (§ 263) – unabhängig davon, ob im Einzelfall ein besonders schwerer Fall i.S.v. § 263 Abs. 3 StGB angeklagt ist, wegen einer solchen Tat das Hauptverfahren eröffnet worden ist[399] beziehungsweise ein

394 Für die (einfache) Hehlerei gemäß § 259 Abs. 1 StGB gilt ebenfalls die fünfjährige Verjährungsfrist gem. § 78 Abs. 3 Nr. 4 StGB, weil § 259 Abs. 1 StGB ebenfalls wie der Betrug (§ 263 Abs. 1 StGB) ein Höchstmaß von fünf Jahren Freiheitsstrafe vorsieht.

395 *Fischer*, Vor § 78 Rn. 3; BGHSt 4, 385.

396 Zu der Frage, ob sich Regelbeispiele hierbei auf den für die Berechnung der absoluten Grenze der Verjährung entscheidenden Zeitpunkt, den Beginn der Verjährung i.S.v. § 78a StGB auswirken, siehe *Braunsteffer*, Die Problematik der Regelbeispielstechnik im Strafrecht, S. 49 ff. – die dies im Ergebnis verneint.

397 BGBl. I, S. 50.

398 Zur Begründung des Gesetzgebers zu dieser Regelung siehe im Einzelnen BT-DrS. 12/3832, Begründung S. 44 f.

399 OLG Koblenz NStZ-RR 1996, S. 229.

besonders schwerer Fall vom Gericht angenommen wird[400] – auf bis zu fünfzehn Jahre hinausschieben.[401]

Mit dieser Regelung hat der Gesetzgeber insbesondere versucht, in den Fällen, in denen die absolute Verjährung wegen der Verwendung von besonders schweren Fällen mit Regelbeispielen gemäß §§ 78 Abs. 3 Nr. 4, 78 Abs. 4 i.V.m. § 78c Abs. 3 S. 2 StGB nur zehn Jahre beträgt, den Fällen, in denen der Gesetzgeber Qualifikationen geschaffen hat und die absolute Verjährung gemäß §§ 78 Abs. 3 Nr. 3 i.V.m. 78c Abs. 3 S. 2 StGB zwanzig Jahre beträgt, zumindest anzunähern.[402]

Ob dies auf eine Umgehung des § 78 Abs. 4 StGB hinausläuft,[403] kann hier dahingestellt bleiben.[404] Allerdings wird der Anwendungsbereich des § 78b Abs. 4 StGB bereits durch seinen Wortlaut auf die Fälle beschränkt, in denen das Hauptverfahren vor dem LG eröffnet wird. Die Eröffnung des Hauptverfahrens vor dem LG kommt jedoch nur dann in Betracht, wenn entweder gemäß § 24 Abs. 1 Nr. 2 GVG eine höhere Strafe als vier Jahre Freiheitsstrafe zu erwarten ist oder die Staatsanwaltschaft wegen der besonderen Bedeutung des Falles i.S.v. § 24 Abs. 1 Nr. 3 GVG[405] Anklage beim Landgericht erhebt. In allen anderen Fällen verbleibt die sachliche Zuständigkeit – einmal abgesehen von einer erstinstanzlichen Zuständigkeit des OLG, für die § 78b Abs. 4 StGB ebenfalls nicht gilt[406] – gemäß § 24 GVG beim Amtsgericht. Die oben aufgezeigten Diskrepanzen bzgl. der absoluten Grenze der Verjährung lassen sich demzufolge in nur sehr begrenztem Umfang durch § 78b Abs. 4 StGB vermeiden.

400 *Jähnke* in LK, § 78c Rn. 19; BGH StV 1995, S. 586.

401 Gemäß § 78c Abs. 3 S. 3 StGB wird die Zeit des Ruhens der Verjährung (§ 78b StGB) nicht bei der Berechnung der absoluten Frist miteingerechnet.

402 BT-DrS. 12/3832, Begründung S. 44 f.

403 Das BVerfG hält § 78b Abs. 4 StGB jedenfalls nicht für verfassungswidrig, siehe BVerfG (Kammer) NStZ 1994, S. 480.

404 Zumindest scheint zweifelhaft, ob diese Regelung in der Praxis ihre vom Gesetzgeber gewünschte Wirkung entfalten kann. Insbesondere dürfte die Verteidigung in geeigneten Fällen (z.B. bei einem besonders schweren Fall des Betruges i.S.v. § 263 Abs. 3 S. 2 Nr. 1 StGB) darum bemüht sein, den Schwerpunkt der Verteidigung auf das Ermittlungs- und Zwischenverfahren zu legen, um einer Eröffnung des Hauptverfahrens vor dem LG entgegenzuwirken. Zumal der für die Berechnung der absoluten Grenze der Verjährung entscheidende Zeitpunkt grundsätzlich gemäss § 78a S. 1 StGB die Beendigung der Tat ist.

405 Zu Recht verneint insbesondere Reineke, dass jeder besonders schwere Fall ein Fall von besonderer Bedeutung i.S.v. § 24 Abs. 1 Nr. 3 GVG ist, siehe eingehend *Reineke*, Regelbeispiele im Strafprozeß, S. 57 ff.

406 *Jähnke* in LK, § 78b Rn. 18.

bb) § 30 StGB

Die Wahl der Strafschärfungsmethode kann auch unmittelbar Einfluss auf die Strafbarkeit der versuchten Beteiligung haben. Gemäß § 30 Abs. 1 S. 1 StGB macht sich strafbar, wer einen anderen zu bestimmen versucht, ein Verbrechen zu begehen oder zu ihm anzustiften. Schärfungen für besonders schwere Fälle mit oder ohne Regelbeispiele bleiben gemäß § 12 Abs. 3 StGB für die Einteilung einer rechtswidrigen Tat als Verbrechen außer Betracht. Demzufolge bleibt z.B. der Versuch der Anstiftung zu einem besonders schweren Fall der Bestechlichkeit und der Bestechung i.S.v. §§ 335 Abs. 1 a) u. b), Abs. 2 Nr. 3 i.V.m. 332 Abs. 1 S. 1, 334 Abs. 1 S. 1 StGB straflos,[407] obwohl der § 335 Abs. 1 Nr. 1 StGB Freiheitsstrafe von einem Jahr bis zu zehn Jahren androht.[408]

Nun mag dies hinsichtlich der fragmentarischen Natur des Strafrechts ein zu billigendes Ergebnis sein. Kritisch ist aber zu bewerten, dass sich der Gesetzgeber ersichtlich nicht mit dieser Frage bei seiner Entscheidung für oder gegen die jeweilige Gesetzestechnik auseinandergesetzt hat.

3. Umwandlung von Qualifikationstatbeständen

Der Gesetzgeber hat zwar im 6. StrRG von 1998 von einer weitgehenden Umwandlung von Qualifikationstatbeständen in die Regelbeispielstechnik abgesehen. Dies gilt jedoch nicht für frühere Strafrechtsreform- und Strafrechtsänderungsgesetze. Im folgenden sollen zwei auch für die Praxis bedeutsame Umwandlungen näher dargestellt und jeweils eine mit dieser Umwandlung spezifische Folge aufgezeigt werden.

Hierbei ist zu betonen, dass die Umwandlung eines Qualifikationstatbestandes in die Regelbeispielstechnik zwangsläufig aufgrund der durch die Rechtsprechung vorgenommenen Einordnung der Regelbeispiele als Strafzumessungsregel[409] zu Abweichungen zur bisherigen Behandlung als Qualifikationstatbestand führt.

---

407 Die gleichen Erwägungen gelten unter anderem auch für den Versuch der Anstiftung zu einem besonders schweren Fall der Erpressung gemäß § 253 Abs. 1, Abs. 4 StGB, soweit kein Qualifikationsmerkmal des § 255 StGB vorliegt.

408 Die Bestechlichkeit i.S.v. § 332 Abs. 1 S. 1 StGB wird mit Freiheitsstrafe von sechs Monaten bis zu fünf Jahren bestraft, die Bestechung i.S.v. § 334 Abs. 1 S. 1 StGB mit Freiheitsstrafe von drei Monaten bis zu fünf Jahren. Beide haben gemäß § 12 Abs. 2 StGB Vergehenscharakter.

409 Siehe zum Streitstand m.w.N. *Eisele*, Die Regelbeispielsmethode im Strafrecht, S. 144 ff.

a) § 243 StGB

aa) 1. StrRG

Durch das 1. StrRG von 1969 wurde der § 243 StGB von einem Qualifikationstatbestand in einen durch sechs[410] Regelbeispiele benannten (besonders)[411] schweren Fall umgewandelt. Begründet wurde die Umwandlung insbesondere mit der Vermeidung von – aus der kasuistischen Fassung[412] resultierenden – Strafbarkeitslücken.[413] Neben der Schließung von Strafbarkeitslücken sollte die „schmiegsame“[414] Regelbeispielstechnik auch „Härten“ zu vermeiden helfen.[415]

bb) Folge: (keine) Gesetzeskonkurrenz zwischen Einbruchsdiebstahl und Sachbeschädigung beziehungsweise Hausfriedensbruch?!

Nach früher – und wohl noch – h.M.[416] soll zwischen §§ 242, 243 Abs. 1 S. 2 Nr. 1 StGB (Einbruchsdiebstahl) und § 303 StGB (Sachbeschädigung) beziehungsweise § 123 StGB (Hausfriedensbruch) Gesetzeskonkurrenz bestehen.

Die Sachbeschädigung ebenso wie der Hausfriedensbruch sollen von einer Verurteilung wegen Diebstahls – im besonders schweren Fall – wegen der Verwirklichung des Regelbeispiels nach § 243 Abs. 1 S. 2 Nr. 1 StGB (Einbruchs-, Einsteige- oder Nachschlüsseldiebstahl) oder nach § 243 Abs. 1 Satz 2 Nr. 2 (Überwindung von Schutzvorrichtungen) als typische Begleittat jedenfalls dann konsumiert werden, wenn der Tatrichter die Strafe dem § 243 Abs. 1 StGB entnommen und nicht etwa wegen Entfallens der Regelwirkung den Strafrahmen des § 242 Abs. 1 StGB angewendet hat. Denn wenn der Richter aus § 243 StGB verurteilt und dessen Strafrahmen anwendet, dann hat er damit die Tatsache, dass der Täter in fremde Räume eingedrungen ist und

---

410 § 243 Abs. 1 Nr. 7 wurde erst 1989 in das StGB eingefügt.

411 Das Wort wurde erst durch das EGStGB 1975 eingefügt.

412 Zur Kritik am kasuistischen Qualifikationstatbestand des § 243 RStGB siehe unter Gliederungspunkt 1. Teil B) III. 1.

413 Vgl. Begr. BRegE 1962 BT-DrS. IV/650, S. 400: „Der Vorteil liegt darin, daß der Richter [...] Taten, die sich nicht unter die Beispiele bringen lassen, ihnen aber nach Schwere des Unrechts und der Schuld nahestehen, ebenfalls aus dem schwereren Rahmen strafen kann „[...]; vgl. auch *Prinz*, Diebstahl – §§ 242 ff. StGB, S. 240 f.

414 Begr. BRegE 1962 BT-DrS. IV/650, S. 400.

415 Begr. BRegE 1962 BT-DrS. IV/650, S. 184, 400; zu der Frage der Vermeidbarkeit von Härten durch die bis dahin in § 243 Abs. 2 a.F. StGB geltende Strafrahmenverschiebung nach unten bei Vorliegen mildernder Umstände, siehe *Scheffler*, Strafgesetzgebungstechnik in Deutschland und Europa, S. 30 m.w.N.

416 *Lackner / Kühl*, § 243 Rn. 24; *Eser* in Schönke / Schröder, § 243 Rn. 59; vgl. hierzu m.w.N. bzgl. der früher h.M. *Eisele*, Die Regelbeispielsmethode im Strafrecht, S. 355 Fn. 369.

fremde Sachen beschädigt hat, in die Gesamtwürdigung der Tat einbezogen, so dass es einer Verurteilung wegen §§ 123, 303 StGB nicht bedarf.[417]

Demgegenüber hat der 1. Strafsenat in einer Entscheidung vom 7. August 2001[418] in einem obiter dictum im 2. Leitsatz ausgeführt, dass er (überdies) aus grundsätzlichen Erwägungen der Auffassung zuneige, dass das Vorliegen des Regelbeispiels eines besonders schweren Falls des Diebstahls (hier nach § 243 Abs. 1 S. 2 Nr. 1, 2 StGB) beim rechtlichen Zusammentreffen mit einer Sachbeschädigung schon von vornherein nicht zur Konsumtion des Unrechts der Sachbeschädigung und damit zur Annahme von Gesetzeseinheit führen könne. Vielmehr bestehe Tateinheit. Gesetzeseinheit zwischen Diebstahl – im besonders schweren Fall nach § 243 Abs. 1 S. 2 Nr. 1, 2 StGB – und Sachbeschädigung scheide – so der 1. Strafsenat im 1. Leitsatz – jedenfalls dann aus, wenn die Sachbeschädigung bei konkreter Betrachtung von dem regelmäßigen Verlauf eines Diebstahls im besonders schweren Fall (§ 243 Abs. 1 S. 2 Nr. 1, 2 StGB) abweiche, von einem eigenständigen, nicht aufgezehrten Unrechtsgehalt geprägt sei und sich deshalb nicht als so genannte typische Begleittat erweise.

Neben dem für den 1. Strafsenat wegen der fortentwickelten Verhältnisse nicht mehr tragfähigen Ansatz der generellen Bewertung der Sachbeschädigung als „typische Begleittat", stellt der Senat darauf ab, dass nur Tatbestände miteinander konkurrieren könnten, nicht aber ein Tatbestand mit dem Regelbeispiel einer anderen Strafvorschrift.

Der 1. Senat verweist hierbei unter anderem auf eine Entscheidung des 5. Strafsenats, der für die ähnlich gelagerte Fragestellung im Verhältnis des Regelbeispiels nach § 370 Abs. 3 S. 2 Nr. 2 AO zum Untreuetatbestand hervorgehoben hat, dass auch wenn das Regelbeispiel typischerweise den Unrechtsgehalt des anderen Tatbestandes erfasse, habe das trotz der Anlehnung der Regelbeispiele an Tatbestandsmerkmale keine Auswirkungen auf die Frage der Konkurrenzen, da eben lediglich eine Strafzumessungsregel in Rede stehe. Darüber hinaus könne aus dem Umstand, dass dies teilweise für das Verhältnis der §§ 243, 303 StGB abweichend beurteilt werde,[419] kein allgemeiner Grundsatz hergeleitet werden.

Rengier[420] sieht in dem zweiten Leitsatz bereits die Vorbereitung für eine Neubewertung des Konkurrenzverhältnisses zwischen einem Diebstahl in einem besonders schweren Fall und den §§ 123, 303 StGB.

---

417 *Eser* in Schönke / Schröder, § 243 Rn. 59 m.w.N.

418 NJW 2002, S. 150.

419 Vgl. BGH NStZ-RR 1998, S. 91 f.

420 JuS 2002, S. 854.

Eine Entscheidung dieser Frage bedarf es hier nicht.[421] Vielmehr soll die Problematik des Konkurrenzverhältnisses zwischen §§ 242, 243 Abs. 1 S. 2 Nr. 1 StGB (Einbruchsdiebstahl) und § 303 StGB (Sachbeschädigung) beziehungsweise § 123 StGB (Hausfriedensbruch) verdeutlichen, dass die Umwandlung eines Qualifikationstatbestandes in die Regelbeispielstechnik für die Rechtsanwendung nicht folgenlos bleibt.

Erstaunlich ist gleichwohl, dass der BGH erst nach mehr als 30 Jahren nach der durch das 1. StrRG von 1969 erfolgten Umwandlung des Qualifikationstatbestandes des § 243 a.F. StGB in besonders schwere Fälle mit Regelbeispielen zu dieser in der Praxis (fast) alltäglichen Konstellation Stellung zu nehmen hatte.[422]

b) § 177 Abs. 2 S. 2 Nr. 1 StGB

aa) 33. StrÄndG

Durch das 33. Strafrechtsänderungsgesetz (StrÄndG) vom 1. Juli 1997[423] wurde der Qualifikationstatbestand[424] der Vergewaltigung (§ 177 StGB i.d.F. vor dem 33. StrÄndG) zu einem Regelbeispiel eines besonders schweren Falles des nunmehr einheitlichen Verbrechenstatbestandes der Sexuellen Nötigung, Vergewaltigung (§ 177 Abs. 2 S. 2 Nr. 1 StGB) unter Beibehaltung der Mindeststrafandrohung von nicht unter zwei Jahren Freiheitsstrafe umgestaltet.

Die Änderung der Strafschärfungsmethode wurde lediglich mit der Gewährleistung eines umfassenden Schutzes des Opfers vor besonders erniedrigenden sexuellen Handlungen begründet.[425] Unbedenklich scheint es dabei für den

---

421 Eisele hält die Annahme von Konsumtion vom Standpunkt jener, welche die Regelbeispiele als Strafzumessungsregeln einordnen, für wenig überzeugend. Es sei kaum zu erklären, weshalb eine Strafzumessungsregel einen selbständigen Tatbestand verdrängen könne, zumal der Schuldspruch lediglich auf Diebstahl gem. § 242 StGB laute. Da Eisele die Regelbeispiele als Tatbestandsmerkmale einstuft, hält er diese für grundsätzlich geeignet, andere Tatbestände im Wege der Konsumtion zu verdrängen; *Eisele*, Die Regelbeispielsmethode im Strafrecht, S. 358 ff.

422 Siehe auch die Kritik von *Rudolf Schmitt,* FS Tröndle, S. 316, dass durch die Praxis und Lehre die Umwandlung nicht genügend beachtet wird.

423 BGBl. I, S. 1607.

424 Die Vergewaltigung war bis zum 33. StrÄndG ein das tatbestandliche Unrecht der sexuellen Nötigung (§ 178 i.d.F. vor dem 33. StrÄndG) qualifizierender Spezialfall, siehe *Dreher / Tröndle*, 48. Aufl., § 177 Rn. 1.

425 Vgl. BT-DrS. 13/7324, Begründung S. 5 f.; anders hingegen der abgelehnte Gesetzesentwurf der SPD, der den Qualifikationstatbestand der Vergewaltigung beibe-

Gesetzgeber gewesen zu sein, dass das Gegebensein einer Vergewaltigung i.S.v. § 177 Abs. 2 Nr. 1 StGB nunmehr nur zu einer Indizwirkung für das Vorliegen eines besonders schweren Falles führt und das obwohl die besondere Hervorhebung der Vergewaltigung im Bereich gewaltsamer sexueller Handlungen sowohl mit der Gefahr kriminell erzwungener und damit unerwünschter Schwangerschaften, als auch mit der besonderen Schwere des Eingriffs in die sexuelle Selbstbestimmung der Frau begründet wurde.[426]

bb) Folge: Keine Rechtsmittelbefugnis des Nebenklägers hinsichtlich dem Ziel der Verurteilung wegen Vergewaltigung

Gemäß § 400 Abs. 1 Alt. 1 StPO kann der Nebenkläger das Urteil nicht mit dem Ziel anfechten, dass eine andere Rechtsfolge der Tat verhängt wird. Unzulässig ist eine Anfechtung i.S.v. § 400 Abs. 1 Alt. 1 StPO somit dann, wenn der Angeklagte wegen eines Nebenklagedelikts verurteilt worden ist und die mit dem Rechtsmittel erhobenen Einwendungen gegen das Urteil zu keiner Änderung des Schuldspruchs, sondern lediglich zu einer anderen Rechtsfolgenentscheidung führen können.[427]

Da auch der dem angefochtenen Urteil zugrunde gelegte Strafrahmen zu den Rechtsfolgen gehört,[428] kann der Nebenkläger nach h.M.[429] nicht die Anwendung einer anderen Strafzumessungsvorschrift begehren, sondern nur die Anwendung eines Qualifikationstatbestandes.[430]

Folglich hat der BGH die Revision des Nebenklägers mit dem Ziel, eine Verurteilung des wegen sexueller Nötigung i.S.v. § 177 Abs. 1 StGB verurteilten Angeklagten wegen des Qualifikationstatbestandes nach § 177 Abs. 3 StGB zu erreichen, gemäss §§ 395 Abs. 1 Nr. 1a), 400 Abs. 1 StPO für zulässig gehalten.[431]

---

hielt, um nicht zu sehr in die Systematik der § 177 ff. StGB einzugreifen – vgl. BT-DrS. 13/323, Begründung S. 5.

426 BT-DrS. 13/7324, Begründung S. 5; kritisch hierzu *Gössel,* FS H. J. Hirsch, S. 186 ff.

427 *Kurth* in HK, § 400 Rn. 5; BGH NJW 1992, S. 516.

428 *Kurth* in HK, § 400 Rn. 6; *Hilger* in LR, 25. Aufl., § 400 Rn. 7; *Riegner*, NStZ 1990, S. 13.

429 BGH NStZ 2001, S. 420; *Hilger* in LR, 25. Aufl., § 400 Rn. 7; *Meyer-Goßner*, § 400 Rn. 3; *Senge* in KK, § 400 Rn. 1.

430 BGH NStZ-RR 2003, S. 306 f.; BGHR StPO § 400 Abs. 1 Zulässigkeit 11; BGH NStZ 2001, S. 980.

431 BGH NStZ-RR 2003, S. 306 f.; BGH NStZ 2001, S. 420.

Deshalb ist – so der BGH – die Revision des Nebenklägers mit dem Ziel der Verurteilung nach § 177 Abs. 2 StGB i.S.v. § 400 Abs. 1 Alt. 1 StPO unzulässig.[432] Das gilt unabhängig davon, ob das Regelbeispiel der Vergewaltigung gem. § 177 Abs. 2 S. 2 Nr. 1 StGB vorliegt und ein besonders schwerer Fall aufgrund die Indizwirkung entkräftender Umstände verneint wurde.[433]

In diesem Zusammenhang bemerkt Riess[434] zu Recht, dass dieses Ergebnis nicht sonderlich einleuchtend ist, zumal der Gesetzgeber des 33. StrÄndG den Strafrechtsschutz erweitern wollte. Bis zum Inkrafttreten des 33. StrÄndG war die Revision des Nebenklägers mit dem Ziel der Verurteilung des Angeklagten wegen Vergewaltigung (§ 177 StGB i.d.F. vor dem 33. StrÄndG) aufgrund der Ausgestaltung als Qualifikationstatbestand nicht zweifelhaft.[435]

Es scheint allerdings zweifelhaft, ob der Gesetzgeber diese Konsequenz überhaupt gesehen, geschweige denn beabsichtigt habe.[436]

Als mögliche Lösung schlägt Riess vor, das Regelbeispiel der Vergewaltigung insoweit und entsprechend seiner Aufnahme in den Urteilstenor wie eine Qualifikation zu behandeln. Diesen Ansatz hat der BGH, worauf Riess[437] auch hinweist, gleichwohl ausdrücklich verneint, weil es sich im Verhältnis von sexueller Nötigung zu Vergewaltigung nicht um eine Frage des Schuldspruchs im rechtstechnischen Sinne, sondern um eine Frage der Fassung der Urteilsformel (§ 260 Abs. 4 StPO) handele, wo das Regelbeispiel ausnahmsweise[438] zum Ausdruck kommen müsse.[439]

---

432 BGH NStZ-RR 2003, S. 306 f.

433 BGH NStZ-RR 2003, S. 306 f.

434 GA 2007, S. 387.

435 *Riess,* GA 2007, S. 387 Fn. 71 m.w.N.

436 So auch *Riess* GA 2007, S. 387.

437 GA 2007, S. 387 unter Verweis auf BGH NStZ-RR 2003, S. 306 in Fn. 75.

438 Nach ständiger Rechtsprechung und überwiegender Meinung im Schrifttum sind in die Urteilsformel gem. § 260 Abs. 4 S. 1, 2 StPO zwar selbständige Qualifikationen, grundsätzlich aber nicht Regelbeispiele für besonders schwere Fälle aufzunehmen, siehe BGHSt 23, 254; statt aller: *Meyer-Goßner*, § 260 Rn. 25; siehe aber *Gollwitzer* in LR, § 260 Rn. 61, der die Aufnahme in die Urteilsformel nicht für unzulässig hält.

439 Siehe BGH NStZ 1998, S. 510; selbst bei Vorliegen des Regelbeispiels der Vergewaltigung § 177 Abs. 2 Nr. 1 StGB kann die Tat im Schuldspruch als Vergewaltigung bezeichnet werden, wenn im Hinblick auf besondere Milderungsgründe ein besonders schweren Fall verneint und die Strafe dem Grundtatbestand des § 177 Abs. 1 StGB entnommen wurde, BGH NStZ 2002, S. 555 f.; vgl. auch BGH bei *Pfister,* NStZ-RR 2001, S. 356 Nr. 22.

c) Zwischenergebnis

Die obigen Ausführungen verdeutlichen, dass nicht nur die Einkleidung eines strafschärfenden Umstandes in einen Qualifikationstatbestand oder in die Regelbeispielstechnik zu Folgen in der Rechtsanwendung führt, sondern auch die Umwandlung eines Qualifikationstatbestandes in die Regelbeispielstechnik.

4. Kuriositäten bei der Einfügung von Regelbeispielen

Die Kritik entzündet sich nicht nur an der Wahl der jeweiligen Gesetzestechnik, sondern auch hinsichtlich der Auswahl einzelner Regelbeispiele durch den Gesetzgeber.

a) § 240 Abs. 4 StGB

Die Vorschrift der Nötigung führt in § 240 Abs. 4 S. 2 StGB vier Regelbeispiele auf.

§ 240 Abs. 4 S. 2 StGB lautet:

> „Ein besonders schwerer Fall liegt in der Regel vor, wenn der Täter eine andere Person zu einer sexuellen Handlung oder zur Eingehung der Ehe nötigt, eine Schwangere zum Schwangerschaftsabbruch nötigt oder seine Befugnisse oder seine Stellung als Amtsträger missbraucht."

Durch das 6. StrRG von 26. Januar 1998[440] wurde das bis dahin einzig normierte Regelbeispiel der Nötigung einer Schwangeren zum Schwangerschaftsabbruch um die Regelbeispiele der Nr. 1 1. Alt. (Nötigung zu einer sexuellen Handlung) und der Nr. 3 (Nötigung unter Missbrauch der Befugnisse oder Stellung als Amtsträger) erweitert. Begründet wurde die Erweiterung des Regelbeispielkatalogs durch den Gesetzgeber ganz allgemein damit, dass seit dem E 1962[441] die besonders schweren Fälle in neueren Gesetzen üblicherweise durch mindestens zwei Regelbeispiele benannt und erläutert werden.[442]

Diese Erweiterung des Regelbeispielkatalogs ist auf Kritik gestoßen. Thomas Fischer[443] hat bezüglich des eingefügten Regelbeispiels der Nötigung zu einer

---

440 BGBl. I, S. 164.

441 Vgl. Begr. BRegE BT-DrS. IV/650, S. 266.

442 Begr. BRegE BT-DrS. 13/8587, S. 42.

443 ZStW 112 (2000), S. 79 Fn. 30; vgl. jedoch Nelles, die hierzu feststellt, dass mit der Aufnahme dieses Regelbeispiels eine wertungswidersprüchliche Unstimmigkeit in der Stufung der Nötigung als dem allgemeinen Grunddelikt und spezielleren „insoweit

sexuellen Handlung (§ 240 Abs. 4 Nr. 1. Alt. StGB) darauf hingewiesen, dass die Regelbeispiele des Nötigungstatbestandes „unverkennbar die Tendenz zur wahllosen Erweiterung nach Maßgabe rechtspolitischer Konjunkturen in sich“ trügen. Und Fischer weiter: „Die Welt ist voll von Handlungen, zu denen man ganz besonders ungern genötigt werden möchte“.[444]

Von dieser Kritik unbeeindruckt hat der Gesetzgeber durch das 37. StÄG vom 11. Februar 2005 den Regelbeispielskatalog um den Fall der Nötigung zur Eingehung einer Ehe erweitert.[445] Mit der Einfügung dieses Regelbeispiels wollte der Gesetzgeber „das strafbare Unrecht eines solchen menschenverachtenden, dem Menschenhandel ähnlichen Vorgehens“ betonen.[446]

Bemerkenswert ist insoweit der Entwurf des Bundesrates vom 23. März 2006 zu einem „Zwangsheirat-Bekämpfungsgesetz“,[447] der das durch das 37. StÄG eingeführte Regelbeispiel der Nötigung zur Eingehung einer Ehe (§ 240 Abs. 4 Satz 2 Nr. 1 Alt. 2 StGB) schon wieder streichen wollte. Begründet wurde dies damit, dass das Regelbeispiel des § 240 Abs. 4 Satz 2 Nr. 1 Alt. 2 StGB einen unzureichenden Lösungsansatz darstelle, um den Unwertgehalt der entsprechenden Verhaltensweisen eindeutig zu kennzeichnen.[448]

Der Hinweis von Thomas Fischer bezüglich der Tendenz zur wahllosen Erweiterung des Regelbeispielkatalogs betrifft im Kern die Zusammenstellung der Regelbeispiele. Diese lässt eine Systematik nicht erkennen. Vielmehr berühren die Regelbeispiele des § 240 Abs. 4 StGB verschiedene Bereiche des Strafrechts wie der Sexual-, Tötungs- und Amtsdelikte,[449] die zu Abgrenzungsfragen führen. Beispielsweise ist der Anwendungsbereich des Regelbeispiels der Nötigung zu einer sexuellen Handlung von dem des § 177 StGB, dessen Tatmittel auf das Ausnutzen einer schutzlosen Lage erweitert wurde (Abs. 1 Nr. 3 StGB), abzugrenzen.[450] Weiterhin ist dieses Regelbeispiel auch

---

qualifizierten“, beseitigt wird, *Nelles* in Dencker / Struensee / Nelles / Stein, Einführung in das 6. StrRG, Teil 3 Rn. 20.

444 ZStW 112 (2000), S. 79 Fn. 30.

445 Vgl. Begr. RegFraktE BT-DrS. 15/3045, S. 10; vgl. auch *Scheffler*, Strafgesetzgebungstechnik in Deutschland und Europa, S. 44.

446 Vgl. Begr. RegFraktE BT-DrS. 15/3045, S. 10; vgl. auch *Scheffler*, Strafgesetzgebungstechnik in Deutschland und Europa, S. 44.

447 Siehe BRatE BT-DrS. 16/1035; vgl. auch schon den Entwurf des Bundesrates vom 11. August 2005 in der 15. Wahlperiode, BRatE BT-DrS. 15/5951.

448 Begr. BRatE BT-DrS. 16/1035, S. 1; ebenso BRatE BT-DrS. 15/5951, S. 1.

449 So auch *Träger / Altvater* in LK, § 240 Rn. 120.

450 Siehe *Fischer*, § 240 Rn. 59: „Die Abstimmung mit § 177 ist [...] nicht gelungen“. Vgl. hierzu auch *Renzikowski*, NStZ 1999, S. 440.

unter dem Blickwinkel, dass die „Sittlichkeitsdelikte“ auf den 13. Abschnitt des besonderen Teils des StGB konzentriert werden sollen, nicht unproblematisch.[451]

Nun mag ein Grund der fehlenden Systematik der Regelbeispiele in der Weite des Nötigungstatbestandes begründet liegen.[452] Das sich durchaus weitere Regelbeispiele hinsichtlich weiterer Bereiche des Strafrechts denken lassen, verdeutlicht die im Schrifttum erhobene Forderung nach der Einführung eines neuen Regelbeispiels für die Nötigung im Straßenverkehr.[453]

b) § 266 Abs. 2 StGB

Durch das 6. StrRG wurden unter anderem in die Vorschriften über den Betrug (§ 263 Abs. 3 StGB) und der Untreue (§§ 266 Abs. 2 i.V.m. 263 Abs. 3 StGB) Regelbeispiele in die bis dahin unbenannten besonders schweren Fälle eingeführt.[454] Bemerkenswert ist, dass der Betrug und – aufgrund eines „pauschalen Verweis[es]“[455] in § 266 Abs. 2 StGB – die Untreue fünf identische Regelbeispiele aufweisen.[456]

Die Verweisung in § 266 Abs. 2 StGB auf die Anwendbarkeit der Regelbeispiele des Betruges (§ 263 Abs. 3 S. 2 StGB) ist in der Literatur auf heftige Kritik gestoßen. Nach Bernd Schünemann stellt die Verweisung in § 266 Abs. 2 auf § 263 Abs. 3 „eine kapitale Fehlleistung des Gesetzgebers“[457] dar, „die man mit guten Gründen wegen offensichtlicher Unvernunft für rechtsstaatswidrig und somit nichtig erklären könnte“.[458]

---

451 Näher *Gössel,* FS Hirsch, S. 193 f.; *Fischer,* ZStW 112 (2000), S. 75 f.; *Scheffler / Matthies* in Kriminalität im Grenzgebiet, Bd. 5/6, S. 392 f.

452 *Fischer*, § 240 Rn. 58.

453 Siehe *Kropp,* ZRP 2004, S. 4: „§ 240 IV StGB sollte um eine Nr. 4 ergänzt werden [...]: „Ein besonders schwerer Fall liegt in der Regel vor, wenn der Täter (Nr. 4) eine der genannten Nötigungshandlungen im Straßenverkehr begeht.“; vgl. auch *Janker,* DAR 2005, S. 125.

454 Zur Begründung hierfür siehe Begr. BRegE BT-DrS. 13/8587, S. 43 f.

455 *Perron* in Schönke / Schröder, § 266 Rn. 53.

456 Vgl. *Scheffler*, Strafgesetzgebungstechnik in Deutschland und Europa, S. 42.

457 *B. Schünemann* in LK, § 266 Rn. 177; siehe auch *Eisele*, Die Regelbeispielsmethode im Strafrecht, S. 428.

458 *B. Schünemann* in LK, § 266 Rn. 177.

Es wird konkret vorgebracht, dass die meisten der für den Betrug entwickelten Regelbeispiele auf die Untreue nicht passen.[459]

Fälle des gewerbsmäßigen Handelns oder der bandenmäßigen Begehung (Nr. 1) sowie der Gefährdung einer großen Zahl von Menschen durch fortgesetzte Tatbegehung (Nr. 2) kämen wegen der aus der Vermögensbetreuungspflicht erforderlichen Sonderbeziehung des Täters zum geschädigten Vermögen praktisch kaum in Frage.[460]

Fraglich ist auch, ob die „entsprechende Geltung" des § 263 Abs. 3 StGB hinsichtlich der Nr. 1 bedeutet, dass der Täter als Mitglied einer Bande handelt, die sich zur fortgesetzten Begehung von (nur) „Untreue"[461] oder "Urkundenfälschung oder Untreue"[462] verbunden hat. Letztgenannter Lesart steht entgegen, dass im Rahmen der aufgeführten Regelbeispiele bei der Urkundenfälschung nicht auf die Untreue, sondern nur auf das bandenmäßige Handeln zur fortgesetzten Begehung von Betrug und Urkundenfälschung abgestellt wird.[463]

Weiterhin wird hinsichtlich dem Regelbeispiel der Nr. 4 – Missbrauch der Befugnisse oder Stellung als Amtsträger – eingewandt, dass diese Verweisung letztlich auf eine Verletzung des Doppelverwertungsverbots (§ 46 Abs. 3 StGB) hinauslaufe, weil die Stellung als Amtsträger in der Regel überhaupt erst die in § 266 Abs. 1 StGB vorausgesetzte Täterqualifikation (kraft „behördlichen Auftrags") begründe.[464]

Die Verweisung des § 266 Abs. 2 auf das Regelbeispiel des § 263 Abs. 3 S. 2 Nr. 5 StGB, das den alten Versicherungsbetrug (§ 265 a.F. StGB) als besonders schweren Fall der Untreue hervorhebt, ist ebenfalls Bedenken ausgesetzt.[465] Das Regelbeispiel ist auf den Betrug zugeschnitten, weil die geforderte „Vortäuschung eines Versicherungsfalles" Tathandlung des Betruges, nicht aber der Untreue ist. Zudem besitzt der Versicherungsnehmer in der

---

459 Siehe auch *Eisele*, Die Regelbeispielsmethode im Strafrecht, S. 428.

460 *Perron* in Schönke / Schröder, § 266 Rn. 53 m.w.N.; vgl. auch *Eisele*, Die Regelbeispielsmethode im Strafrecht, S. 428.

461 So *Fischer*, § 266 Rn. 83b.

462 Hierzu *Eisele*, Die Regelbeispielsmethode im Strafrecht, S. 428 f.

463 *B. Schünemann* in LK, § 266 Rn. 176.

464 *B. Schünemann* in LK, § 266 Rn. 176; siehe ebenso *Perron* in Schönke / Schröder, § 266 Rn. 53 m.w.N.; vgl. auch *Eisele*, Die Regelbeispielsmethode im Strafrecht, S. 428; a.A. BGH StV 2001, S. 111.

465 *Eisele*, Die Regelbeispielsmethode im Strafrecht, S. 431: „Verfehlt".

Regel keine Vermögensbetreuungspflicht gegenüber der Versicherung, so dass bereits der Grundtatbestand der Untreue nicht vorliegt.[466]

Die obigen Ausführungen verdeutlichen nicht nur, dass die Übertragung von Regelbeispielen von einer Norm auf eine andere nicht ohne weiteres möglich ist und Regelbeispiele nicht beliebig austauschbar sind. Vielmehr wird offenbar, dass es hierbei um das Fehlen eines den besonders schweren Fall eines Delikts charakterisierenden Grundgedankens geht.

Dies erklärt die Kritik, die im Kern darauf abzielt, dass die „entsprechend geltenden" Regelbeispiele des Betruges (§ 263 Abs. 3 S. 2 StGB) keinen Leitbildcharakter für die Untreue entfalten.[467]

c) Regelbeispiel des Vermögensverlusts beziehungsweise Vorteils großen Ausmaßes

Das in einer Vielzahl von Vorschriften verwendete Regelbeispiel des Vermögensverlusts beziehungsweise Vorteils großen Ausmaßes (§§ 263 Abs. 3 Nr. 2, 264 Abs. 2 Nr. 1 Alt. 2, 266a Abs. 4 Nr. 1, 267 Abs. 3 Nr. 2, 300 S. 2 Nr. 1 StGB oder § 370 Abs. 3 Nr. 1 AO) hat in zweierlei Richtungen Kritik hervorgerufen.

aa) §§ 267 Abs. 3 S. 2 Nr. 2, 300 Abs. 1 S. 2 Nr. 2 StGB

Durch das 6. StrRG wurde das Regelbeispiel des Herbeiführens eines Vermögensverlustes großen Ausmaßes innerhalb der Urkundsdelikte eingeführt (vgl. § 267 Abs. 3 S. 2 Nr. 2 StGB, siehe auch durch Verweisung in §§ 268 Abs. 5, 269 Abs. 3 StGB).

Diese Einführung hat zu Fragen hinsichtlich des von § 267 StGB geschützten Rechtsguts geführt. Grundsätzlich dient die Regelung des § 267 Abs. 1 StGB dem Schutz der Sicherheit und Zuverlässigkeit des Rechtsverkehrs.[468] Diesem Schutzgedanken entspricht insoweit auch das Regelbeispiel des § 267 Abs. 3 S. 2 Nr. 3 StGB, dass vor der erheblichen Gefährdung der Sicherheit des Rechtsverkehrs durch eine große Zahl von unechten oder verfälschten Urkunden schützen will.

---

466 *Perron* in Schönke / Schröder, § 266 Rn. 53.

467 Siehe *Perron* in Schönke / Schröder, § 266 Rn. 53, der feststellt, dass der Versuch einer gesetzlichen Konkretisierung der Strafzumessung im Rahmen von § 266 StGB leider weitgehend missglückt ist.

468 *Fischer*, § 267 Rn. 1.

Demgegenüber gefährdet die Verursachung eines Vermögensverlustes großen Ausmaßes die Sicherheit des Rechtsverkehrs aber nicht in besonderer Weise. Vielmehr wurde ein schutzgutfremder Taterfolg als strafschärfendes Merkmal normiert.[469] Fischer[470] sieht hierin eine – vom Gesetzgeber wohl nicht deutlich gesehene – Verschiebung des Rechtsguts der Urkundenfälschung dergestalt, dass die Vorschrift des § 267 StGB auch zum Vermögensdelikt geworden ist.[471] Dies führe dazu, dass die Vorschrift nunmehr Schutzgesetz i.S.v. § 823 Abs. 2 BGB sei und im Falle von § 267 Abs. 3 S. 2 Nr. 2 StGB zum Erfolgsdelikt werde.[472]

Zu Fragen im Hinblick auf das geschützte Rechtsgut hat auch das im Rahmen der Bestechlichkeit und Bestechung im geschäftlichen Verkehr normierte Regelbeispiel des Beziehens der Tat auf einen Vorteil großen Ausmaßes (vgl. § 300 S. 2 Nr. 1 StGB) geführt. Es wird eingewandt, dass die Beeinträchtigung des zu schützenden Rechtsguts, nach h.M.[473] des freien Wettbewerbs, nicht von der Höhe des „Schmiergeldes", sondern von dem Ausmaß der sachwidrigen unlauteren Bevorzugung abhänge.[474] Das Regelbeispiel ist Fischer zu Folge nicht gelungen.[475]

bb) (Un-)Bestimmtheit des Regelbeispiels

Die gesetzliche Formulierung eines „großen Ausmaßes" hat weiterhin Bedenken im Schrifttum hinsichtlich ihrer Bestimmtheit hervorgerufen.[476] Beispielsweise hält Heine diese Formulierung im Regelbeispiel des § 300 S. 2 Nr. 1 StGB für bedenklich unbestimmt.[477]

Der 5. Strafsenat des BGH[478] hat diese Formulierung hinsichtlich des Regelbeispiels des § 370 Abs. 3 Nr. 1 AO als eine im Strafzumessungsrecht noch vertretbare Unbestimmtheit bezeichnet. Werde das Merkmal jedoch zum maß-

469 *Eisele*, Die Regelbeispielsmethode im Strafrecht, S. 257.

470 *Fischer*, § 267 Rn. 35.

471 *Fischer*, § 267 Rn. 1, 35.

472 *Fischer*, § 267 Rn. 1.

473 *Fischer*, § 299 Rn. 2 m.w.N.

474 *Fischer*, § 300 Rn. 3; ebenso *Heine* in Schönke / Schröder, § 300 Rn. 3: „Wenig überzeugend"; vgl. aber *Tiedemann* in LK, § 300 Rn. 3, der das Merkmal für sachgerecht hält.

475 *Fischer*, § 300 Rn. 3.

476 Vgl. Stellungnahme des DAV, AnwBl. 2002, 29.

477 *Heine* in Schönke / Schröder, § 300 Rn. 4; siehe auch *Tiedemann* in LK, § 300 Rn. 4.

478 NJW 2004, S. 2991 f.

geblichen Kriterium bei der Abgrenzung von Vergehen und Verbrechen, wie (bislang) innerhalb der §§ 370, 370a a.F. AO, sei dies, weil es nun die tatbestandliche Ebene betreffe, nicht mehr hinnehmbar.[479] Das Merkmal gebe – so der 5. Strafsenat – nicht zu erkennen, unter welchen Voraussetzungen dieses Tatbestandsmerkmal erfüllt sei, welche Anknüpfungspunkte maßgeblich seien und ob es auf den jeweiligen Einzelfall ankomme oder ob bei einer Vielzahl von Hinterziehungstaten [...] eine Gesamtbetrachtung des Tatbildes entscheidend sein solle.[480] Bei diesem Befund sei nicht ersichtlich, wie der Normadressat durch Auslegung Tragweite und Anwendungsbereich des Verbrechenstatbestands ermitteln und konkretisieren solle.

Insbesondere aufgrund dieser verfassungsrechtlichen Kritik[481] des 5. Strafsenats des BGH wurde der Verbrechenstatbestand des § 370a AO[482] durch das am 1. Januar 2008 in Kraft getretene Gesetz zur Neuregelung der Telekommunikationsüberwachung und anderer verdeckter Ermittlungsmaßnahmen sowie zur Umsetzung der Richtlinie 2006/24/EG abgeschafft.[483]

Allerdings ist nicht zu übersehen, dass der hinsichtlich des Regelbeispiels des § 370 Abs. 3 Nr. 1 AO dem Richter belassene „weite Spielraum"[484] bei der Rechtsfolgenbestimmung nicht darüber hinwegtäuschen kann, die Formulierung des „großen Ausmaßes" für den Normadressaten bestimmter zu machen. Sie gewährleistet allenfalls eine Berücksichtigung sämtlicher Umstände im Einzelfall.

d) Zwischenergebnis

Die obigen Beispiele zeigen, dass die Auswahl von bestimmten Regelbeispielen keiner Systematik unterliegt, die einem klaren gesetzgeberischem Konzept folgt. Insbesondere ist keine Systematik – kein übergeordneter Rechtsgedanke – bei der Normierung von Regelbeispielen innerhalb einer Vorschrift erkennbar.

---

479 BGH NJW 2004, S. 2991 f.; siehe auch die Kritik von Park, wistra 2003, S. 331, der das Merkmal des „großen Ausmaßes" für nicht vereinbar mit dem Bestimmtheitsgebot des Art. 103 Abs. 2 GG hält; *Harms* FS Kohlmann, S. 426: „völlig konturenlos".

480 BGH NJW 2004, S. 2991 f.

481 *Harms* hatte die Gerichte zur Vorlage an das Bundesverfassungsgericht aufgefordert, um die Verfassungswidrigkeit des § 370a AO alsbald festzustellen, siehe hierzu und zur Diskussion um den § 370a AO in Literatur und Rechtsprechung, *Rüping*, DStR 2008, S. 14.

482 Die Vorschrift wurde mit dem Steuerverkürzungsbekämpfungsgesetz vom 19. Dezember 2001 eingeführt, BGBl. I, 2001, S. 3922.

483 Siehe Begr. BRegE BT-DrS. 16/5846, S. 74 f.

484 So der 5. Strafsenat des BGH NJW 2004, S. 2991 f.

Gössel hat zu Recht angemerkt, dass die Wahl der Regelbeispiele im Zuge des 6. StrRG als „Ergebnis spielerischer Freude“[485] des Gesetzgebers zu werten ist. Regelbeispiele sind deshalb so beliebt, weil man aufgrund ihrer Unverbindlichkeit nicht viel falsch machen kann.[486]

5. Engere und weitere Analogiewirkung

Das Problem einer fehlenden Systematik bei der Normierung von Regelbeispielen, insbesondere das Fehlen eines den besonders schweren Fall eines Delikts charakterisierenden Grundgedankens, wird besonders offenbar an der in der Literatur eingehend diskutierten Frage, wann ein besonders schwerer Fall zu bejahen ist, wenn ein Regelbeispiel nicht vorliegt.

Nach h.M.[487] kann ein besonders schwerer Fall auch dann bejaht werden, wenn ein Regelbeispiel nicht vorliegt. Es ist dann eine Gesamtwürdigung vorzunehmen, wobei es für die Annahme eines besonders schweren Falles darauf ankommt, ob das gesamte Tatbild einschließlich aller subjektiven Momente und der Täterpersönlichkeit vom Durchschnitt der erfahrungsgemäß gewöhnlich vorkommenden Fälle in einem Maße abweicht, daß die Anwendung des Ausnahmestrafrahmens geboten ist.[488]

Hierbei sollen nach der h.M. nicht nur solche Umstände berücksichtigt werden können, die den Regelbeispielen ähnlich oder gleichartig sind, sondern auch solche, die im Unrecht- und Schuldgehalt gleichwertig sind.[489]

Diesbezüglich wird in der Literatur teilweise zwischen der sog. engeren und weiteren Analogiewirkung der Regelbeispiele unterschieden.[490]

---

485 *Gössel,* FS Hirsch, S. 185: „eine Freude am Spiel mit der Verfassungswidrigkeit freilich“. Siehe hierzu allgemein und insbesondere zur spielerischen Freude im SexualdelÄndG 2003 *Scheffler*, Strafgesetzgebungstechnik in Deutschland und Europa, S. 40 f. m.w.N.

486 Ähnlich *Hirsch,* FS Gössel, S. 291.

487 *Stree* in Schönke / Schröder, Vorbem §§ 38 ff. Rn. 44c; *Eisele,* JA 2006, S. 310; siehe m.w.N. auch aus dem älteren Schrifttum *Kaulfuß*, Die Regelbeispielstechnik vor dem Hintergrund des 6. Strafrechtsreformgesetzes, S. 28 Fn. 109; zur gegenteiligen Auffassung von Calliess und Krahl siehe unter Gliederungspunkt 1. Teil D) II. 1. B) dd).

488 BGHSt 19, 319 (322).

489 Siehe hierzu *Eisele*, Die Regelbeispielsmethode im Strafrecht, S. 202.

490 *Eisele*, Die Regelbeispielsmethode im Strafrecht, S. 202; *Kaulfuß*, Die Regelbeispielstechnik vor dem Hintergrund des 6. Strafrechtsreformgesetzes, S. 29 f. Diese Differenzierung geht auf Dreher zurück, vgl. *Dreher / Tröndle*, 34. Aufl. 1974, § 243 Anm. 1a und b.

a) sog. „engere" Analogiewirkung

Von einer sog. engeren Analogiewirkung wird gesprochen, wenn der Fall einem Regelbeispiel ähnlich ist,[491] da insoweit der Leitbildcharakter der Regelbeispiele zum Tragen kommt.[492] Deshalb begründe der Diebstahl einer mit einem Sicherungsetikett[493] versehenen Sache in Anlehnung an § 243 Abs. 1 S. 2 Nr. 2 StGB, der Diebstahl einer Sache vor Beginn der Ausstellung[494] sowie der Diebstahl einer für ein Kunstgewerbe bedeutenden Sache aus einer Ausstellung[495] in Anlehnung an § 243 Abs. 1 S. 2 Nr. 5 StGB einen sonstigen besonders schweren Fall.

b) sog. „weitere" Analogiewirkung

Demgegenüber handelt es sich um sog. weitere Analogiewirkung, wenn der Sachverhalt zwar keinem Regelbeispiel ähnlich ist, aber diesem im Unrecht- und Schuldgehalt entspricht.[496]

Hierzu zählt beispielsweise die Entscheidung im sog. „Bundesbanken-Fall",[497] in der der BGH festgestellt hat, dass die Annahme eines sonstigen besonders schweren Falles deshalb nahe liegen kann, weil Sachen von besonders hohem Wert gestohlen worden sind und weil zum anderen die Täter Amtsträger wa-

---

491 Vgl. *Braunsteffer*, Die Problematik der Regelbeispielstechnik im Strafrecht, S. 63; vgl. auch *Jescheck / Weigend*, AT, § 26 V 2, der darauf hinweist, daß „das Regelbeispiel also eine Analogiewirkung entfaltet, die ebenso wie in § 223a ('anderes gefährliches Werkzeug') oder in § 315 I Nr. 4 ('ähnlicher, ebenso gefährlicher Eingriff') vom Gesetzgeber gewollt ist, weil sich der Richter an den Regelbeispielen orientieren soll."

492 *Schmitz* in Münch-Komm, § 243 Rn. 58 f.; *Dölling*, JuS 1986, S. 693, spricht von Orientierungsmarke der Regelbeispiele; *Gribbohm* in LK, Vor § 46 ff. Rn. 25: „Die gesetzlichen Beispielsfälle sind Vergleichsmaßstab [...]."

493 *Dölling*, JuS 1986, S. 693; siehe auch OLG Stuttgart, JR 1985, S. 385; OLG Düsseldorf, NJW 1998, S. 1002; dagegen mangels Vergleichbarkeit mit dem Regelbeispiel *Schmitz* in Münch-Komm, § 243 Rn. 58. Nach *Arzt / Weber*, BT, § 14 Rn. 49 m.w.N. und *Eser* in Schönke / Schröder, § 243 Rn. 24 ist § 243 Abs. 1 S. 2 Nr. 2 StGB einschlägig.

494 *Krämer*, Die Regelung des schweren Diebstahls durch das 1. StrRG, S. 60.

495 *Jescheck / Weigend*, AT, § 26 V 2.; vgl. auch BGH bei *Detter*, NStZ 1988, S. 503: „Ein erhöhter Unrechts- und Schuldgehalt, der als nicht umschriebener besonders schwerer Fall i.S. von § 243 I 1 StGB zu werten wäre, kann darin liegen, dass an besonders schutzwürdigen Orten besonders schutzwürdige Gegenstände entwendet werden."

496 Siehe m.w.N. *Kaulfuß*, Die Regelbeispielstechnik vor dem Hintergrund des 6. Strafrechtsreformgesetzes, S. 30 mit Fn. 120 i.V.m. 116.

497 BGHSt 29, 319 (322).

ren, denen die gestohlenen Sachen in ihrer Eigenschaft als Amtsträger zugänglich waren. Bei der Wertung, ob ein besonders schwerer Fall des Diebstahls vorliegt, müsse vor allem auch darauf abgestellt werden, dass das Vertrauen der Allgemeinheit in die Integrität der Deutschen Bundesbank als Hüterin der Währung durch eine derartige „Selbstbedienung" ihrer Beamten nachhaltig beeinträchtigt werden muss.[498]

Ebenso hat der BGH[499] die Bejahung eines besonders schweren Falles der Kindesentziehung (§ 235 Abs. 2 a.F. StGB) nicht beanstandet, obwohl der Sachverhalt nicht der Art des Regelbeispiels – (§ 235 Abs. 2 Satz 2 a.F. StGB: Gewinnsucht) – entsprach. Nach dem BGH kann ein besonders schwerer Fall auch dann nahe liegen, wenn ein dem Regelbeispiel zwar nicht seiner Art, wohl aber seinem Gewicht nach vergleichbarer Umstand – im zu beurteilenden Fall die Art und Dauer der Entziehung des Kindes – gegeben ist. Entscheidend sei die Gesamtabwägung aller strafzumessungserheblichen Umstände.

c) Kritik an der „engeren" Analogiewirkung

aa) Ablehnung

Nach einem Teil der Literatur[500] ist es dem Richter verwehrt, einen sonstigen besonders schweren Fall zu bejahen, wenn der Sachverhalt Ähnlichkeit mit einem Regelbeispiel aufweise.[501] Ein sonstiger besonders schwerer Fall dürfe nicht allein auf die Ähnlichkeit zu einem Regelbeispiel gestützt werden. Ansonsten würde sich die Indizwirkung zum Nachteil des Angeklagten erstrecken und die Gegenschlusswirkung zu seinen Gunsten verkürzt werden.[502] Unter Heranziehung auf das Bestimmtheitsgebot argumentieren Hassemer / Kargl, dass sonst die Erlaubnis analoger Rechtsanwendung dazu führen würde, dass der Richter die Bedeutungsgrenzen präziser gesetzlicher Merkmale wie bspw. „falscher Schlüssel" überschreiten dürfte.[503] Allerdings kann ein sonstiger

---

498 BGHSt 29, 319 (322).

499 NJW 1990, S. 1489 f.

500 *Hassemer / Kargl* in NK, Band 1, § 1 Rn. 73; *Weber* in Arzt / Weber, BT, § 14 Rn. 19; siehe auch *Arzt,* JuS 1972, S. 516.

501 Siehe auch *Hoyer* in SK, § 243 Rn. 10 ff., der neben der engeren Analogiewirkung auch die Gesamtwürdigung ablehnt.

502 *Weber* in Arzt / Weber, BT, § 14 Rn. 19.

503 *Hassemer / Kargl* in NK, Band 1, § 1 Rn. 74; *Arzt / Weber*, BT, § 14 Rn. 19.

besonders schwerer Fall im Wege der Gesamtwürdigung angenommen werden, wenn er keine Ähnlichkeit mit dem Regelbeispiel aufweise.[504]

bb) Beachtung der Grundwertung eines Regelbeispiels

Erfüllt ein Sachverhalt zwar nicht die Voraussetzungen eines Regelbeispiels, ist dieser aber einem Regelbeispiel ähnlich, dann soll nach teilweise in der Literatur vertretener Auffassung Maßstab der richterlichen Entscheidung, ob ein sonstiger besonders schwerer Fall in Betracht kommt, allein Sinn und Schutzzweck desjenigen Regelbeispiels sein, mit dessen Ähnlichkeit der erhöhte Unwertgehalt der Tat durch Bejahung eines sonstigen besonders schweren Falles begründet werden soll.[505]

Demzufolge bejaht beispielsweise Kaulfuß in Anlehnung an § 243 Abs. 1 S. 2 Nr. 4 StGB einen sonstigen besonders schweren Fall des Diebstahls, wenn der Täter ein beschädigtes Kruzifix, das ursprünglich in einer Kirche stand, aus einer Fachwerkstatt gestohlen wird, in der es repariert werden sollte.[506]

cc) Stellungnahme

Die Auffassung von der grundsätzlichen Ablehnung der sog. engeren Analogiewirkung vermag jedoch nicht zu überzeugen. Durch diese Ablehnung wird gerade der Zweck der als Hilfe für den Richter gedachten Regelbeispiele verfehlt, wenn sie den Weg zu anderen, ihnen ähnlichen Fällen versperren.[507] Zudem fehlt eine hinreichende Präzisierung dahingehend, wann ein Umstand soviel Ähnlichkeit mit einem Regelbeispiel hat, dass er im Rahmen der Prü-

504 *Hassemer / Kargl* in NK, Band 1, § 1 Rn. 73 f.

505 *Kaulfuß*, Die Regelbeispielstechnik vor dem Hintergrund des 6. Strafrechtsreformgesetzes, S. 58; ähnlich *Samson* in SK, Stand: Juli 1990, § 243 Rn. 34, der verlangt, dass ein sonstiger besonders schwerer Fall nur dann zu bejahen sei, wenn die Beschränkung auf den Wortlaut zu „unvernünftigen Differenzierungen" führen werde. Im Einzelfall müsse zumindest die „Grundwertung" des Regelbeispiels, welche jeweils sorgfältig zu ermitteln sei, getroffen werden; vgl. hierzu auch *Wahle*, Die Rechtsnatur der „besonders schweren Fälle im Strafrecht, S. 76; *Eb. Schmidt*, Niederschriften über die Sitzungen der Großen Strafrechtskommission, Bd. V, Anhang A Nr. 4 (Umdruck R 137), S. 170; *Kadel*, JR 1985, S. 387.

506 *Kaulfuß*, Die Regelbeispielstechnik vor dem Hintergrund des 6. Strafrechtsreformgesetzes, S. 58.

507 *Kastenbauer*, Die Regelbeispiele im Strafzumessungsvorgang, S. 250; hierzu auch *Blei*, FS Heinitz, S. 423.

fung des Vorliegens eines besonders schweren Falles unberücksichtigt bleiben muss.[508]

Aber auch die Ansicht, die als richterlichen Maßstab für die Bejahung eines sonstigen besonders schweren Falles auf Sinn und Schutzzweck desjenigen Regelbeispiels, mit dessen Ähnlichkeit der erhöhte Unwertgehalt begründet werden soll, abstellt, ist zu eng.

Eine Begrenzung auf Sinn und Schutzzweck eines Regelbeispiels berücksichtigt nicht hinreichend die Leitbildfunktion aller bei der jeweiligen Norm aufgeführten Regelbeispiele.[509] Folglich müssen beispielsweise bei § 243 StGB Umstände festgestellt werden, die der (allgemein) in § 243 Abs. 1 StGB niedergelegten Wertung entsprechen.[510]

Allerdings ist zu konstatieren, dass den oben skizzierten Ansichten der Versuch gemein ist, die h.M. der Gesamtabwägungslösung zu begrenzen.

d) Kritik an der „weiteren" Analogiewirkung

aa) Orientierung an (anderen) Regelbeispielen / Qualifikationsmerkmalen

In der Literatur wird die Ansicht vertreten, dass zur Bestimmung eines sonstigen besonders schweren Falles bei Nichtvorliegen eines Regelbeispiels und einer fehlenden Sachverhaltsähnlichkeit zu einem Regelbeispiel des betreffenden Deliktes auf Regelbeispiele beziehungsweise (auch) auf Qualifikationsmerkmale anderer Delikte zurückzugreifen ist.

Der Grundgedanke dieser Auffassung findet sich – soweit ersichtlich – erstmals im Kern bei Montenbruck, der ganz allgemein darauf verwiesen hat, dass „normfremde Regelbeispiele und Qualifikationen [...] auf andere Tatbestände übertragbar" sind.[511]

Die sodann in der Literatur vorgenommene Konkretisierung dieses Grundansatzes sowie die sich aus ihr ergebenden Folgen soll anhand von drei Vertretern näher erläutert werden.

---

508 Vgl. auch *Eisele*, Die Regelbeispielsmethode im Strafrecht, S. 223.

509 *Kastenbauer*, Die Regelbeispiele im Strafzumessungsvorgang, S. 250.

510 Vgl. *Schmitz* in Münch-Komm, § 243 Rn. 6.

511 *Montenbruck*, Strafrahmen und Strafzumessung, S. 95 ff., 235.

(a) Kaulfuß

Liegen die Voraussetzungen eines Regelbeispiels nicht vor und ist der Sachverhalt einem Regelbeispiel nicht ähnlich, will Kaulfuß den Rückgriff auf für jede Deliktsart gleichermaßen geltende Strafzumessungsfaktoren im Wege einer Gesamtbetrachtung nicht gelten lassen, weil die Heranziehung allgemeiner tat- und täterbezogener Umstände nicht ohne weiteres die Leitbildfunktion der Regelbeispiele berücksichtige.[512] Als einen ersten Beurteilungsmaßstab solle der Richter auf die durch die Tatbegehung hervorgerufene Steigerung von Unrecht und Schuld zurückgreifen. Gleichwohl hält Kaulfuß aufgrund dieses zu abstrakt definierten Merkmals weitere zusätzliche Kriterien für notwendig, mit deren Hilfe der Richter unter Beachtung der Leitbildfunktion der Regelbeispiele sonstige besonders schwere Fälle konkret bestimmen kann.[513]

Kaulfuß versucht deshalb, „aus der Gesamtheit der Regelbeispiele des Besonderen Teils normunabhängige 'Grundwertungen' abzuleiten, die – worauf der Begriff 'Grundwertung' hinweist – nicht auf den Wortlaut eines speziellen Regelbeispiels Bezug nehmen."[514] Für Kaulfuß[515] sind Anknüpfungspunkte die ohne Bindung an ein bestimmtes Delikt abstrakt hinter den Regelbeispielen stehenden Motive des Gesetzgebers, die jeweiligen Strafschärfungsgründe in das Gesetz aufzunehmen.

Er stellt deshalb sechs Katalogkriterien[516] auf, welche deliktsübergreifende Grundwertungen widerspiegeln sollen.[517]

Kriterium 1: Herbeiführung (der Gefahr) eines besonders hohen Schadens an Sach-, Vermögens- oder Gemeinschaftswerten, enthalten u.a. in §§ 94 Abs. 2 S. 2 Nr. 2 i.V.m. 95 Abs. 3 S. 2, 100 Abs. 2 S. 2,100a Abs. 4 S. 2, 125a, 243 Abs. 1 S. 2 Nr. 4 u. Nr. 5,

---

512 *Kaulfuß*, Die Regelbeispielstechnik vor dem Hintergrund des 6. Strafrechtsreformgesetzes, S. 60.

513 *Kaulfuß*, Die Regelbeispielstechnik vor dem Hintergrund des 6. Strafrechtsreformgesetzes, S. 61.

514 *Kaulfuß*, Die Regelbeispielstechnik vor dem Hintergrund des 6. Strafrechtsreformgesetzes, S. 67.

515 *Kaulfuß*, Die Regelbeispielstechnik vor dem Hintergrund des 6. Strafrechtsreformgesetzes, S. 67 f.

516 Siehe den Versuch einer Klassifizierung der Regelbeispiele in § 243 bei *Kastenbauer*, Die Regelbeispiele im Strafzumessungsvorgang, S. 232 f.

517 Kaulfuß sieht die Aufstellung des Kriterienkatalogs vor allem durch den Gesetzgeber des 6. StrRG legitimiert, weil seit dem 6. StrRG viele Regelbeispiele weniger normbezogen sind, was sich aus der Gesetzesbegründung zum 6. StrRG ergebe, *Kaulfuß*, Die Regelbeispielstechnik vor dem Hintergrund des 6. Strafrechtsreformgesetzes, S. 75 f.

263 Abs. 3 S. 2 Nr. 2 i.V.m. 263a Abs. 2 u. 266 Abs. 2 StGB; Kriterium 2: Handeln zur Befriedigung eines über den Taterfolg hinausgehenden besonderen (wirtschaftlichen) Interesses; Kriterium 3: Handeln entgegen besonderer Verantwortung; Kriterium 4: Besondere Gefährdung von Leib und Leben anderer Personen; Kriterium 5: Gemeinschaftliche oder organisierte Tatbegehung und Kriterium 6: Tatbegehung gegenüber einem besonders schutzwürdigen Opfer.[518]

Im Gegensatz hierzu solle sich der Richter nicht am Wortlaut einzelner Regelbeispiele orientieren und versuchen, für bestimmte Delikte „typische sonstige" besonders schwere Fälle zu bilden.[519] Vielmehr soll er diese Festlegung ohne Fixierung auf ein spezielles Delikt anhand der Summe aller Regelbeispiele treffen, wobei ihm die aufgestellten sechs Katalogkriterien behilflich sein sollen.[520]

Aufgrund des aufgestellten Kriterienkatalogs kommt Kaulfuß auch zu dem Schluss, dass zukünftig Entscheidungen wie die des BGH zur Millionen-Beute durch Bundesbankbeamte[521] – sog. „Bundesbanken-Fall" – zu begrüßen sind, weil bei der Begründung eines „sonstigen" besonders schweren Falles auf die Amtsträgereigenschaft und auf den hohen Wert der Diebesbeute als zwei Katalogkriterien, einmal „Handeln entgegen besonderer Verantwortung" und zum anderen „Herbeiführung (der Gefahr) eines besonders hohen Schadens an Sach-, Vermögens- oder Gemeinschaftswerten", abgestellt werden könne.[522]

(b) Eisele

Ebenso wie für Kaulfuß lassen sich für Eisele[523] Umstände, die einen sonstigen besonders schweren Fall begründen können, durch eine Orientierung an anderen Regelbeispielen und Qualifikationsmerkmalen finden. Aus dem Umstand, dass der Gesetzgeber auf die Aufnahme bestimmter Merkmale als Regelbeispiele verzichtet habe, könne nicht argumentum e contrario gefolgert werden, dass diese als Umstände für einen sonstigen besonders schweren Fall auszuscheiden haben.[524] Eisele verweist hierbei darauf, dass der Gesetzgeber

518 *Kaulfuß*, Die Regelbeispielstechnik vor dem Hintergrund des 6. Strafrechtsreformgesetzes, S. 71 ff.

519 *Kaulfuß*, Die Regelbeispielstechnik vor dem Hintergrund des 6. Strafrechtsreformgesetzes, S. 79.

520 *Kaulfuß*, Die Regelbeispielstechnik vor dem Hintergrund des 6. Strafrechtsreformgesetzes, S. 79.

521 BGHSt 29, 319.

522 *Kaulfuß*, Die Regelbeispielstechnik vor dem Hintergrund des 6. Strafrechtsreformgesetzes, S. 78.

523 Die Regelbeispielsmethode im Strafrecht, S. 234 f., 444; *Ders.*, JA 2006, S. 311.

524 *Eisele*, Die Regelbeispielsmethode im Strafrecht, S. 237.

im Zuge des 6. StrRG beim Subventionsbetrug zwar auf eine Erweiterung des Regelbeispielkataloges in § 264 Abs. 2 S. 2 StGB verzichtet, jedoch ausdrücklich darauf hingewiesen habe, dass die bei § 263 Abs. 3 S. 2 StGB neu normierten Regelbeispiele, insbesondere die Nummern 1 und 2, auch beim Subventionsbetrug Bedeutung erlangen könnten.[525]

Ebenso wie Kaulfuß nimmt Eisele eine Einteilung der erschwerenden Umstände in Gruppen vor: Umstände, die in Zusammenhang mit der Tatausführung stehen; Umstände, die bestimmte Tatfolgen zum Gegenstand haben und Umstände, die in Zusammenhang mit der Person des Täters stehen.[526]

Er verweist aber auch darauf, dass bei der Bestimmung sonstiger besonders schwerer Fälle die geschützten Rechtsgüter zu berücksichtigen seien.[527] Demzufolge lehnt auch er die Übertragbarkeit des Regelbeispiels des Versicherungsbetruges gem. § 263 Abs. 3 S. 2 Nr. 5 StGB als einen Erschwerungsgrund für einen sonstigen besonders schweren Fall beim Diebstahl ab.[528]

(c) Kindhäuser

Auch nach Kindhäuser[529] ist ein sonstiger besonders schwerer Fall des Diebstahls grundsätzlich im Wege der Analogie zu einem im Gesetz genannten Regelbeispiel beziehungsweise sonstigen unrechtssteigernden Umstand im Besonderen Teil zu bilden,[530] wenn sie unter den Aspekten der Tätergefährlichkeit, der Angriffsintensität oder der Beschaffenheit beziehungsweise des Wertes des Tatobjekts auch das Unrecht des Diebstahls zu steigern vermögen.[531] Es sei etwa an einen Diebstahl in einem besonders schweren Fall zu denken, wenn der Täter Amtsträger sei oder wenn er in Analogie zu § 305a StGB technische Arbeitsmittel entwendet, die für einen Betrieb wesentlich seien.[532]

525 *Eisele*, Die Regelbeispielsmethode im Strafrecht, S. 237.

526 *Eisele*, Die Regelbeispielsmethode im Strafrecht, S. 444 f.

527 *Eisele*, Die Regelbeispielsmethode im Strafrecht, S. 236.

528 *Eisele*, Die Regelbeispielsmethode im Strafrecht, S. 236.

529 *Kindhäuser*, FS Triffterer, S. 127 f.

530 *Kindhäuser*, FS Triffterer, S. 127 f.; *Ders.* in NK, Bd. IV, § 243 Rn. 6.

531 *Kindhäuser*, FS Triffterer, S. 128; ähnlich auch Montenbruck, Strafrahmen und Strafzumessung, S. 95 ff., 235, wonach „normfremde Regelbeispiele und Qualifikationen [...] auf andere Tatbestände übertragbar" sind.

532 *Kindhäuser*, FS Triffterer, S. 128.

bb) Orientierung am Deliktstyp

Im Gegensatz zum Rückgriff auf andere normierte Regelbeispiele beziehungsweise Qualifikationsmerkmale zur Bestimmung eines sonstigen besonders schweren Falles bei Nichtvorliegen eines Regelbeispiels und fehlender Sachverhaltsähnlichkeit zu einem Regelbeispiel, hat Wessels schon frühzeitig darauf hingewiesen, dass die Antwort auf die Frage, wann ein sonstiger besonders schwerer Fall zu bejahen ist, für jeden Deliktstyp aus dem Leitbild der Regelbeispiele zu entwickeln.[533]

Aus dem Wertgruppencharakter der Regelbeispiele sei zu entnehmen, dass die erschwerenden Umstände auch qualitativ geeignet sein müssen, dem Gesamtbild der Tat ein ihre Eigenart kennzeichnendes Gepräge zu geben.[534]

Beim Diebstahl könnten dies der schlagwortartig bezeichnete Amts-, Trick- oder Betriebsmitteldiebstahl sein.[535] Eine rein quantitave Steigerung von Unrecht und Schuld solle aber allein nicht zur Bejahung eines sonstigen besonders schweren Falles führen. Beispielsweise solle die Höhe des Schadens grundsätzlich[536] für sich allein nicht, sondern nur bei Hinzutreten weiterer dem Leitbild der Regelbeispiele entsprechender Umstände zur Annahme eines sonstigen besonders schweren Falles führen.[537]

cc) Stellungnahme

Zunächst einmal stimmen die oben genannten Auffassungen in dem Bestreben überein, dem Richter entgegen der von der h.M. befürworteten weiten Gesamtabwägungslösung Kriterien für die Bestimmung eines einem Regelbeispiel nicht ähnlichen sonstigen besonders schweren Falles „an die Hand zu geben".

Der Ansatz von Eisele und Kaulfuß, die mit Hilfe eines deliktsübergreifenden Katalogs erschwerender Umstände die Frage des Gegebenseins eines sonstigen besonders schweren Falles beantworten wollen, ist zwar durchaus interessant. Die Katalogkriterien können die Gesamtabwägung beschränkende Hilfsmittel sein.

---

533 *Wessels,* FS Maurach, S. 302.

534 *Wessels,* FS Maurach, S. 303.

535 *Wessels,* FS Maurach, S. 304.

536 Eine Ausnahme gelte aber dann, wenn der Schaden so außergewöhnlich hoch ist, dass die Quantität des Unrechts auch die Qualität der Tat zu beeinflussen beginnt, *Wessels,* FS Maurach, S. 304.

537 *Wessels,* FS Maurach, S. 304.

Allerdings ist dieser Ansatz im Ergebnis nicht frei von Bedenken. Zum einen bietet auch die Aufstellung eines Katalogs generell erschwerender Umstände nur einen vagen Anhaltspunkt für die Entscheidung des Richters, einen sonstigen besonders schweren Fall zu bejahen.

Weiterhin ist fraglich, ob der Gesetzgeber die hier aufgestellten Katalogkriterien generell schon bei der Frage der Anwendbarkeit eines schärferen Strafrahmens und nicht erst im Rahmen der Strafzumessung im engeren Sinne (§ 46 Abs. 2 StGB) berücksichtigt wissen will.

Der insoweit erfolgte Hinweis auf die Gesetzesbegründung zum 6. StrRG, welche verdeutliche, dass der Normbezug der eingeführten Regelbeispiele seit dem 6. StrRG schwächer und weniger „typisch" sei,[538] ist zwar nicht von der Hand zu weisen.

In der Gesetzesbegründung zum 6. StrRG heißt es, dass die einzuführenden Regelbeispiele an tat- oder täterbezogene Umstände anknüpfen, die nach der Rechtsprechung oder Literatur bereits auf der Grundlage des geltenden Rechts als besonders schwere Fälle gewertet werden konnten und auch in anderen Strafzumessungsvorschriften bekannt sind.[539]

Dass der Gesetzgeber damit generell – zur Ermöglichung eines deliktsübergreifenden Katalogkriteriums – auf einen Normbezug verzichtet hat, erscheint wohl auch den Vertretern dieser Auffassung fraglich. Immerhin will Eisele bei der Bestimmung sonstiger besonders schwerer Fälle die geschützten Rechtsgüter berücksichtigt wissen. Auch Kindhäuser will im Rahmen des § 243 StGB nur dann auf weitere im Gesetz genannte Regelbeispiele beziehungsweise sonstige unrechtssteigernde Umstände im Besonderen Teil zurückgreifen, wenn sie unter den Aspekten der Tätergefährlichkeit, der Angriffsintensität oder der Beschaffenheit beziehungsweise des Wertes des Tatobjekts auch das Unrecht des Diebstahls zu steigern vermögen.

Darüber hinaus bergen allgemeine Katalogkriterien die Gefahr einer schematisierenden Vorgehensweise in sich, was im Einzelfall den Intentionen des Gesetzgebers zuwider laufen kann. Beispielsweise spricht gegen die Begründung eines unbenannten Falls des Diebstahls mit dem Kriterium der Amtsträgereigenschaft des Täters, dass die Amtsträgereigenschaft als Erschwernisgrund in § 236 Nr. 6 E 62 aufgeführt war, jedoch bewusst nicht in § 243 übernommen

538 *Kaulfuß*, Die Regelbeispielstechnik vor dem Hintergrund des 6. Strafrechtsreformgesetzes, S. 75 f.

539 Begr. BRegE BT-DrS. 13/8587, S. 42 f.

wurde.[540] Schließlich erinnern allgemeine Katalogkriterien an die – bereits kritisierten – Gesetzesentwürfe,[541] in denen im Allgemeinen Teil eine Legaldefinition der besonders schweren Fälle enthalten war.

Der grundsätzlich andere Ansatz von Wessels, der eine speziell auf einen Deliktstyp abgestimmte Typenbildung fordert, so dass der sonstige unbenannte besonders schwere Fall dem Leitbild der genannten Regelbeispiele entsprechen muss,[542] verdient von der Grundausrichtung her Zustimmung.[543]

Der Einwand von Eisele[544] und Kaulfuß,[545] dass die von Wessels vorgeschlagene Lösung wenig hilfreich sei, weil es aufgrund der derzeitigen gesetzlichen Ausgestaltung der Regelbeispiele nicht möglich sei, für jede Deliktsart mit benannten besonders schweren Fällen anhand der darin vorkommenden Regelbeispiele unter qualitativen Gesichtspunkten spezielle „Typen“ von sonstigen besonders schweren Fällen zu bilden, trifft zwar zu.

Er beschreibt aber letztlich nur das de lege lata bestehende Dilemma, anhand welcher Kriterien die Frage eines sonstigen besonders schweren Falles zu beantworten ist, wenn kein Regelbeispiel vorliegt und der Fall einem solchen nicht ähnelt.

---

540 *Schmitz* in Münch-Komm, § 243 Rn. 6 – Schmitz macht diesbezüglich deutlich, dass die je nach Delikt unterschiedliche Benennung von Regelbeispielen zeige, dass der Gesetzgeber die Erschwernisgründe hinsichtlich der einzelnen Taten nicht gleich bewerten will; siehe auch *Hoyer* in SK, § 243 Rn. 10 ff., der sich gegen derartige sog. Parallelschlüsse wendet. Hoyer weist darauf hin, dass die beim Betrug aufgeführten Regelbeispiele der Herbeiführung eines Vermögensverlustes großen Ausmaßes sowie der Missbrauch der Befugnisse oder Stellung als Amtsträger beim Diebstahl nicht zur Bejahung eines besonders schweren Falles, sondern nur im Rahmen der Strafzumessung i.e.S., herangezogen werden können.

541 Vgl. 2. Teil B) II.

542 *Wessels,* FS Maurach, S. 304.

543 Hierauf wird im folgenden der Arbeit zurückgekommen; siehe unter Gliederungspunkt 2. Teil B) II. 1.

544 *Eisele,* Die Regelbeispielsmethode im Strafrecht, S. 226; ebenso *Kaulfuß,* Die Regelbeispielstechnik vor dem Hintergrund des 6. Strafrechtsreformgesetzes, S. 64.

545 *Kaulfuß,* Die Regelbeispielstechnik vor dem Hintergrund des 6. Strafrechtsreformgesetzes, S. 64; siehe hierzu auch *Grunst,* GA 2002, S. 220, die bezogen auf die Einführung zahlreicher Banden-Tatbestände und Regelbeispiele zur Bekämpfung der Organisierten Kriminalität von einem unmittelbar von der Rechtsgutsbezogenheit gelösten Zweck des Gesetzgebers spricht.

6. Zwischenergebnis

Die obigen Ausführungen haben gezeigt, dass der Versuch des Gesetzgebers, im Bereich der Strafschärfungsgründe mit der Regelbeispielstechnik einen Mittelweg zwischen der Gesetzestechnik der Qualifikationstatbestände und der unbenannten besonders schweren Fälle zu beschreiten, zu einer Reihe von Problemen geführt hat.

Hierbei wird offenbar, dass die teilweise auch in verfassungsrechtlicher Hinsicht grundlegende Kritik der Literatur an dieser Gesetzestechnik sich vorrangig um die Frage dreht, wann ein sonstiger besonders schwerer Fall anzunehmen ist.

Nicht zu übersehen ist gleichwohl, dass diese Diskussion in der Praxis kaum eine Rolle spielt.[546] Soweit ersichtlich gibt es nur einige wenige Rechtsprechungsnachweise,[547] die sich insbesondere damit befassen, wann bei Nichtvorliegen eines Regelbeispiels und fehlender Ähnlichkeit des Sachverhalts zu einem Regelbeispiel ein sonstiger besonders schwerer Fall anzunehmen ist.

Speziell die von der h.M. vertretene Gesamtabwägungslösung steht im besonderem Maße im Fokus der Kritik.

Ein weiterer Beleg hierfür bietet die Diskussion, wann bei Gegebensein eines Regelbeispiels die dadurch ausgelöste gesetzliche Vermutung, dass der Fall insgesamt als besonders schwer einzustufen ist[548] – sog. Indizwirkung[549] der Regelbeispiele – wieder entfallen kann und die Strafe aus dem Strafrahmen des Grundtatbestandes zu entnehmen ist.

Nach h.M. kann diese Indizwirkung wieder entfallen, wenn die Strafzumessungsfaktoren jeweils für sich oder als Gesamtheit so gewichtig sind, dass sie bei der Gesamtabwägung die Regelwirkung entkräften.[550] Dabei muss die Tat

546 *Riess,* GA 2007, S. 378 Fn. 11: „in der Rechtspraxis dürfte dies von eher geringer Bedeutung sein"; siehe auch *H.J. Hirsch,* FS Gössel, S. 294: „[...] die Generalklausel [hat] kaum praktische Bedeutung"; vgl. auch *Meyer-Goßner,* bei Dietmeier, ZStW 110 (1998), S. 409.

547 Die Rechtsprechungsnachweise beziehen sich zudem vorrangig auf § 125a StGB, siehe beispielsweise BGH NStZ-RR 1999, S. 45; vgl. auch BayOLG NStZ-RR 1996, S. 103.

548 BGH NStZ-RR 1997, S. 121; *Eisele,* JA 2006, S. 310 m.w.N.

549 *Lackner / Kühl,* § 46 Rn. 13.

550 Nach der Rechtsprechung des BGH und einem Teil der Literatur kann die Indizwirkung durch das Vorliegen eines gesetzlich vertypten Milderungsgrundes, z.B. der Beihilfe, zumindest bei Vorliegen weiterer strafmildernder Strafzumessungstatsachen widerlegt werden, vgl. hierzu explizit für die Beihilfe BGH NStZ 1981, S. 394; BGH NStZ 1983, S. 217; für § 21 StGB vgl. BGH StV 1986, S. 339 f.; *Fischer,* § 46 Rn. 92; siehe auch *Gribbohm* in LK, § 46 Rn. 248, der bereits nur das Vorliegen des

in ihrem Unrechts- oder (und) Schuldgehalt im konkreten Einzelfall derart vom Normalfall abweichen, dass die Anwendung des modifizierten Strafrahmens als unangemessen erscheint.[551] Eckhard Horn[552] hält die Widerlegung der durch das Vorliegen eines Regelbeispiels ausgelösten Indizwirkung für nicht hinnehmbar.[553] Bei Vorliegen der objektiven und subjektiven Voraussetzungen eines Regelbeispiels müsse der Richter *„immer, wenn auch nicht nur"* einen besonders schweren Fall bejahen.[554] Die Gesamtabwägung stelle eine Vermengung von Strafrahmenwahl und Strafhöhenfestsetzung innerhalb des anzuwendenden Strafrahmens dar, weil die Bestimmung des Sonderstrafrahmens erst einmal Auslegung der spezifischen strafrahmenbestimmenden Merkmale sei.[555] Insbesondere habe der Richter die Strafrahmenwahl nicht für diesen (konkreten) Fall, sondern nur für einen solchen Fall zu treffen.[556] Demzufolge haben die Umstände des konkreten Falles bei der Strafrahmenwahl teilweise außer acht zu bleiben.[557]

Aus dieser Kritik an der Gesamtabwägungslösung der h.M. ist zu schlussfolgern, dass die Literatur nach Kriterien sucht, die zu weite h.M. einzuschränken. Insbesondere im Fall der Annahme eines sonstigen besonders schweren

---

Milderungsgrundes für geeignet hält, von dem schärferen Sonderstrafrahmen abzusehen; für den BGH können darüber hinaus auch allgemeine Milderungsgründe, die keine gesetzlich vertypten Milderungsgründe sind, genügen, um einen besonders schweren Fall zu verneinen, BGHR StGB § 177 Abs. 2 (i.d.F. des 6. StrRG) Strafrahmenwahl 13; ablehnend allgemein und speziell für den Milderungsgrund der Beihilfe: *Braunsteffer*, NJW 1976, S. 737 f.; *Horn* in SK, § 46 Rn. 73, 80 f., 83; *Ders.*, GS Armin Kaufmann, S. 592 f.

551 *Fischer*, § 46 Rn. 91; ebenso BGH NJW 1987, S. 2450; BGH StV 1989, S. 433.

552 SK, § 46 Rn. 62.

553 Siehe ebenfalls zur Kritik der an der Gesamtwürdigung bei Vorliegen eines Regelbeispiels, *Kaulfuß*, Die Regelbeispielstechnik vor dem Hintergrund des 6. Strafrechtsreformgesetzes, S. 52 ff. Nach Kaulfuß darf der Richter in seine Abwägung, ob er trotz Vorliegens des Regelbeispiels nicht den erhöhten Strafrahmen anwendet, nur Faktoren einbeziehen, die sich unmittelbar aus dem Regelbeispiel selbst ergeben. Der Richter müsse zunächst überlegen, aus welchen Motiven der Gesetzgeber das Regelbeispiel eingeführt hat und dann in einem zweiten Schritt abwägen, ob im konkreten Fall von diesen – aber eben auch nur diesen – Motiven eine Abweichung vorliegt, welche ein Absehen vom erhöhten Sonderstrafrahmen rechtfertigt; ähnlich auch *Eisele*, Die Regelbeispielsmethode im Strafrecht, S. 214 f., der für die Widerlegung der Indizwirkung auf „halbabstrakte" Umstände abstellt.

554 SK, § 46 Rn. 62. Eine Ausnahme solle nur dann gegeben sein, wenn das Gesetz wie z.B. in § 243 Abs. 2 StGB es befähle.

555 *Horn* in SK, § 46 Rn. 50.

556 *Horn* in SK, § 46 Rn. 50.

557 *Horn* in SK, § 46 Rn. 50.

Falles bei Nichtvorliegen eines Regelbeispiels und nicht Vergleichbarkeit mit einem solchen bedürfe es eines konkreten, für den Richter handhabbaren Kriteriums.

Im Ergebnis ist es das Fehlen eines den besonders schweren Fall eines Delikts charakterisierenden Grundgedankens, der durch die normierten Regelbeispiele zum Ausdruck gebracht wird, welcher der zentrale Punkt der Kritik an der Regelbeispielstechnik ist. Dieses sich andeutende notwendige Verhältnis zwischen Generalisierung und gesetzlichem Beispiel führt zu der Frage, ob die Exemplifikationsmethode hier Abhilfe schaffen kann.

ZWEITER TEIL.

EXEMPLIFIKATIONSMETHODE

A) Adolf Wach als Vater der Regelbeispielstechnik?!

Im folgenden soll zunächst einmal geklärt werden, ob die zuvor näher behandelte vor allem in der Literatur viel diskutierte und kritisierte Gesetzestechnik der Regelbeispielstechnik Adolf Wach zuzurechnen ist.

Adolf Gustav Eduard Louis Wach (11. September 1843 bis 4. April 1926) wurde bereits mit 26 Jahren ordentlicher Professor in Rostock[1] und 1876 nach Leipzig, der damals führenden juristischen Fakultät, an der unter anderem auch Wächter und Binding wirkten, berufen.[2] Er galt ein halbes Jahrhundert als der „der Glanz und Stolz der Leipziger Juristenfakultät"[3] und wurde durch das „Handbuch des deutschen Zivilprozeßrechts" (1885) zum sog. „Papst" des Prozessrechts.[4]

Nicht zuletzt deshalb, weil er auf jedem Rechtsgebiet, dem er seine Arbeit zuwendete, Rechtslehre, -anwendung und -schöpfung verband,[5] wird er zu den obwohl (fast) vergessenen[6] großen Juristen gezählt.[7] Emmenegger bezeichnet Adolf Wach neben Harald Gutherz und Josef Kohler sogar als den dritten exponierten Autor zur Gesetzgebungstechnik.[8]

Wach war es auch, der die 1905 bis 1909 in 16 Bänden erschienende „Vergleichende Darstellung des deutschen und ausländischen Strafrechts, Vorarbeiten zur deutschen Strafrechtsreform" mitangeregt und mitherausgegeben hatte.[9]

Im VI. Band des Allgemeinen Teils dieser Vergleichenden Darstellung 1908 setzte sich Wach eingehend mit der legislativen Technik auseinander.[10] Ein Beitrag, der – wie zu zeigen sein wird – oft zitiert und missverstanden wurde.

---

1 *Gerold Schmidt,* ZZP 100, Bd. 1987, S. 4.

2 *Kisch,* JZ 1976, S. 208.

3 So – der letzte Assistent von Wach – *Kisch,* JZ 1976, S. 207 f.; siehe hierzu auch *Gerold Schmidt,* ZZP 100, Bd. 1987, S. 4 f.

4 *Gerold Schmidt,* ZZP 100, Bd. 1987, S. 5.

5 *Kisch,* JZ 1976, S. 208.

6 Siehe hierzu und zu der Frage, ob dies damit zu erklären sei, dass Wachs Werke ab 1933 unerwünscht waren, weil seine Familie – Wachs Schwiegervater, der Komponist Felix Mendelssohn Bartholdy war jüdischer Herkunft – unter die NS-Rassengesetze fiel, siehe *Gerold Schmidt,* ZZP 100, Bd. 1987, S. 7 f.

7 *Gerold Schmidt*, ZZP 100, Bd. 1987, S. 3 ff.; siehe ebenso *Kisch,* JZ 1976, S. 207; vgl. auch *Neukamp,* FS Wach, Bd. 2, S. 155.

8 *Emmenegger*, Gesetzgebungskunst, S. 206.

9 Ernst Bahr zitiert nach *Gerold Schmidt,* ZZP 100, Bd. 1987, S. 6 Fn. 16.

10 *Wach,* Allgemeiner Teil, Bd. VI, S. 41.

I. Regelbeispielsmethode geht auf Wach zurück

H. Schröder[11] bemerkte in seinem Gutachten zum 41. Deutschen Juristentag 1955, dass es zuerst Wach war, der als gesetzliche Differenzierung der Strafrahmen die exemplifizierenden schweren (oder leichten) Fälle vorschlug. H. Schröder nimmt hierbei Bezug auf den Beitrag von Wach in der Vergleichenden Darstellung über die legislative Technik.

Ebenso ist Milletat[12] der Ansicht, dass die Regelbeispielstechnik die exemplifizierende Methode sei, die auf Wach zurückgehe.

Auch Wahle[13] konstatierte 1966 hinsichtlich der im E 1962 verwendeten Regelbeispielstechnik, dass der bemerkenswerte Unterschied zwischen dem E 1962 und dem geltenden Recht darin liege, dass der Entwurf fast ausnahmslos sich nicht mit der Generalklausel „besonders schwere Fälle“ begnüge. Vielmehr würden dieser Klausel meist mindestens zwei erläuternde Beispielsfälle angefügt, in denen „in der Regel“ ein „besonders schwerer Fall“ vorliege. Eine solche Exemplifikationsmethode – so Wahle – wurde schon von Wach als Mittelweg zwischen uferloser Generalklausel und allzu enger Kasuistik empfohlen. Wahle nimmt hierbei ebenso Bezug auf den Beitrag über die legislative Technik in der Vergleichenden Darstellung.

Ferner stellte Kastenbauer[14] 1986 fest, „daß die Regelbeispiele hauptsächlich zu dem Zweck geschaffen wurden, die ‘besonders schweren Fälle’ zu erläutern und bestimmter zu machen“ und fügt in diesem Zusammenhang unter Bezugnahme auf den Beitrag über die legislative Technik hinzu, dass die Exemplifikationsmethode auf Wach zurück gehe.[15]

II. Stimmen, die Wach in Zusammenhang mit der Regelbeispielstechnik bringen

Weiterhin finden sich im Schrifttum Stimmen, die Adolf Wach zumindest in Verbindung mit der Regelbeispielstechnik bringen.

---

11 Verh. 41. DJT 1955, Bd. 1, 2. Halbbd. S. 86.

12 Die „besonders schweren Fälle“ im Entwurf eines Strafgesetzbuches (StGB) E 1962, S. 26.

13 Die Rechtsnatur der „besonders schweren Fälle“ im Strafrecht, S. 51.

14 Die Regelbeispiele im Strafzumessungsvorgang, S. 116.

15 Die Regelbeispiele im Strafzumessungsvorgang, S. 116 Fn. 1.

Richard Lange hat sich in seinem Gutachten für die Strafrechtskommission 1954[16] für die Beibehaltung der Gesetzestechnik durch besonders schwere Fälle ausgesprochen und bezüglich der gesetzlichen Ausgestaltung die Anfügung einer Klausel „oder in anderen gleich schweren Fällen“ neben den vom Gesetzgeber aufgeführten Fällen befürwortet.[17] Richard Lange[18] sah hierin die Übernahme des Prinzips der Exemplifikation, über dessen Vorzüge bereits Adolf Wach in seinem Beitrag über die legislative Technik in der vergleichenden Darstellung des ausländischen und deutschen Strafrechts Ausführungen gemacht habe.

Schließlich nimmt auch Esko Horn[19] im Rahmen der von ihm dargestellten historischen Entwicklung der besonders schweren Fälle und der Regelbeispielstechnik insofern auf Adolf Wach Bezug, als dass dieser schon auf die Diskrepanzen eines rein kasuistischen Strafrechts hingewiesen und deutlich gemacht habe, dass ein rein kasuistisches Strafrecht sich selber ad absurdum führt.

III. Regelbeispielsmethode geht nicht auf Wach zurück

Entgegen den oben Genannten wird in der Literatur hervorgehoben, dass die Regelbeispielstechnik gerade nicht die Gesetzestechnik ist, die Adolf Wach befürwortete.

Krämer[20] kommt in seiner Untersuchung zu § 243 StGB zu dem Schluss, dass die in § 243 StGB verwandte Regelbeispielstechnik nicht der von Wach befürworteten Exemplifizierungsmethode entspreche. Krämer wörtlich:

> „Trotz des Hinweises des Gesetzgebers, er habe sich der exemplifizierenden Methode bedient, hat er dies nicht in der Weise durchgeführt, wie es im Ursprung von Wach vorgesehen […] worden ist.“

Des weiteren hat Eisele[21] unter Bezugnahme auf Maiwald allgemein darauf hingewiesen, dass sich die Ausführungen von Wach nicht speziell auf Strafschärfungsgründe, „geschweige denn auf besonders schwere Fälle bezogen“.

---

16 Siehe eingehend zum geschichtlichen Hintergrund der Strafrechtskommission, *Scheffler*, Das Reformzeitalter 1953–1975, S. 179 ff.

17 *Lange*, Materialien zur Strafrechtsreform, Bd. 1, S. 84.

18 Materialien zur Strafrechtsreform, Bd. 1, S. 84.

19 Die besonders schweren Fälle und Regelbeispiele im Strafgesetzbuch, S. 5.

20 Die Regelung des schweren Diebstahls durch das 1. StRG, S. 101 f.

21 Die Regelbeispielsmethode im Strafrecht, S. 15.

In aller Deutlichkeit hat Scheffler[22] in seinem Beitrag über die Strafgesetzgebungstechnik in Deutschland und Europa betont, dass Wach „zu Unrecht als 'Vater' der Regelbeispielstechnik“ geehrt wird.

IV. Wach selbst

In seinem in der „Vergleichenden Darstellung des deutschen und ausländischen Strafrechts“[23] 1908 erschienenden Beitrag über die legislative Technik hat Adolf Wach zunächst einmal deutlich gemacht, dass die Fehler einer starren Kasuistik durch eine Generalisierung vermieden werden können.[24] Zugleich machte er darauf aufmerksam, dass Generalklauseln „die Gefahr zu großer Unbestimmtheit und Vieldeutigkeit“,[25] des „Kautschukbegriffes“[26] in sich bergen.

Adolf Wach schlug deshalb als Gesetzestechnik das „alte treffliche Mittel der Exemplifikation“ vor.[27]

Allerdings beziehen sich die Ausführungen Adolf Wachs nicht auf die Ausgestaltung von Strafschärfungen durch besonders schwere Fälle. Zwar analysiert er zur Verdeutlichung der Problematik kasuistischer Regelungen eingehend insbesondere den Diebstahl unter erschwerenden Umständen (§ 243 RStGB), in dem er auf die Fülle von Widersinn, die hochgradigen Absurditäten, die üblen Erzeugnisse und das Lächerliche des Katalogs des § 243 RStGB hin-

---

22 Strafgesetzgebungstechnik in Deutschland und Europa, S. 53; ähnlich schon *Krämer*, Die Regelung des schweren Diebstahls durch das 1. StRG, S. 101 f.: „Die in § 243 StGB n.F. verwandte Regelbeispielstechnik folgt aus einem meines Erachtens unrichtigen Verständnis der von Wach befürworteten Exemplifizierungsmethode“; vgl. auch *Calliess,* JZ 1975, S. 117 Fn. 70: „Vielfach wird jedoch die Methode, die besonders schweren Fälle mit Regelbeispielen zu erläutern, mit der von Wach befürworteten Exemplifikation gleichgesetzt.“

23 Allgemeiner Teil, Bd. VI, S. 41.

24 Vgl. hierzu auch *Löffler*, Vergleichende Darstellung, BT Bd. V, S. 221 ff. u. 364.

25 *Wach*, Vergleichende Darstellung, AT Bd. VI, S. 41.

26 *Wach*, Vergleichende Darstellung, AT Bd. VI, S. 41.

27 *Wach*, Vergleichende Darstellung, AT Bd. VI, S. 41 f.; Wach nimmt auch Bezug auf die Ausführungen Löfflers zu § 224 RStrGB, der bei den Vorarbeiten für die Strafrechtsreform in der „Vergleichenden Darstellung des deutschen und ausländischen Strafrechts“ 1905 in seinem Beitrag über die Körperverletzung ein gemischtes System empfahl „eine beispielsweise Aufzählung der schweren und sehr schweren Folgen mit dem Beifügen: „[...] oder wenn eine Verletzung von gleicher Bedeutung für Körper oder Gesundheit des Verletzten eingetreten ist. [...]“, siehe *Löffler*, Vergleichende Darstellung, BT Bd. V, S. 364.

weist.[28] Den Begriff des besonders schweren Falls erwähnt Wach überhaupt nicht.

Wach fordert jedoch hinsichtlich der Umsetzung der von ihm befürworteten Gesetzestechnik der Exemplifikation, dass die im Gesetz aufgeführten

> „[...] Einzelfälle ausnahmslos treffende Rechtsgedanken veranschaulichen, wie wiederum die Aufzählung selbst durch die hinzugefügte Generalisierung wesentlich Charakteristik empfangen muß."[29]

Wie sich Wach die gesetzestechnische Umsetzung dieser Forderung vorstellt, belegt er unter anderem am Beispiel des § 229 RStGB: „Gift oder andere Stoffe beibringt, welche die Gesundheit zu zerstören geeignet sind". Diese – so Wach – treffliche Kennzeichnung der Exemplifikation zeige, „daß es sich um Stoffe handelt, die nicht durch die Art der Beibringung und ihre Masse, sondern durch die ihnen an sich anhaftende gesundheitszerstörende Qualität gefährlich sind".[30]

V. Normative Dialektik

Was sich hinter der für die gesetzestechnische Umsetzung der Exemplifikationsmethode aufgestellten Forderung Wachs nach einem treffenden Rechtsgedanken der aufgeführten Beispiele und einer Generalklausel, die wiederum die Einzelfälle charakterisiert, verbirgt, soll genauer erläutert werden.

Diese Grundforderung von Wach betrifft das dogmatische Verhältnis von Generalklausel und aufgeführten Beispielen.

1. Grundsätzliches

Mit den Grundfragen dieses dogmatischen Verhältnisses hat sich eingehend insbesondere Wolfgang B. Schünemann unter anderem[31] in seinem Beitrag über die Dogmatik und Hermeneutik der Regelbeispiele[32] speziell für den

---

28 *Wach*, Vergleichende Darstellung, AT Bd. VI, S. 38 f., 43.

29 *Wach*, Vergleichende Darstellung, AT Bd. VI, S. 43.

30 *Wach*, Vergleichende Darstellung, AT Bd. VI, S. 41 f.

31 Siehe auch *Wolfgang B. Schünemann* in Harte / Henning, UWG, § 3 Rn. 4 ff., 15, 18 ff.; *Ders.*, JZ 2005, S. 271 ff.; vgl. auch zum Normengefüge vor Inkrafttreten des „neuen" Gesetzes gegen den unlauteren Wettbewerbs am 08. Juli 2007; *Ders*: in Großkommentar, UWG, Einl. Rn. D 50 ff.

32 *Wolfgang B. Schünemann,* FS Georgiades, S. 1088 f. bezieht sich hierbei nicht auf die im StGB verwendete „In-der-Regel"-Formel, sondern auf Regelbeispiele, die durch die Formulierung „insbesondere" auf die Generalklausel bezogen sind. Exemplarisch

Bereich des deutschen Gesetzes gegen den Unlauteren Wettbewerb (UWG) befasst.[33]

Er weist zutreffend darauf hin, dass das Grundproblem dieses Regelungsmusters in dem genauen systematischen und axiologischen Verhältnis von generalklauselweiter Regel und den diesbezüglichen normativen Regelbeispielen bestehe.[34]

Regelbeispiele sollen die grundsätzliche Wertung der rechtslogisch ihnen vorausliegenden Generalklausel „konkretisieren".[35] Hierbei muss – so Schünemann[36] – die Generalklausel als Inbegriff der ihr zugeordneten Regelbeispiele eine Art gedankliche und axiologische Klammer liefern, die den Wesensgehalt der Regelbeispiele dialektisch in sich aufhebe. Aufgrund der bestehenden normativen Dialektik werde die Generalklausel in ihrem dogmatischen Gehalt von den Regelbeispielen ebenso mitgeprägt, wie die Generalklausel ihrerseits auf die Auslegung der Regelbeispiele Einfluss zu nehmen vermag.[37]

Generalklausel und Regelbeispiele bilden eine strukturelle Einheit, wenn sie interpretativ determiniert durch eine gemeinsame, dem Regelungszweck des Gesetzes folgende Teleologie geprägt sind.[38]

Hinsichtlich des Gehalts von Generalklauseln insbesondere im Wettbewerbsrecht kritisiert Wolfgang B. Schünemann,[39] dass häufig die für Generalklauseln charakteristische begriffliche Diffusität zum Anlass genommen werde, um auf eine Sinnerfassung von Generalklauseln mit hermeneutischen Methoden überhaupt zu verzichten. Werde dies alles noch unter das Postulat einer „Gesamtwürdigung" gestellt, in die sämtliche

---

für das Regelungsmuster von Generalklausel und Regelbeispielen weist er unter anderem auf § 138 BGB hin, der in Abs. 1 sittenwidrige Rechtsgeschäfte für nichtig erklärt und in Abs. 2 als Beispiel sittenwidriger Rechtsgeschäfte „insbesondere" das wucherische Geschäft nennt. Hierbei merkt er bezüglich dem Verhältnis von § 138 Abs. 2 zu Abs. 1 BGB textkritisch-hermeneutisch an, dass sich das „Insbesondere" sprachlich auf die Rechtsfolge „Nichtigkeit", hingegen nicht auf das Merkmal „Sittenwidrigkeit" in § 138 Abs. 1 bezieht.

33 Die Untersuchung von Wolfgang B. Schünemann bezieht sich ausschließlich auf das Privatrecht.

34 *Wolfgang B. Schünemann,* FS Georgiades, S. 1090 f.

35 *Wolfgang B. Schünemann,* FS Georgiades, S. 1092 m.w.N. überwiegend aus der zivilrechtlichen Literatur.

36 FS Georgiades, S. 1101.

37 *Wolfgang B. Schünemann,* FS Georgiades, S. 1102.

38 *Wolfgang B. Schünemann,* FS Georgiades, S. 1102.

39 FS Georgiades, S. 1098.

Aspekte als Ersatztatbestandsmerkmale einfließen sollen, seien rechtsstaatliche Zulässigkeitsbedenken nicht mehr zu unterdrücken.[40]

2. Beispiel: „schlechtes Wetter"

Ein anschauliches Beispiel für das zuvor theoretisch umschriebene Grundverhältnis zwischen Generalklausel und Beispiele liefert Scheffler.[41]

Er ordnet den Witterungszuständen „Regen, Schnee, Wind, Kälte und Nebel" die Generalklausel beziehungsweise den Oberbegriff „sonstiges schlechtes Wetter" zu.

Scheffler analysiert sodann, dass der Oberbegriff „sonstiges schlechtes Wetter" klarstelle, dass unter „Wind" nicht die laue Brise an einem Sommertag zu subsumieren sei. Ebenso wenig falle unter „schlechtes Wetter" der milde und schneelose Winter in einem Skigebiet. Demgegenüber werde der „Hagelschauer" zumindest über die Generalklausel umfasst.

Dieses Beispiel verdeutlicht die Forderung von Adolf Wach bei der Umsetzung des Mittels der Exemplifikation und veranschaulicht zugleich das von Wolfgang B. Schünemann als normative Dialektik beschriebene Verhältnis von Generalklausel und Beispielen.

Denn hierdurch wird in einer Art Wechselwirkung genau der generalisierende Oberbegriff durch die Beispiele präzisiert, wie diese durch den Oberbegriff ihrerseits begrenzt werden.[42]

3. Fehlende normative Dialektik bei der Regelbeispielstechnik

Bereits die Ausführungen über die Auswahl der Gesetzestechnik[43] und insbesondere der Auswahl der einzelnen Regelbeispiele[44] durch den Gesetzgeber bei den jeweiligen Vorschriften haben gezeigt, dass der Regelbeispielstechnik eine normative Dialektik nicht zu Grunde liegt.

Exemplarisch ist hier nochmals auf die Umwandlung des § 243 StGB durch das 1. StrRG 1969 von einem Qualifikationstatbestand in einen durch sechs[45]

---

40 *Wolfgang B. Schünemann,* FS Georgiades, S. 1099.

41 *W. Schünemann,* JZ 2005, S. 275.

42 *Scheffler*, Strafgesetzgebungstechnik in Deutschland und Europa, S. 78.

43 Siehe unter Gliederungspunkt 1. Teil D) II. 2.

44 Siehe unter Gliederungspunkt 1. Teil D) II. 4.

45 Die Regelung des § 243 Abs. 1 Nr. 7 wurde erst 1989 in das StGB eingefügt.

Regelbeispiele benannten (besonders)[46] schweren Fall abzustellen.[47] Die heutige Regelung des § 243 StGB ist in ihrem Umfang kaum übersichtlicher als die Regelung des § 243 a.F. StGB, zumal mit der Umwandlung auch die Einfügung des § 244 StGB erfolgte, der die früheren Qualifikationsmerkmale des § 243 Abs. 1 Nr. 5 und 6 a.F. StGB (Diebstahl mit Waffen und Bandendiebstahl) in sich aufnahm.[48]

Darüber hinaus beinhaltet der Katalog der Erschwerungsgründe in § 243 Abs. 1 S. 2 StGB eine Reihe unterschiedlicher Rechtsgedanken, die sich nicht unter einen einheitlichen benannten Strafschärfungsgrund zusammenfassen lassen.[49] Beispielsweise wird in § 243 Abs. 1 S. 2 Nr. 3 StGB das auf Dauer angelegte Erwerbsstreben des Täters, in § 243 Abs. 1 S. 2 Nr. 6 StGB hingegen das Ausnutzen der bedrängten Lage anderer durch den Täter erfasst. Der § 243 Abs. 1 S. 2 Nr. 7 StGB soll dem Umstand Rechnung tragen, dass insbesondere im Hinblick auf die von der Entwendung bestimmter Gegenstände ausgehende Gefahr häufig ein überdurchschnittlicher Unrechts- und Schuldgehalt vorliegt.[50]

Der Gesetzgeber hat jedenfalls nicht mit der Umwandlung des § 243 a.F. StGB in die Regelbeispielstechnik die einzelnen Erschwerungsgründe zunächst in generalisierender Weise umschrieben und dann im einzelnen exemplifiziert.[51] Er hat vielmehr im Anschluss an die vage Formel des „besonders schweren Falles" eine Vielzahl von heterogenen Kriterien aufgeführt, die ihrerseits auch nicht auf eine generalisierende Sicht des Gesetzgebers schließen lassen, die zu einer inhaltlichen Füllung der (Leer-)Formel des „besonders schweren Falles" führt.[52]

---

46 Das Wort wurde erst durch das EGStGB 1975 eingefügt.

47 § 243 Abs. 1 StGB enthielt (zunächst) nur sechs Nummern, dazu kam § 244 StGB; näher Ruß in LK, 10. Aufl., § 243 Rn. 4.

48 Siehe hierzu *Krämer*, Die Regelung des schweren Diebstahls durch das 1. StrRG, S. 24 ff.

49 So auch *Krämer*, Die Regelung des schweren Diebstahls durch das 1. StrRG, S. 105.

50 Siehe BRegE BT-DrS. 11/2834, S. 10.

51 So explizit auch *Calliess*, JZ 1975, S. 117; ebenso *Krämer*, Die Regelung des schweren Diebstahls durch das 1. StrRG, S. 101 ff.

52 Siehe *Calliess*, JZ 1975, S. 117; vgl. auch *Kohlmann*, JZ 1970, S. 591, der anmerkt, dass die bei § 243 StGB verwendete Regelbeispielstechnik der Kaschierung gesetzgeberischer Unfähigkeit und nicht – wie ursprünglich vorgesehen – dazu diene, die sog. „schweren Fälle" deutlicher zu umreißen; ähnlich schon *R. Lange*, Verh. 39. DJT 1951, S. C 5: „Kapitulation des Gesetzgebers".

Calliess verweist in diesem Zusammenhang auf die bei der Gefährlichen Körperverletzung verwendete Exemplifikationsmethode und stellt klar, dass nur dann, wenn die allgemeine Sicht des Gesetzgebers angegeben sei, die dann exemplarisch erläutert werde – gefährliches Werkzeug, Waffe, Messer als Tatinstrumente der gefährlichen Körperverletzung –, es vertretbar sei, den Wertverletzungstypus noch als hinreichend genau umschrieben anzusehen.[53]

Das Fehlen von normativer Dialektik bei der Regelbeispielstechnik wird auch durch die Diskussion um die Gesamtabwägung hinsichtlich der Bejahung eines sonstigen besonders schweren Falles offenbar.

Gäbe es eine Wechselwirkung zwischen Generalklausel und Beispielen, bedürfte es einer derartigen Gesamtabwägung für die Feststellung, ob ein sonstiger besonders schwerer Fall vorliegt, nicht. Die Generalklausel „besonders schwerer Fall" würde durch die aufgeführten Beispiele eine Begrenzung erfahren und die Regelbeispiele würden den der Generalklausel inne wohnenden Rechtsgedanken wiedergeben.

Freilich kann hinterfragt werden, ob eine derartige Begrenzung bei der Verwendung der Gesetzestechnik der besonders schweren Fälle mit Beispielen beabsichtigt war. Immerhin wollte R. Lange mit der von ihm vorgeschlagenen offenen Klausel „oder in anderen gleich schweren Fällen" nicht zwingend nur die Fälle umfassen, die an die bereits genannten Beispiele angelehnt sind, also einen gemeinsamen Gedanken entsprechen. In Betracht konnten für ihn auch Fälle kommen, die „neue Lebenskonstellationen oder sozialethisch neue anzuerkennende Wertvorstellungen bilden [...]".[54] Auch die Verankerung der „In-der-Regel"-Formel im E 1962 deckt sich nicht mit der Exemplifikationsmethode von Wach. Die im E 1962 verwendete „In-der-Regel"-Formel konnte nämlich auch die Fälle umfassen, die ihrem Inhalt nicht den genannten Beispielen ähnlich waren. Es war lediglich ausreichend, dass der Fall in *seiner Schwere* dem benannten Fall gleicht und dass er die Voraussetzungen des § 62 E 1962 erfüllt, also wenn Umstände, die zur Tat gehören oder ihr vorausgehen, oder das Verhalten des Täters nach der Tat das Unrecht und die Schuld wesentlich erhöhen. Dadurch wird zum Ausdruck gebracht, dass die „In-der-Regel"-Formel weiter ist, als von Wach gedacht.

Dies ist, wie die Untersuchung gezeigt hat, nicht der Fall. Insbesondere die Versuche von Teilen des Schrifttums, Anhaltspunkte dafür zu finden, wann ein sonstiger besonders schwerer Fall bei Nichtvorliegen eines Regelbeispiels anzunehmen ist, sind Beleg für das Fehlen eines Fixpunktes dafür, was der Regelfall des besonders schweren Falles ist. Wessels[55] hat schon früh darauf aufmerksam gemacht, dass die als Beispiele aufgeführten erschwerenden Um-

---

53 *Calliess,* JZ 1975, S. 117.

54 *R. Lange*, Materialien zur Strafrechtsreform, Bd. 1, S. 84.

55 *Wessels,* FS Maurach, S. 296.

stände auch qualitativ geeignet sein müssen, dem Gesamtbild der Tat ein ihr Eigenart kennzeichnendes Gepräge zu geben.[56]

VI. Fazit

Es ist dem deutlichen Hinweis Schefflers[57] darauf, dass Adolf Wach zu Unrecht als Vater der Regelbeispielstechnik geehrt wird, beizupflichten.

Die Forderung Wachs nach einer charakteristischen Generalklausel, die durch entsprechende diesen treffenden Rechtsgedanken veranschaulichende Beispiele näher erläutert wird, macht deutlich, dass die Regelbeispielstechnik nicht der von ihm vorgeschlagenen Exemplifikationsmethode entspricht. Die Regelbeispielstechnik lässt ein solches Verhältnis zwischen Generalklausel und normierten Beispielen gerade vermissen.

Die von Wach vorgeschlagene Exemplifikationsmethode hat vielmehr den Vorteil, dass der Normadressat einen gesetzlich verankerten Anhaltspunkt erhält, was der Gesetzgeber pönalisieren will und was nicht.[58] Darüber hinaus wird dem Rechtsanwender ein Leitbild vorgegeben, die bei einem nicht unter die Beispiele fallenden Sachverhalt eine Argumentation beziehungsweise Auslegung am Rechtsgedanken der Norm ermöglicht.

Damit ist die Exemplifikationsmethode von Wach in der Lage, die aufgezeigten Schwierigkeiten der Regelbeispielstechnik, insbesondere das Fehlen eines den besonders schweren Fall eines Delikts charakteristischen Grundgedanken, zu beheben. Das Bestehen eines solchen Grundgedankens vermeidet die Schwierigkeiten im Rahmen der sog. weiten Analogiewirkung, da die Generalisierung begrenzend wirkt. Umgekehrt treten durch mit Beispielen versehene Generalisierung keine Friktionen im Rahmen der sog. engen Analogiewirkung auf. Schließlich hat Wach selbst bei der Charakterisierung seiner Exemplifikationsmethode deutlich hervorgehoben: „Mit dem vagen Ausdruck ‘schwer’ wäre nichts gesagt.“[59]

Für den Gesetzgeber heißt dies nun aber folgendes: Will er im Bereich der Strafschärfung eine flexible Gesetzestechnik, dann bedarf es eines solchen

---

56 *Wessels,* FS Maurach, S. 296.

57 Strafgesetzgebungstechnik in Deutschland und Europa, S. 53.

58 *Scheffler* bezweifelt jedoch in diesem Zusammenhang, ob für einen Puristen der Gesetzgebungstechnik die hier vorgeschlagene Technik der Exemplifikation das tatsächliche Optimum darstellen kann, Strafgesetzgebungstechnik in Deutschland und Europa, S. 79.

59 *Wach*, Vergleichende Darstellung, AT Bd. VI, S. 44.

charakterisierenden Grundgedankens, um verfassungsrechtliche Friktionen zu vermeiden. Sofern der Gesetzgeber einen solchen nicht zu bestimmen vermag, hat er – eben zur Vermeidung von verfassungsrechtlichen Reibungen – Qualifikationstatbestände zu bilden. Will der Gesetzgeber bei Vorliegen eines Merkmals nicht immer einen schärferen Strafrahmen zur Anwendung kommen lassen, bleibt die Möglichkeit – vergleichbar der Regelung des § 222 RStGB – dem Richter auf der Rechtsfolgenseite ein Ermessen einzuräumen.

B) Umwandlung der Regelbeispielstechnik in die Exemplifikationsmethode?

I. § 223 Abs. 3 Nr. 2 E-StGB zum 6. StrRG

Wie sich die Exemplifikationsmethode von Wach gesetzestechnisch in der Regelbeispielstechnik widerspiegeln kann, hat der Gesetzgeber mit dem 6. StrRG im Ansatz angedeutet. In § 223 Abs. 3 E-StGB sollten in einer Nr. 2 mit Ausnahme der lebensgefährdenden Behandlung die in § 223a Abs. 1 a.F. StGB aufgeführten Varianten – mittels Gift, Waffe, gefährlichen Werkzeugs, hinterlistig oder gemeinschaftlich – zusammen geregelt werden.[60]

Diesen Regelbeispielen kann ein gemeinsamer generalisierungsfähiger Grundgedanke entnommen werden. Als solcher kommt der des „unfairen" Angriffs in Betracht.[61] Als „unfair" gilt dabei der Angriff der zu zweit, von hinten, mit Messer oder mittels K.O.-Tropfen begangen wird.[62]

Dieser generalisierungsfähige Grundgedanke ermöglicht auch in der Konstellation, in der ein Regelbeispiel nicht erfüllt ist, eine am Schutzzweck orientierte Rechtsanwendung, weil für eine Bejahung eines sonstigen besonders schweren Falles Voraussetzung wäre, dass eine „unfaire" Kampfeskonstellati-

60 § 223 Abs. 3 Nr. 2 E-StGB: „In besonders schweren Fällen ist die Strafe Freiheitsstrafe von sechs Monaten bis zu zehn Jahren. Ein besonders schwerer Fall liegt in der Regel vor, wenn der Täter 1. […], 2. die Tat durch Beibringung von Gift, mittels einer Waffe oder eines anderen gefährlichen Werkzeugs, mittels eines hinterlistigen Überfalls oder mit einem anderen Beteiligten gemeinschaftlich begeht und dadurch die Gefahr einer schweren Gesundheitsschädigung der verletzten Person verursacht oder 3. […]", siehe BRegE BT-DrS. 13/8587, S. 6.

61 So explizit *Scheffler*, Strafgesetzgebungstechnik in Deutschland und Europa, S. 47.

62 Siehe hierzu *Scheffler*, Strafgesetzgebungstechnik in Deutschland und Europa, S. 48.

on gegeben ist. Eine solche kann beispielsweise vorliegen, wenn die Körperverletzung an einem Wehrlosen begangen wird.[63]

Ebenso kann unter dem Gesichtspunkt des Vorliegens einer „unfairen" Kampfeskonstellation diskutiert werden, ob eine gefährliche Körperverletzung bei einer Verletzung durch einen Kampfsportler beziehungsweise beim Setzen des (Klein-)Kindes auf einen Kochherd[64] anzunehmen ist.

Scheffler hält eine gefährliche Körperverletzung nicht für ohne weiteres gegeben, weil der Täter nur seine Körperkräfte einsetzt.[65] Dies erscheint unter dem Blickwinkel, dass es auch bei einer gemeinschaftlich begangenen Körperverletzung nur des Einsatzes von Körperkräften bedarf, fraglich. Entscheidendes Kriterium muss in diesen Konstellationen das (gravierende) Ungleichgewicht der Kräfteverhältnisse sein, welches zu einer „unfairen" Kampfeskonstellation und damit zu einem sonstigen besonders schweren Fall führen kann. Jedenfalls wäre umgekehrt – und darin stimmt Scheffler mit dem hier vertretenen Ansatz überein[66] – die Bejahung einer gefährlichen Körperverletzung in Frage zu stellen, wenn sich Täter und Opfer mit Messern gegenüberstanden. In dieser Konstellation kann über ein Entfallen der durch das Regelbeispiel ausgelösten Indizwirkung nachgedacht werden.

Die vorherigen Ausführungen machen jedenfalls deutlich, dass es durchaus möglich ist, einen übergeordneten Grund- beziehungsweise Schutzzweckgedanken auch im Rahmen der Regelbeispielstechnik derart zu normieren, dass im Falle des Nichtvorliegens eines Regelbeispiels keine Gesamtabwägung sondern eine am Schutzgedanken orientierte Bewertung erfolgen kann.

Voraussetzung ist jedoch, dass dieser Schutzzweckgedanke – um als solcher auch generalisierende Wirkung entfalten zu können – alle Regelbeispiele umfasst.

Allerdings sah der Gesetzesentwurf zum 6. StrRG noch zwei weitere Regelbeispiele – Herbeiführung einer Todesgefahr und die körperlich schwere Misshandlung durch Amtsträger im Dienst – vor,[67] die keinen die Generalklausel umfassenden gemeinsamen Nenner mehr erkennen lassen.

63 Vgl. die entsprechende Regelung in der Schweiz Art. 123 Ziff. 2 Abs. 2 SchwStGB; siehe hierzu *Scheffler*, Strafgesetzgebungstechnik in Deutschland und Europa, S. 48.

64 Siehe RGSt 24, 372.

65 *Scheffler*, Strafgesetzgebungstechnik in Deutschland und Europa, S. 48.

66 *Scheffler*, Strafgesetzgebungstechnik in Deutschland und Europa, S. 48.

67 BRegE BT-DrS. 13/8587, S. 6.

Der geltende § 224 StGB führt neben den in Abs. 1 Nr. 1 bis 4 einen „unfairen“ Angriff kennzeichnenden Qualifikationstatbeständen in Abs. 1 Nr. 5 die lebensgefährdende Behandlung als selbstständiges Qualifikationsmerkmal auf. Als gemeinsamer Leitgedanke kann folglich nur (noch) die Gefährlichkeit des Angriffs angesehen werden.[68] Heinrich[69] sieht als Leitgedanken aller Qualifikationsmerkmale den „bewusste(n) Einsatz eines in besonderem Maße die Wirkungsmacht des Angriffs erhöhenden Faktors zum Zwecke der Körperverletzung“. Unter Zugrundelegung dieses Leitgedankens kann eine gefährliche Körperverletzung gerade auch in Fällen der Handkantenschläge oder der Misshandlungen mittels unbeweglicher Gegenstände in Betracht kommen.[70]

II. § 243 StGB

1. Umwandlungsvorschlag Schefflers

Einen konkreten Formulierungsvorschlag auf der Grundlage der Wachschen Exemplifikationstechnik hat Scheffler für die Strafschärfungen beim Diebstahl unterbreitet. Für ihn lassen sich die meisten Erschwerungen beim Diebstahl auf einen Grundgedanken zurückführen und auch gesetzgebungstechnisch behandeln.[71]

Scheffler führt aus, dass es hierbei um die Wegnahme von besonders geschützten (§ 243 Abs. 1 Satz 2 Nrn. 1, 2; 244 Abs. 3 StGB) beziehungsweise besonders schützenswerten, aber im öffentlichen Interesse nicht besonders schützbaren (§§ 243 Abs. 1 Satz 2 Nrn. 4, 5, 6 StGB)[72] Gegenständen geht.[73]

Die weiteren strafschärfenden Merkmale, wie z.B. die Regelungen zur Banden- und Gewerbsmäßigkeit (§§ 243 Abs. 1 Satz 2 Nr. 3, 244 Abs. 1 Nr. 2, 244a StGB) seien in den Allgemeinen Teil zu verorten,[74] weil sie zahlreiche andere Delikte auch betreffen.[75] Der Diebstahl von Waffen (§ 243 Abs. 1 Satz 2 Nr. 7 StGB) betreffe dagegen zusätzlich durch das Waffenrecht abgegoltenes oder jedenfalls abzugeltendes Un-

---

68 Siehe schon *Wach*, Vergleichende Darstellung, S. 45: „die Gefährdung und zwar in ihrer Richtung als Lebens- oder Leibes-Gesundheits-Gefährdung.“

69 JA 1995, S. 720 f.

70 Siehe hierzu *Heinrich,* JA 1995, S. 725 f.

71 *Scheffler*, Strafgesetzgebungstechnik in Deutschland und Europa, S. 49.

72 Vgl. die Begründung zu § 297 Nr. 6 E 1925, „daß die Gotteshäuser vielfach dauernd geöffnet, jedermann ohne weiteres zugänglich, die erwähnten Sachen häufig gerade wegen ihres Zweckes öffentlich und jedermann leicht erreichbar ausgestellt sind“; siehe dort auch zum Sammlungsdiebstahl: „Maßgeblich ist bei den Sammlungen, daß sie allgemein zugänglich sind“; zu § 243 Abs. 1 Satz 2 Nr. 6 StGB dürfte ein Hinweis auf § 323c StGB genügen.

73 *Scheffler*, Strafgesetzgebungstechnik in Deutschland und Europa, S. 49.

74 *Scheffler*, Strafgesetzgebungstechnik in Deutschland und Europa, S. 49.

75 Vgl. hierzu auch *Grunst,* GA 2002, S. 225; *F.-C. Schroeder,* NJW 1999, S. 3614.

recht.[76] Der Diebstahl mit Waffen (§ 244 Abs. 1 Nr. 1 StGB) ist als Vorfelddelikt des Raubes zu verstehen.[77]

Scheffler greift einen Ansatz Alexander Graf zu Dohnas[78] auf, der den meisten Ziffern des § 243 ein gemeinsames Merkmal entnahm. Dohna hatte darauf verwiesen, dass eine höhere Bestrafung dann zur Anwendung komme, wenn der Eigentümer die verkehrsüblichen Schutzmittel angewendet und der Täter durch die Verwendung von bestimmten Mitteln diesen Schutz überwunden habe.[79] Demnach entfalle jedenfalls jeglicher Schutz durch den § 243 StGB bei einem kleinen leicht zu transportierendem Behältnis, da es sich nicht um eine besonders geschützte (beziehungsweise gesicherte)[80] Sache handele und „die Überwindung des Widerstandes für den Dieb ein leichtes“[81] sei. Dohna wörtlich:[82]

> „[...] wer ein Behältnis fortträgt, um es zu Hause zu erbrechen und ihm dann die darin verschlossenen Wertsachen zu entnehmen, [verdient] keine Zuchthausstrafe [...]. Denn ob jemand seine Perlen offen liegen läßt oder in ein Kästchen tut, das zwar verschließbar ist, aber so klein und so leicht, daß man es mit einer Hand ergreifen und in die Tasche stecken kann, kommt auf eins hinaus [...].“[83]

Unter Zugrundelegung dieses Grundgedanken fällt für Scheffler die Wegnahme eines verschlossenen Behältnisses insgesamt nicht unter § 243 Abs. 1 Satz 2 StGB.[84]

Im Ergebnis schlägt Scheffler folgenden Wortlaut des § 243 StGB vor:

> „Wer [es folgen die Nrn. 1, 2, 4, 5 und 6 des § 243 Abs. 1 Satz 2 StGB] oder sonstige besonders geschützte beziehungsweise nicht besser schützbare Sachen stiehlt, wird mit [...] bestraft.“[85]

---

76 *Scheffler*, Strafgesetzgebungstechnik in Deutschland und Europa, S. 49 unter Bezugnahme auf *Kunert / Bernsmann,* NStZ 1989, S. 451 f.

77 *Scheffler*, Strafgesetzgebungstechnik in Deutschland und Europa, S. 49; siehe auch Begr. BRgE 1962 BT-DrS. IV/650, S. 406; *H. Schröder,* NJW 1972, S. 1834.

78 *zu Dohna,* MschrKrimBiol 1938, S. 190 ff.; dagegen *Bockelmann,* JZ 1951, S. 297 f.

79 *zu Dohna,* MschrKrimBiol 1938, S. 191.

80 Siehe *Lackner / Kühl*, § 243 Rn. 16.

81 *zu Dohna,* MschrKrimBiol 1938, S. 192.

82 *zu Dohna,* MschrKrimBiol 1938, S. 192.

83 Siehe *zu Dohna,* MschrKrimBiol 1938, S. 192, der aber auch klarstellte, dass der Gesetzgeber bezüglich § 243 Abs. 1 S. 2 Nr. 2 RStGB an Behältnisse gedacht habe, die sich nicht ohne weiteres von der Stelle schaffen ließen und somit durch den Täter am Tatort erbrochen werden müssen.

84 So auch *Scheffler*, Strafgesetzgebungstechnik in Deutschland und Europa, S. 50.

2. *Stellungnahme*

Unabhängig von dem konkreten Formulierungsvorschlag ist zunächst einmal an dem Grundansatz Schefflers bemerkenswert, dass versucht wird, sämtliche Erschwerungsgründe beim Diebstahl in eine Struktur zu bringen.

Damit wird zunächst einmal klargestellt, dass jedenfalls ein sonstiger besonders schwerer Fall im Fall der Millionenbeute durch Amtsträger nicht bejaht werden kann.[86]

Scheffler beschreitet demzufolge einen grundsätzlich anderen Weg der Systematisierung als insbesondere Eisele. Er stellt nicht auf einen deliktsübergreifenden Katalog strafschärfender Umstände ab, sondern versucht, die Erschwerungsgründe eines bestimmten Delikts einem generalisierenden Grundgedanken zu unterstellen.[87] Hierbei wird keineswegs übersehen, dass die Überlegungen Schefflers nicht mehr ein Lösungsansatz de lege lata sind. Sie verdeutlichen jedoch, dass es grundsätzlich durchaus möglich ist, eine am Deliktstyp ausgerichtete Leitlinie zu entwickeln.[88]

Dies gilt insbesondere auch für die vorgeschlagene Verortung der Merkmale der Gewerbs- und Bandenmäßigkeit in den Allgemeinen Teil. Konkret für das Merkmal der Bandenbegehung hat Grunst[89] zutreffend darauf hingewiesen, dass eine Regelung im Allgemeinen Teil aus Gründen der Gleichbehandlung und der Rechtsklarheit methodisch vorzuziehen ist, wenn sich die rechtsgutbezogene Besonderheit nicht mehr erkennen lässt. Eine natürliche Eingrenzung der Zurechnungsvorschrift auf einschlägige Tatbestände ergibt sich durch die Realität der geeigneten Straftaten.[90]

Gleichwohl kann auch unter Befürwortung des von Scheffler weiterentwickelten Grundgedankens von zu Dohna die Konsequenz, dass die Wegnahme eines verschlossenen Behältnisses insgesamt nicht unter § 243 Abs. 1 Satz 2 StGB fällt, in dieser Allgemeinheit nicht geteilt werden. Die Anwendung des § 243 Abs. 1 Satz 2 Nr. 2 StGB scheidet nur bei mühelos zu entwendenden

---

85 *Scheffler*, Strafgesetzgebungstechnik in Deutschland und Europa, S. 54 mit dem Hinweis, dass diese Ausgestaltung allerdings die Probleme mit der gewünschten „Schmiegsamkeit" nach unten bereitet.

86 *Scheffler*, Strafgesetzgebungstechnik in Deutschland und Europa, S. 50.

87 Ähnlich der Ansatz von *Wessels,* FS Maurach, S. 304, der eine speziell auf einen Deliktstyp abgestimmte Typenbildung fordert.

88 Eisele hat den Ansatz von zu Dohna überhaupt nicht in Erwägung gezogen.

89 GA 2002, S. 225. Eine gesetzliche Verpflichtung bestehe für den Gesetzgeber jedoch nicht.

90 *Grunst,* GA 2002, S. 225.

beziehungsweise leicht transportablen Behältnissen aus.[91] Nur in diesen Konstellationen fehlt es auch an der Eignung des Behältnisses zur Sicherung gegen Wegnahme.[92] Es muss unter Berücksichtigung des Grundgedankens der besonders geschützten Sachen durchaus differenziert werden, ob der Täter beispielsweise einen schweren Schrank[93] aus einem Haus herausschafft und erst im eigenen Haus aufbricht oder ob er ein kleines Schmuckkästchen entwendet und später aufbricht.

C) Exemplifikationsmethode auch in (Grund-)Tatbeständen?

I. Wach

Wie bereits erörtert, bezogen sich die Ausführungen Adolf Wachs in seinem Beitrag über die legislative Technik[94] nicht auf die gesetzestechnische Ausgestaltung von Strafschärfungsgründen durch besonders schwere Fälle.

Darüber hinaus nahm Wach aber auch keine Beschränkung seiner Exemplifikationsmethode in deren Anwendungsbereich vor. Wach wies vielmehr darauf hin, dass Exemplifikationen generell bei der Bildung von Tatbeständen einen Mittelweg zwischen Generalisierung und Kasuistik in der Gesetzestechnik sein können.

Wach hierzu wörtlich:[95]

> „Das StrGB macht davon ein nicht sehr reichlichen, aber immerhin beachtenswerten Gebrauch. In § 239 wird die Freiheitsberaubung als Angriff auf die Bewegungsfreiheit gut charakterisiert durch die Wendung ‘einsperrt oder auf andere Weise des Gebrauchs der persönlichen Freiheit beraubt’. [...] Immerhin wertvoll, wenn auch weniger bedeutsam ist die Verbindung ‘Geschenke oder andere Vorteile’ (§§ 331–334), ‘Schlingen, Netze, Fallen oder andere Vorrichtungen’ (§§ 293, 295), ‘Schuldscheine, Wechsel, Empfangsbekenntnisse, Bürgschaftsinstrumente oder eine andere eine Verpflichtung enthaltende Urkunde’ (§ 301), ‘unter Verwendung der Ehre, auf Ehrenwort, eidliche oder unter ähnlichen Versicherungen oder Beteuerungen’ (§§ 302, 302b), ‘ein Gebäude, eine Brücke, einen Damm, eine gebaute Straße, eine Eisenbahn oder ein anderes Bauwerk’ (§ 305, ähnlich §§ 321, 367 Nr. 14, Nr. 12, 368 Nr. 5), ‘Kirche oder anderer zu religiösen Versammlungen bestimmter Ort’ (§§ 166, 167), ‘ein zur Sicherung der Schiffahrt

---

91 Vgl. auch *Eser* in Schönke / Schröder, § 243 Rn. 25.

92 Nicht eindeutig *zu Dohna,* MschrKrimBiol 1938, S. 193 f.

93 Siehe bezüglich einem schweren Möbelstück *zu Dohna,* MschrKrimBiol 1938, S. 193 mit Verweis auf RGSt 7 Nr. 129.

94 Allgemeiner Teil, Bd. VI.

95 *Wach*, Vergleichende Darstellung, AT Bd. VI, S. 41 f.

bestimmtes Feuerzeichen oder ein anderes zu diesem Zweck aufgestelltes Zeichen' (§ 322), 'Pulver oder andere explodierende Stoffe' (§ 311, ähnlich § 367 Nr. 4, Nr. 6), 'Advokat, Anwalt oder anderer Rechtsbeistand' (§ 356), 'Ärzte oder andere Medizinalpersonen', 'Kranke, Arme oder andere Hilflose' (§ 174 Nr. 3), 'Gesetzgebende Versammlung des Reiches oder eines Bundesstaates oder eine andere politische Körperschaft' (§ 197), 'Pässe, Militärabschiede, Wanderbücher oder sonstige Legitimationspapiere usw.' (§ 363)".

In einer Fußnote weist Wach noch auf §§ 352, 353 StGB „Gebühren oder andre Vergütungen" hin.[96]

II. Bestehende Exemplifikationen im geltenden StGB?!

Anhand ausgewählter Einzelfälle ist nun zu überprüfen, ob sich auch im heutigen StGB Tatbestände finden lassen, in welchen sich die Exemplifikationsmethode von Wach wiederfindet.

Die zu untersuchenden Tatbestände wurden deshalb ausgewählt, weil sie alle eine Gesetzessystematik aufweisen, die auf die Verwendung der Exemplifikationsmethode hinzudeuten scheint. Alle Normen enthalten Beispiele für bestimmte Tatobjekte – z.B. „Platten, Formen, Drucksätze, Druckstöcke, Negative, Matrizen, Computerprogramme" in § 149 Abs. 1 Nr. 1 StGB – oder für bestimmte Tathandlungen – „verkauft oder feilhält" in § 314 Abs. 1 StGB –, denen eine Generalklausel – „ähnliche Vorrichtungen, die ihrer Art nach zur Begehung der Tat geeignet sind" (§ 149 Abs. 1 Nr. 1 StGB) beziehungsweise „oder sonst in den Verkehr bringt" (§ 314 Abs. 1 StGB) – nachgeordnet ist.

Ob diese Gesetzessystematik tatsächlich die Vermutung bestätigt, dass der Gesetzgeber die Exemplifikationsmethode verwendet hat, ist nun zu klären.

1. Tatobjekte

a) § 306a Abs. 1 Nr. 1 StGB

Der Tatbestand des § 306a Abs. 1 Nr. 1 StGB[97] führt als Tatobjekte exemplarisch[98] ein Gebäude, ein Schiff und eine Hütte als andere Räumlichkeiten, die der Wohnung von Menschen dienen, auf.

---

96 Siehe auch die Analyse Wachs des Vorentwurfs zu einem deutschen Strafgesetzbuch von 1909, in der er auf das ausgiebig und glücklich verwertete Hilfsmittel der Exemplifikation hinwies und unter anderem auf § 140 VE verwies: „Wer Schriftstücke oder andere Sachen, die amtlich in Verwahrung genommen oder einem Dritten in Verwahrung gegeben sind, vorsätzlich zerstört, beschädigt oder in anderer Weise der amtlichen Verfügung entzieht, wird […] bestraft."; *Wach,* DJZ 1910, S. 109.

Mit dieser Aufzählung hat der Gesetzgeber zum einen klargestellt, dass andere der Wohnung von Menschen dienende Räumlichkeiten sowohl unbewegliche als auch bewegliche Einheiten sein können.[99] Weiterhin stellt die Nennung der Hütte, die ein kleineres Maßverhältnis als das Gebäude aufweist,[100] klar, dass auch kleinere Räumlichkeiten grundsätzlich in den Anwendungsbereich fallen können.

Gleichwohl begrenzt der Relativsatz von Nr. 1 auch die Reichweite des tatbestandlichen Anwendungsbereiches. Die Verwendung des Plurals im Relativsatz von Nr. 1 „der Wohnung von Menschen" weist darauf hin, dass sich in der Räumlichkeit – typischerweise – überhaupt mehrere Menschen zumindest aufhalten könnten,[101] wenn sie von mindestens einem Menschen tatsächlich bewohnt wird.[102] Somit ist ein tatsächliches Dienen zur Wohnung von Menschen beispielsweise bei noch nicht bezogenen Neubauten oder leer stehenden Wohnhäusern zu verneinen.[103]

Im Ergebnis ist festzuhalten, dass die Regelung des § 306a Abs. 1 Nr. 1 StGB durchaus der Exemplifikationsmethode von Wach entspricht. Die benannten Beispiele veranschaulichen einerseits die Reichweite (beweglich-unbeweglich) für den Oberbegriff der anderen der Wohnung von Menschen dienenden Räumlichkeiten.

Zugleich beschränkt der Oberbegriff auch den Anwendungsbereich der anderen Räumlichkeiten, indem er ein tatsächliches Dienen zum Wohnen von Menschen verlangt. Geschützt sind also nur Räumlichkeiten, die der Wohnung von Menschen dienen. Diese Generalklausel wird durch die genannten Beispiele konkretisiert und interpretiert.

---

97 „Mit Freiheitsstrafe nicht unter einem Jahr wird bestraft, wer 1. ein Gebäude, ein Schiff, eine Hütte oder eine andere Räumlichkeit, die der Wohnung von Menschen dient, 2. […], 3. […] in Brand setzt oder durch eine Brandlegung ganz oder teilweise zerstört."

98 Gegenäußerung BReg. BT-DrS. 13/8587, S. 88.

99 Siehe hierzu *Heine* in Schönke / Schröder, § 306a Rn. 4; *Geppert,* Jura 1998, S. 600.

100 *Fischer*, § 306 Rn. 3a.

101 BRegE BT-DrS. 13/8587, S. 68.

102 *Heine* in Schönke / Schröder, § 306a Rn. 4 – es geht nicht um Individualschutz; vgl. auch *Radtke,* ZStW 110, S. 865; *Fischer,* § 306a Rn. 3, der darauf abstellt, dass es bei Schiffen nicht auf die Größe ankommt.

103 *Heine* in Schönke / Schröder, § 306a Rn. 5 m.w.N.

b) § 224 Abs. 1 Nr. 1 StGB

Gemäß § 224 Abs. 1 Nr. 1 StGB macht sich der gefährlichen Körperverletzung strafbar, wer die Körperverletzung durch Beibringung von Gift oder anderen gesundheitsschädlichen Stoffen begeht.

Die Gesetzesfassung belegt zunächst einmal, dass der Gesetzgeber Gift als einen Stoff ansieht, der geeignet ist, Schädigungen an der Gesundheit hervorzurufen. Gift ist dabei jeder organische oder anorganische Stoff, der unter bestimmten Bedingungen (Einatmen, Verschlucken, Aufnahme auf der Haut) eine chemische oder chemisch-physikalische Wirkung entfaltet.[104]

Durch die Verwendung des Begriffs „Stoffe" ist weiterhin festgelegt, dass eine Körperlichkeit vorausgesetzt wird, so dass Strahlen oder elektrischer Strom nicht unter diesen Begriff zu subsumieren sind.[105]

Die Problematik besteht gleichwohl darin, dass sich dem Gesetzeswortlaut nicht hinreichend entnehmen lässt, ob das Gift nach der Art und der vom Täter eingesetzten Menge generell[106] oder – so die h.M.[107] – im konkreten Fall geeignet sein muss, ernsthafte gesundheitliche Schäden hervorzurufen.[108]

Die Antwort auf diese Frage hat weitreichende Konsequenzen. Wird die Gesundheitsschädlichkeit eines Stoffes aus der konkreten Erheblichkeit der Verletzung hergeleitet,[109] führt dies, worauf der BGH[110] erst kürzlich hingewiesen hat, dazu, dass im Ergebnis in Übereinstimmung mit der Rechtsprechung zum Begriff des gefährlichen Werkzeugs i.S. der Nr. 2 des § 224 Abs. 1 StGB auch an sich unschädliche Stoffe des täglichen Bedarfs erfasst werden, wenn ihre Beibringung nach der Art ihrer Anwendung oder Zuführung des Stoffes, seiner Menge oder Konzentration, ebenso aber auch nach dem Alter und der Konstitution des Opfers mit der konkreten Gefahr einer erheblichen Schädigung im Einzelfall verbunden ist.

---

104 *Fischer*, § 224 Rn. 3.

105 *Hardtung* in Münch-Komm, § 224 Rn. 5; siehe zur Übertragung des HIV Virus *Jäger*, JuS 2000, S. 31; kritisch *Knauer*, GA 1998, S. 433.

106 *Fischer*, § 224 Rn. 3.

107 BGH NJW 2006, S. 1823; *Eschelbach* in Beck'scher Online-Kommentar, § 224 Rn. 20 m.w.N.

108 *Rengier*, ZStW 111, S. 8; *Hilgendorf*, ZStW 112, S. 828.

109 Vgl. Kritik *Fischer*, § 224 Rn. 5.

110 BGH NJW 2006, S. 1822 f.

Damit wird die Frage, wann ein Stoff gesundheitsschädlich ist, eine Frage des Einzelfalls. Der Nennung des Gifts als gesundheitsschädlichen Stoff kommt damit nur eine untergeordnete Bedeutung zu, da auch die Anwendung von Gift im Einzelfall nicht zu einer konkreten Gefahr einer Gesundheitsschädigung führen muss.

Unter andere gesundheitsschädliche Stoffe fallen jene, die auf mechanischem oder thermischem Wege wirken.[111] Damit unterscheiden sich die anderen gesundheitsschädlichen Stoffe von den Giften vor allem durch die Wirkungsweise.[112]

Dabei hatte Wach[113] noch zur Regelung des § 229 RStGB bemerkt, dass die Exemplifikation § 229: „Gift oder andere Stoffe beibringt, welche *die Gesundheit zu zerstören geeignet sind*," trefflich kennzeichnet, dass es sich um Stoffe handelt, die nicht durch die Art der Beibringung und ihre Masse, sondern durch die ihnen an sich anhaftende gesundheitszerstörende Qualität gefährlich sind.

Demgegenüber ist die Generalklausel des heutigen § 224 Abs. 1 Nr. 1 StGB nicht geeignet, eine charakteristische Begrenzung des Anwendungsbereiches zu umschreiben.

c) §§ 149 Abs. 1 Nr. 1 StGB

Der Tatbestand des § 149 Abs. 1 Nr. 1 StGB[114] (Vorbereitung der Fälschung von Geld und Wertzeichen) führt zur Herstellung von Falsifikaten explizit Platten, Formen, Drucksätze, Druckstöcke, Negative, Matrizen und Computerprogramme auf.[115]

Diesen in § 149 Abs. 1 Nr. 1 StGB ausdrücklich genannten Beispiele stehen ähnliche Vorrichtungen gleich, die ihrer Art nach zur Begehung der Tat geeignet sind.

---

111 *Lilie,* in LK, § 224 Rn. 9.

112 *Eschelbach* in Beck´scher Online-Kommentar, § 224 Rn. 17.

113 *Wach*, Vergleichende Darstellung, AT Bd. VI, S. 41 f.

114 „Wer eine Fälschung von Geld oder Wertzeichen vorbereitet, indem er 1. Platten, Formen, Drucksätze, Druckstöcke, Negative, Matrizen, Computerprogramme oder ähnliche Vorrichtungen, die ihrer Art nach zur Begehung der Tat geeignet sind, 2. […], oder 3. […], herstellt […] wird […] bestraft."

115 Siehe auch die Aufzählung in § 275 Abs. 1 Nr. 1 StGB zur Vorbereitung der Fälschung von amtlichen Ausweisen: „Platten, Formen, Drucksätze, Druckstöcke, Negative, Matrizen oder ähnliche Vorrichtungen". Das Merkmal Computerprogramme enthält § 275 Abs. 1 Nr. 1 StGB jedoch nicht.

Aufgrund des Gesetzes vom 22. August 2002[116] zur Ausführung des Rahmenbeschlusses vom 29. Mai 2000 über die Verstärkung des mit strafrechtlichen und anderen Sanktionen bewehrten Schutzes gegen Geldfälschung im Hinblick auf die Einführung des Euro erfolgte die Nennung der Computerprogramme in § 149 Abs. 1 Nr. 1 StGB. Diese wurden damit den „ähnlichen Vorrichtungen" gleichgestellt.[117]

Diese Gleichstellung wirft die Frage auf, ob es sich hier tatsächlich um die Exemplifikationsmethode von Wach handelt.

Die vor der Einführung der Computerprogramme aufgeführten Objekte –„Platten, Formen, Drucksätze, Druckstöcke, Negative, Matrizen" – stellten klar, dass es sich bei den ähnlichen Vorrichtungen um körperliche Gegenstände handeln musste.[118]

Computerprogramme, die keine körperlichen Gegenstände sind, konnten somit bis zum August 2002 nicht unter den Begriff der „ähnlichen Vorrichtungen" subsumiert werden.[119]

Mit der Aufnahme der Computerprogramme hat der Gesetzgeber das bis dahin gemeinsame Element der Beispiele – das Merkmal der Körperlichkeit – aufgegeben.[120] Damit wurde sowohl die Wechselwirkung zwischen den Beispielen und der Generalklausel beseitigt, insbesondere die Begrenzung der Generalklausel durch das Merkmal der Körperlichkeit beseitigt.[121] Da als gemeinsamer Nenner nunmehr eine irgendwie geeignete Vorrichtung zur Herstellung von Falsifikaten ausreicht, erfährt die Generalklausel der „ähnlichen Vorrichtungen" keine Begrenzung mehr durch die Beispiele.

---

116 BGBl. I, S. 3387.

117 BRegE BT-DrS. 14/8998, Begründung S. 9.

118 Siehe hierzu *Vogel,* ZRP 2002, S. 9. Nach Vogel sollten Computerprogramme ausdrücklich in Nr. 1 genannt werden. Ob diese als ähnliche Vorrichtungen aufzuführen seien, bleibt jedoch unbeantwortet.

119 Kreditkarten-Lesegeräte zum Auslesen von auf Kreditkarten gespeicherten Datensätzen, die zur Herstellung falscher Zahlungskarten verwendet wurden, waren vor der Aufnahme der Computerprogramme in § 149 Abs. 1 Nr. 1 StGB keine „Vorrichtungen" im Sinne dieser Vorschrift; siehe BGH wistra 2004, 265 f.

120 *Weidemann* in Beck`scher Onlinekommentar, § 149 Rn. 4 bemerkt hierzu, dass die Ergänzung der Vorschrift erfolgte, weil die Computerprogramme „von dem Begriff der ähnlichen Vorrichtung nicht erfasst sind."

121 Fischer stellt zutreffend fest, dass die Aufnahme der Programme in die Beispiele der Vorrichtungen sprachlich misslungen ist, *Fischer*, § 149 Rn. 3.

Demzufolge steht die Regelung des § 149 Abs. 1 Nr. 1 StGB nicht mehr in Einklang mit der von Wach vorgeschlagenen Exemplifikationsmethode.[122]

Will der Gesetzgeber die Computerprogramme erfassen, ohne die Generalklausel der „ähnlichen Vorrichtungen“ ihrer Einschränkung durch die bisherigen Beispiele zu entziehen, müsste er dieses Merkmal selbständig neben die Generalklausel aufführen. Ansonsten kann weder der Normadressaten noch der Rechtsanwender der gesetzlichen Formulierung einen Anhaltspunkt entnehmen, was der Gesetzgeber unter die Generalklausel außerhalb der aufgeführten Beispiele verstehen will.

d) § 305 StGB

Schaut man sich den Wortlaut des Qualifikationstatbestandes des § 305 Abs. 1 StGB an, so scheint die Exemplifikationsmethode hier ihren Niederschlag gefunden zu haben.

Gemäß § 305 Abs. 1 StGB wird bestraft, wer

> „[…] rechtswidrig ein Gebäude, ein Schiff, eine Brücke, einen Damm, eine gebaute Straße, eine Eisenbahn oder ein anderes Bauwerk, welche fremdes Eigentum sind, ganz oder teilweise zerstört“.

Das Merkmal „oder ein anderes Bauwerk“ deutet auf einen Ober- und Auffangbegriff[123] für die zuvor genannten Beispielsfälle hin.

Gemeinsames diesen Oberbegriff charakterisierendes Merkmal scheint die Immobiliarqualität der Werke zu sein. Dem steht jedoch die Nennung des „Schiffs“ entgegen.

Das Reichsgericht hat hierzu bereits ausgeführt, dass sich aufgrund des Umstandes, dass die in § 305 Abs. 1 StGB aufgeführten Beispiele „Gebäude, Brücke, Damm, gebaute Straße und eine Eisenbahn“ Werke sind, die untrennbar mit Grund und Boden verbunden sind, somit die Eigenschaft unbeweglicher Sachen hätten, der Schluss gerechtfertigt sei, dass unter „andere Bauwerke“ ebenfalls nur jene zu verstehen seien, die gleichfalls Immobiliarqualität besäßen.[124] Das aufgeführte Merkmal „Schiff“, welches die Eigenschaft der Unbeweglichkeit nicht habe, ändere an der Richtigkeit dieses Schlusses nichts. Vielmehr sei dies damit zu erklären, dass nicht nur im preußischen Strafgesetzbuch beispielsweise bei den Vorschriften über das Verbrechen der Brand-

---

122 Vgl. *Wach*, Vergleichende Darstellung, AT Bd. VI, S. 41 f.

123 So *H. Wolff* in LK, § 305 Rn. 3; *Zaczyk* in NK, Bd. 2, § 305 Rn. 8 spricht von Sammelbegriff; vgl. auch RGSt 15, 263 (264): „clausula generalis“.

124 RGSt 15, 263 (264); siehe auch *Fischer*, § 305 Rn. 2: „[…] nur unbewegliche (wenn auch nicht notwendig fest mit dem Boden verbundene) […].“

stiftung, sondern auch im Gebiete des preußischen Zivilrechts Schiffe zuweilen den unbeweglichen Sachen gleich behandelt werden.[125]

Demgegenüber wird von Teilen der Literatur[126] eingewandt, dass die Einbeziehung des Schiffs[127] in § 305 Abs. 1 StGB zeige, dass der Begriff Bauwerk nicht auf unbewegliche Gegenstände beschränkt sei, sondern – ausnahmsweise – auch bewegliche Sachen umfasse. Begriffswesentlich des Merkmals Bauwerk sei lediglich, dass es eine durch menschliche Arbeit errichtete Anlage von einiger Dauerhaftigkeit, Bedeutung und Größe ist.[128]

Diese Reduzierung des Merkmals Bauwerk ist im Hinblick auf den Anwendungsbereich des § 305 StGB nicht unproblematisch, als dass nunmehr auch große Flugzeuge und LKWs unter das Merkmal andere Bauwerke subsumiert werden können.[129]

Im Ergebnis wird jedenfalls deutlich, wie sehr auch der Oberbegriff von den aufgeführten Beispielen beeinflusst wird. Die Regelung des § 305 Abs. 1 StGB geht zwar in die Richtung der Exemplifikationsmethode von Wach, stellt jedoch aufgrund der heterogenen Merkmale noch nicht deren exakte Umsetzung dar.[130]

Dieses Ergebnis wird bestätigt durch Wach selbst. Denn dieser hat in seinem Beitrag über die legislative Technik auf den auf der Tatbestandsseite seit 1871 unveränderten[131] § 305 RStGB als ein Beispiel für die von ihm verstandene Exemplifikationsmethode Bezug genommen.[132] Bemerkenswert hierbei ist jedoch, dass Wach nur die Verbindung „ein Gebäude, eine Brücke, einen Damm, eine gebaute Straße, eine Eisenbahn oder ein anderes Bauwerk" als

---

125 RGSt 15, 263 (264).

126 *H. Wolff* in LK, § 305 Rn. 3; *Hoyer* in SK, § 305 Rn. 2; *Stree* in Schönke / Schröder, § 305 Rn. 4.

127 Hinsichtlich des Merkmals Eisenbahn besteht Einigkeit darüber, dass hierin nur der Bahnkörper, also der Unterbau, sowie Schwellen und Schienen als Oberbau zu verstehen sind und dass das Schienenfahrzeug selbst nicht dazu gehört, vgl. RGSt 55, 169; *Fischer*, § 305 Rn. 3; *H. Wolff* in LK, § 305 Rn. 9; *Hoyer* in SK, § 305 Rn. 3; *Stree* in Schönke / Schröder, § 305 Rn. 3.

128 *H. Wolff* in LK, § 305 vor Rn. 3.

129 *Fischer*, § 305 Rn. 2.

130 Vgl. hierzu auch *Frank*, StGB, 11.–14. Aufl., § 305 II. 7.: „Will man [den Begriff des anderen Bauwerks] […] sich nicht ganz verflüchtigen lassen, so muß man daran festhalten, daß unter einem Bauwerk eine unbeweglich Sache zu verstehen ist […]."

131 *H. Wolff* in LK, § 305 vor Rn. 1.

132 *Wach*, Vergleichende Darstellung, AT Bd. VI, S. 41 f.

wertvoll ansieht. Den Begriff Schiff, der zu diesem Zeitpunkt ebenfalls in § 305 RStGB normiert war, erwähnt Wach jedoch nicht.

Ob Wach damit bereits zu erkennen geben wollte, dass dieses Merkmal die Generalklausel verwässert und damit die von ihm vorgeschlagene Exemplifikationsmethode in Frage stellen würde, kann nur vermutet werden.

e) Zwischenergebnis

Die Analyse der einzelnen Vorschriften hat gezeigt, dass sich im StGB im Bereich der Tatobjekte durchaus Regelungen finden lassen, welche die Wachsche Exemplifikationsmethode aufweisen, wie beispielsweise die Regelung des § 306a Abs. 1 StGB, beziehungsweise diese Gesetzesmethode zumindest im Ansatz verkörpern (§ 149 Abs. 1 Nr. 1 StGB). Es hat sich aber auch herausgestellt, dass die (Un-)Genauigkeit der gesetzlichen Formulierung die Wertigkeit der exemplifizierenden Gesetzestechnik entscheidend bestimmt. Insbesondere hat die Untersuchung zu § 149 Abs. 1 Nr. 1, § 224 Abs. 1 Nr. 1 StGB und zu § 305 StGB verdeutlicht, wie sehr sich Generalklausel und aufgeführtes Beispiel einander bedingen und dadurch die Reichweite des Anwendungsbereichs beeinflussen. So hat die Aufnahme der Computerprogramme in § 149 Abs. 1 Nr. 1 StGB die Körperlichkeit als bis dahin gemeinsames Merkmal der übrigen aufgeführten Beispiele aufgehoben. Dieser Wegfall des den Anwendungsbereich der „ähnlichen Vorrichtungen“ begrenzenden Kriteriums lässt nunmehr ganz neue Interpretationen zu. Aber auch die Streitfrage zur generellen oder konkreten Eignung zur Gesundheitsschädigung im Rahmen des § 224 Abs. 1 Nr. 1 StGB belegt, worauf auch Wach schon hingewiesen hat,[133] dass die Sorgfalt bei der gesetzlichen Formulierung den Maßstab für den Gehalt einer Gesetzestechnik bildet.

2. Tathandlungen

a) § 239 Abs. 1 StGB

Nach § 239 Abs. 1 StGB macht sich strafbar, wer einen Menschen einsperrt oder auf andere Weise der Freiheit beraubt.

Die Tathandlung „Einsperren“ legt zunächst einmal fest, dass § 239 Abs. 1 StGB die Möglichkeit, sich von einem bestimmten Ort wegzubewegen, schützen will.[134] Unter Einsperren wird allgemein das Festhalten in einem um-

---

133 *Wach*, Vergleichende Darstellung, AT Bd. VI, S. 2.

134 *Fischer*, § 239 Rn. 2 m.w.N.

schlossenen Raum durch äußere Vorrichtungen verstanden, so dass der Betroffene objektiv gehindert ist, sich von dem Ort wegzubewegen.[135]

Das Einsperren begrenzt aber auch den Anwendungsbereich des § 239 Abs. 1 StGB, insbesondere den der Freiheitsberaubung auf andere Weise. Zwar mag darüber diskutiert werden können, ob eine vollendete Freiheitsberaubung auf andere Weise auch bei bloßer Vorspiegelung der Bewegungsbeschränkung gegeben ist.[136]

Unstreitig ist jedoch und dies wird durch die Tathandlung des „Einsperrens" herausgestellt, dass das Aussperren – d.h. sich überhaupt an einen Ort zu begeben – sowie das an einem Ort verweilen können, nicht dem Anwendungsbereich des § 239 Abs. 1 StGB unterfallen, weil es nicht die Freiheit der Ortsveränderung betrifft.[137] Der Wendung „einsperrt oder auf andere Weise der Freiheit beraubt" kann ein einheitlicher – den Anwendungsbereich des § 239 Abs. 1 StGB zugleich beschränkender – Grundgedanke, der Schutz der „Freiheit zur Ortsveränderung", entnommen werden.

Schlussfolgernd ist Wach beizupflichten, der zum damaligen § 239 RStGB hervorgehoben hat, dass die Freiheitsberaubung als Angriff auf die Bewegungsfreiheit durch die Wendung „einsperrt oder auf andere Weise des Gebrauchs der persönlichen Freiheit beraubt" gut charakterisiert wird.[138]

b) § 314 Abs. 1 StGB

Wegen gemeingefährlicher Vergiftung wird unter anderem gemäß § 314 Abs. 1 StGB bestraft, wer vergiftete oder mit gesundheitsschädlichen Stoffen vermischte Gegenstände, die zum öffentlichen Verkauf oder Verbrauch bestimmt sind, verkauft, feilhält oder sonst in den Verkehr bringt.

Diese Regelung des § 314 Abs. 1 StGB nennt drei Tathandlungen – verkaufen, feilhalten oder sonst in den Verkehr bringen –. Das Verkaufen und Feilhalten sollen entsprechend der verwendeten Gesetzestechnik „oder sonst" Beispiele für das Inverkehrbringen sein.

---

135 *Fischer*, § 239 Rn. 7.

136 Siehe die Kritik gegenüber der h.M. bei *Fischer*, § 239 Rn. 8.

137 *Fischer*, § 239 Rn. 2 m.w.N.; siehe auch BGH NJW 1984, S. 673 f.

138 *Wach*, Vergleichende Darstellung, AT Bd. VI, S. 41 f.

Das Verkaufen wird als die entgeltliche Übereignung an bestimmte dritte Personen definiert.[139] Unter Feilhalten versteht man das äußerlich als solches erkennbare Bereitstellen zum Zwecke des Verkaufs.[140]

Beiden Tathandlungen wohnt zunächst einmal das Merkmal der Entgeltlichkeit inne. Dies deutet darauf hin, dass auch das sonstige in den Verkehr bringen nur jene Verhaltensweisen umfassen soll, die das Entrichten einer Gegenleistung voraussetzen, beziehungsweise auf das Entrichten einer solchen ausgerichtet sind.

Jedoch wird als Inverkehrbringen i.S.v. § 314 Abs. 1 StGB jede[141] Übertragung der Verfügungsgewalt auf einen unbeteiligten Dritten verstanden, so dass dieser über das Tatobjekt nach Belieben verfügen kann.[142] Eine Eingrenzung auf Verhaltensweisen, die das Entrichten einer Gegenleistung voraussetzen, beziehungsweise auf das Entrichten einer solchen ausgerichtet sind, wird – soweit ersichtlich – überhaupt nicht diskutiert.[143]

Dies dürfte insbesondere daraus resultieren, dass Tatobjekte auch Gegenstände sind, die zum öffentlichen Verbrauch bestimmt sind. Hierzu zählen auch Werbegeschenke und kostenlose Sonntagszeitungen.[144]

Demzufolge kann eine Wechselwirkung zwischen den Tathandlungen des Verkaufens und Feilhaltens zum sonst in den Verkehr bringen dergestalt, dass die Beispiele den Anwendungsbereich des sonstigen Inverkehrbringens um-, beziehungsweise begrenzen, nicht entnommen werden.

Gleichwohl kann eine Wechselwirkung zwischen den Tathandlungen darin zu sehen sein, als dass das Verkaufen und Feilhalten i.S.v. § 314 Abs. 1 StGB typische Verhaltensweisen des Inverkehrbringen im Sinne von Übertragung der Verfügungsgewalt über einen Gegenstand darstellen sollen.

Dies erscheint im Falle des Feilhaltens aber zweifelhaft. Während beim Feilhalten schon das Bereitstellen zum Verkauf genügt, muss beim Inverkehrbringen der Gegenstand aus der eigenen Verfügungsgewalt in einer Art und Weise

---

139 *Fischer*, § 314 Rn. 8.

140 *Lackner / Kühl*, § 314 Rn. 5.

141 Siehe hierzu *Fischer*, § 314 Rn. 8: „Auch leihweises Überlassen genügt."

142 *Heine* in Schönke / Schröder, § 314 Rn. 20.

143 Vgl. aber *Witteck* in Beck`scher Online-Kommentar, § 314 Rn. 13, der unter Hinweis auf Tröndle / Fischer lediglich feststellt, dass Miet- oder Leihverhältnisse ausdrücklich nicht erfasst sind; a.A. jedoch *Fischer*, § 314 Rn. 8: „Auch leihweises Überlassen genügt."

144 *Heine* in Schönke / Schröder, § 314 Rn. 8.

entlassen werden, die es einem anderen ermöglicht, sich dessen zu bemächtigen und nach Belieben damit umzugehen. Zu einer solchen Übertragung der Verfügungsgewalt muss es aber beim Feilhalten noch nicht gekommen sein. Das Feilhalten stellt vielmehr eine Vorstufe vor der Übertragung dar.[145] Ein typisches Beispiel für (vollendetes)[146] Inverkehrbringen bei § 314 Abs. 1 StGB ist das Feilhalten somit nicht.

Insofern ist zu konstatieren, dass die Verwendung der Gesetzestechnik „oder sonst" im Falle des § 314 Abs. 1 StGB insoweit missverständlich ist, wenn sie vorgibt, dass die Tathandlung des Feilhalten ein typisches Beispiel des (vollendeten) Inverkehrbringen ist, was der Definition des Inverkehrbringens bei § 314 Abs. 1 StGB zufolge, fraglich ist.

c) § 326 Abs. 1 StGB

Die Regelung des § 326 Abs. 1 StGB[147] nennt als Tathandlungen das „Behandeln, Lagern, Ablagern, Ablassen oder das sonstige Beseitigen" von bestimmten Abfällen.

Als Behandeln von Abfällen wird jede quantitative und qualitative Veränderung durch Verhaltensweisen bezeichnet, die nicht in erster Linie der wirtschaftlichen Verwertung, sondern der Abfallentsorgung dienen.[148] Lagern ist jede vorübergehende Aufbewahrung, insbesondere eine Zwischenlagerung, mit dem Ziel der späteren Beseitigung des Abfalls.[149] Ablagern ist ein Beseitigen oder „Liegenlassen" mit dem Ziel, sich der Abfälle endgültig zu entledi-

---

145 Insofern ist es nur konsequent, wenn Heine hinsichtlich des Verkaufens den bloßen Abschluss des Kaufvertrages, ungeachtet der Verfügbarkeit des Gegenstandes, für die Vollendung nicht ausreichen lässt; *Heine* in Schönke / Schröder, § 314 Rn. 8; a.A. *Horn* in SK, § 314 Rn. 26.

146 Siehe auch zu der Diskussion um die Frage, ob vollendetes Inverkehrbringen bei § 146 Abs. 1 Nr. 3 StGB schon bei der Eröffnung einer Zugriffsmöglichkeit genügt oder erst dann anzunehmen ist, wenn ein Gewahrsamswechsel stattgefunden oder der andere in sonstiger Weise die Verfügungsgewalt über das Falschgeld tatsächlich erlangt hat, *Wessels,* FS Bockelmann, S. 675 f., der in den zuvor genannten Konstellationen vollendetes Inverkehrbringen verneint.

147 „Wer unbefugt Abfälle, die 1. Gifte oder Erreger von auf Menschen oder Tiere übertragbaren gemeingefährlichen Krankheiten enthalten oder hervorbringen können, 2. [...], 3. [...] oder 4. [...], außerhalb einer dafür zugelassenen Anlage oder unter wesentlicher Abweichung von einem vorgeschriebenen oder zugelassenen Verfahren behandelt, lagert, ablagert, ablässt oder sonst beseitigt, wird [...] bestraft.

148 *Fischer*, § 326 Rn. 7.

149 *Heine* in Schönke / Schröder, § 326 Rn. 10a m.w.N.

gen.[150] Das Ablassen bezieht sich auf Flüssigkeiten und umfasst jegliches Ausfließen ohne Rücksicht auf seine Ursache.[151]

Das sonstige Beseitigen bildet der Gesetzestechnik zu Folge („sonst") den Oberbegriff[152] der vier zuvor genannten Tathandlungen.[153]

Durch die gesetzliche Formulierung „sonst" scheint die Exemplifikationsmethode in § 326 Abs. 1 StGB ihren Niederschlag gefunden zu haben. Dies würde aber voraussetzen, dass die aufgeführten Tathandlungen Beispiele sind, die den Oberbegriff des „sonstigen Beseitigens" näher veranschaulichen. Insofern müsste zum Beispiel das „Lagern" eine charakteristische Form des „Beseitigens" sein. Dies ist insoweit problematisch, da die (eigentliche) Wortbedeutung des Lagerns das Liegen – beziehungsweise Stehenlassen von etwas zur Aufbewahrung oder zur späteren Verwendung (an einen geeigneten Ort) meint.[154] Die Wortbedeutung des Lagerns beschreibt somit nicht per se eine typische Verhaltensweise zur Beseitigung von Abfällen. Vielmehr wird erst aus dem Gesamtkontext des § 326 Abs. 1 StGB insbesondere aus dem Zusammenspiel mit dem „sonst Beseitigen" deutlich, dass das Lagern das Aufbewahren mit dem Ziel, den Abfall der gesetzlich vorgesehenen Abfallentsorgung zu entziehen, pönalisieren soll. Die Wortbedeutung des Lagern selbst kennzeichnet allein jedoch nicht eine typische Verhaltensweise des Beseitigens von Abfällen.

Insofern spiegelt die Regelung des § 326 Abs. 1 StGB nicht die Exemplifikationsmethode wider. Zwar empfangen die einzelnen Tathandlungen durch das „sonst Beseitigen" dergestalt Charakteristik, als dass das „Behandeln, Lagern, Ablagern und Ablassen" auf das Entziehen des Abfalls vor der gesetzlich vorgesehenen Abfallentsorgung gerichtet sein muss. Aus der Wortbedeutung der einzelnen Verhaltensweisen lässt sich diese Zweckrichtung gleichwohl nicht entnehmen.

150 *Fischer*, § 326 Rn. 7b.

151 *Lackner / Kühl*, § 326 Rn. 7b.

152 *Lackner / Kühl*, § 326 Rn. 7a.

153 Es soll darüber hinaus alle übrigen Handlungen erfassen, mit denen der Täter Abfall auf unzulässige und unkontrollierte Weise der gesetzlich vorgesehenen Abfallentsorgung entzieht; *Heine* in Schönke / Schröder, § 326 Rn. 10.

154 Duden, Deutsches Universalwörterbuch, 5. Aufl., 2003, Stichwort: lagern.

d) §§ 130 Abs. 2, 131 Abs. 1 StGB

Auch die Tatbestände der Volksverhetzung gem. § 130 StGB und der Gewaltdarstellung gem. § 131 StGB enthalten innerhalb der genannten Tathandlungen die gesetzliche Formulierung „oder sonst".

Die Tathandlungen der §§ 130 Abs. 2 und 131 Abs. 1 StGB stimmen im Wortlaut bis auf formale Gliederungspunkte (vgl. § 130 Abs. 2 Nr. 1 a) bis d) StGB; demgegenüber § 131 Abs. 1 Nr. 1 bis 4 StGB) überein und lauten:[155]

> „Wer[156] Schriften […] a) verbreitet, b) öffentlich ausstellt, anschlägt, vorführt oder sonst zugänglich macht oder c) einer Person unter achtzehn Jahren anbietet, überlässt oder zugänglich macht oder d) herstellt, bezieht, liefert, vorrätig hält, anbietet, ankündigt, anpreist, einzuführen oder auszuführen unternimmt, um sie oder aus ihnen gewonnene Stücke im Sinne der Buchstaben a bis c zu verwenden oder einem anderen eine solche Verwendung zu ermöglichen […]."

Die Tathandlungen des „Verbreitens, öffentlich Ausstellens, Anschlagens, Vorführens oder sonst Zugänglichmachens" deuten auf den ersten Blick auf die Exemplifikationstechnik hin.

Diese setzt aber zunächst einmal voraus, dass zum Beispiel das Verbreiten auch unter das sonstige öffentliche Zugänglichmachen zu fassen ist.

Verbreiten bedeutet die mit einer körperlichen Weitergabe der Schrift verbundene Tätigkeit, die darauf gerichtet ist, die Schrift ihrer Substanz nach einem größeren Personenkreis zugänglich zu machen, wobei dieser nach Zahl und Individualität so groß sein muss, dass er für den Täter nicht mehr kontrollierbar ist.[157] Hierbei genügt die Weitergabe eines Exemplars der Schrift aus, wenn dies mit dem Willen geschieht, der Empfänger werde die Schrift durch körperliche Weitergabe einem größeren Personenkreis zugänglich machen oder wenn der Täter mit einer Weitergabe an eine größere, nicht mehr zu kontrollierende Zahl von Personen rechnet.[158]

Demgegenüber wird unter Zugänglichmachen die Eröffnung der Möglichkeit eines anderen verstanden, sich durch sinnliche Wahrnehmung vom Inhalt der

---

155 Exemplarisch wird die Regelung des § 130 Abs. 2 Nr. 1 StGB genannt.

156 Allgemein zum sog. „Wer […]"-Typus als Grundmodell, F.-C. Schroeder, GS Zipf, S. 153.

157 BGH NJW 2005, S. 689 (690 f.).

158 BGH NJW 2005, S. 689 (690 f.).

Schrift Kenntnis zu verschaffen.[159] Dies kann entweder durch Wahrnehmung des Erzeugnisses in seiner Substanz oder in seinem Inhalt geschehen.[160]

Das Zugänglichmachen muss weiterhin öffentlich erfolgen. Dies ist dann gegeben, wenn die Möglichkeit der Wahrnehmung durch eine unbestimmte Vielzahl von Personen eröffnet ist.[161]

An diesem öffentlichen Zugänglichmachen wird deutlich, dass das Verbreiten nicht unter das öffentliche Zugänglichmachen fällt. Beim Verbreiten genügt schon die nicht öffentliche Weitergabe der Schrift mit dem Willen, der Empfänger werde die Schrift durch körperliche Weitergabe einem größeren Personenkreis zugänglich machen oder wenn der Täter mit einer Weitergabe an eine größere, nicht mehr zu kontrollierende Zahl von Personen rechnet.[162] Das öffentliche Zugänglichmachen kann dem Verbreiten damit nachfolgen. Es entspricht diesem aber nicht.

Darüber hinaus belegen die weiteren unter §§ 130 Abs. 2 Nr. 1 c) und d) StGB; 131 Abs. 1 Nr. 3 und 4 StGB genannten Tathandlungen, dass die Gesetzestechnik „oder sonst“ weniger als Oberbegriffsbildung zur Spezifizierung der sämtlichen zu pönalisierenden Verhaltensweisen dient, sondern lediglich als Ergänzung zu den weiteren Tathandlungen aufgeführt wird.[163] Dies ergibt sich bereits aus der gesetzlichen Anordnung und Aufzählung der Tathandlungen.

Von einer Verwendung der Exemplifikationsmethode kann diesbezüglich allenfalls insoweit gesprochen werden, als das öffentliche Ausstellen, Anschlagen, Vorführen typische Verhaltensweisen für das sonstige Zugänglichmachen sind.

Bezüglich der als absolute Herstellungs- und Verbreitungsverbote[164] bezeichneten §§ 130, 131 StGB belegt Scheffler dies durch die Auflösung der Bezugnahmen der

---

159 BGH NJW 2005, S. 689 (690 f.).

160 BGH NJW 2005, S. 689 (690 f.).

161 BGH NJW 2005, S. 689 (690 f.).

162 BGH NJW 2005, S. 689 (690 f.).

163 *Scheffler*, Strafgesetzgebungstechnik in Deutschland und Europa, S. 77.

164 *Beisel,* NJW 1995, S. 999 bzgl. § 130 Abs. 2 StGB; *Beisel / Heinrich,* NJW 1996, S. 496 bzgl. § 131 StGB; *v. Bubnoff* in LK, § 130 Rn. 39 u. § 131 Rn. 30: „generelles Herstellungs- und Verbreitungsverbot“; siehe ebenso bzgl. § 131 StGB *Miebach / Schäfer* in Münch-Komm, § 131 Rn. 39; vgl. bzgl. § 131 StGB auch *Rackow*, Fragmentarisches Strafrecht, S. 212 f. Racke konstatiert, dass § 131 StGB von Anfang an als eine Norm intendiert war, die über die Grenzen möglicher Rechtsanwendung hin-

jeweils im Wortlaut identischen vierten Alternative (§130 Abs. 2 Nr. 1 d) StGB; § 131 Abs. 1 Nr. 4 StGB), welche sich dann wie folgt lesen:[165] „Wer volksverhetzende [beziehungsweise gewaltverherrlichende] Schriften herstellt, bezieht, liefert, vorrätig hält, anbietet, ankündigt, anpreist, einzuführen oder auszuführen unternimmt, um sie oder aus ihnen gewonnene Stücke zu verbreiten, öffentlich auszustellen, anzuschlagen, vorzuführen oder sonst zugänglich zu machen, einer Person unter achtzehn Jahren anzubieten, zu überlassen oder zugänglich zu machen, oder einem anderen eine solche Verwendung zu ermöglichen, wird bestraft".

Die Schwierigkeit, bei dieser Verbenkumulation die einzelnen Tathandlungen untereinander abzugrenzen, verdeutlicht eine Entscheidung des BGH aus dem Jahre 2004.[166] Der BGH hatte über folgenden Sachverhalt zu entscheiden:

> „Der Angekl. war Landesvorsitzender des Landesverbands Thüringen des Bundes der Vertriebenen und auf Bundesebene dessen Vizepräsident. Am 9. November 2001 fand in der Stadthalle in A. der Verbandstag des Landesverbands Thüringen statt, auf dem der Angekl. als Landesvorsitzender einen Rechenschaftsbericht zu erstatten hatte. Der von ihm erstellte Rechenschaftsbericht lag in schriftlicher Form vor und wurde in fünf vorbereiteten Pressemappen im Eingangsbereich der Stadthalle von der Pressereferentin des Landesverbands für geladene Pressevertreter bereitgehalten. Ausgehändigt wurden Pressemappen zunächst an den bei der Rede anwesenden Journalisten *K* der Thüringer Allgemeinen Zeitung und später an den Reporter des MDR 1 Radio Thüringen *S*, der die Rede des Angekl. selbst aber nicht mit angehört hatte und darüber auch nicht berichtete. Der Text des Rechenschaftsberichts war nach den handschriftlichen Vorgaben des Angekl. von der Zeugin *H* in Maschinenschrift umgesetzt worden. Das Deckblatt des Rechenschaftsberichts enthielt den Vermerk „Sperrfrist: 9.11.2001, 9.30 Uhr. Es gilt das gesprochene Wort!" Der Rechenschaftsbericht enthielt folgende Passage: […].
>
> Der in der Pressemappe enthaltene Rechenschaftsbericht wurde vom Angekl. in veränderter Form vor den etwa 200 Delegierten mündlich vorgetragen. Dabei formulierte er diese Passage wie folgt: […].
>
> Am 9. November 2001 verfasste der bei der Rede anwesende Journalist *K* der Thüringer Allgemeinen Zeitung einen Artikel, in dem er den Angekl. wegen dessen Äußerungen vor den Delegierten, insbesondere in Bezug auf die betreffende Passage des Rechenschaftsberichts, scharf angriff."

Ein Verbreiten i.S.v. § 130 Abs. 2 Nr. 1 a) StGB hat der BGH zwar ebenso wie das LG verneint, weil der in der Presseerklärung enthaltene schriftliche Rechenschaftsbericht als solcher nicht verbreitet wurde, sondern nur dessen Inhalt im Zusammenhang mit der Rede des Angeklagten Gegenstand der Ver-

---

aus ein Signal gegen Brutalisierungstendenzen in der Gesellschaft setzen sollte. Racke spricht insoweit von symbolischer Gesetzgebung.

165 *Scheffler*, Strafgesetzgebungstechnik in Deutschland und Europa, S. 61: „zugegebenermaßen etwas böswilliger Auflösung."

166 BGH NJW 2005, S. 689 (690 f.).

öffentlichung in der Thüringer Zeitung war. Auch liege in der Weitergabe von zwei Pressemappen selbst nach den getroffenen Feststellungen noch kein Verbreiten vor, da weder eine Ketten-[167] noch eine Mengenverbreitung[168] gegeben sei.

Der BGH hat jedoch in dem Umstand, dass fünf Pressemappen bereitgehalten wurden und nach den getroffenen Feststellungen Einladungen zu dem Verbandstag an Vertreter von verschiedenen Zeitungen, Agenturen, des Fernsehens und des Rundfunks verschickt worden waren, ein öffentliches Zugänglichmachen i.S.v. § 130 Abs. 2 Nr. 1 b) StGB für nahe liegend gehalten.[169] Hieran ändere nichts, dass zu dem Verbandstag neben den Delegierten nur Pressevertreter, nicht aber die sonstige Öffentlichkeit zugelassen war und der Bericht nur auf Anforderung und nur an einen ganz bestimmten, eng begrenzten Personenkreis persönlich ausgegeben wurde. Da die Pressevertreter ein Teil der Öffentlichkeit sind, konnten dadurch eine unbestimmte Zahl von Personen von den Manuskripten Kenntnis nehmen.

Darüber hinaus hat der BGH auch die Tatbestandsalternative des Vorrätighaltens zum Zwecke der Verbreitung i.S.v. § 130 Abs. 2 Nr. 1 d) StGB für naheliegend gehalten, da fünf Pressemappen bereitlagen, etwa 15 Pressevertreter eingeladen waren und nur zwei Exemplare weitergegeben wurden.[170]

e) §§ 184a, 184b Abs. 1 StGB

Der Gesetzessystematik der zuvor dargestellten §§ 130 Abs. 2, 131 Abs. 1 StGB ähneln die auch als „absolute Verbote“[171] bezeichneten Straftatbestände des § 184a StGB (Verbreitung gewalt- oder tierpornographischer Schriften) und des § 184b StGB (Verbreitung, Erwerb und Besitz kinderpornographischer Schriften). Diese beinhalten in §§ 184a und 184b Abs. 1 StGB jeweils 14 übereinstimmende Tathandlungen:

---

167 Kettenverbreitung ist die Weitergabe eines Exemplars der Schrift mit dem Willen, der Empfänger werde die Schrift durch körperliche Weitergabe einem größeren Personenkreis zugänglich machen oder wenn der Täter mit einer Weitergabe an eine größere, nicht mehr zu kontrollierende Zahl von Personen rechnet; siehe BGH NJW 2005, S. 690.

168 Mengenverbreitung ist die Aushändigung einer Vielzahl gleicher Exemplare an verschiedene Abnehmer, hierzu BGH NJW 2005, S. 690.

169 BGH NJW 2005, S. 690.

170 BGH NJW 2005, S. 690 f.

171 *Fischer*, § 184 Rn. 3; Hörnle spricht bezogen auf § 184b Abs. 1 StGB von einem Verteilungsverbot und bei den Absätzen 2 und 4 des § 184b StGB von Besitz- und

> „Wer [...] 1. verbreitet, 2. öffentlich ausstellt, anschlägt, vorführt oder sonst zugänglich macht oder 3. herstellt, bezieht, liefert, vorrätig hält, anbietet, ankündigt, anpreist, einzuführen oder auszuführen unternimmt."[172]

Zwar wird auch hier im Rahmen der Tathandlungen in Nummer 2 die Formulierung „oder sonst zugänglich macht" verwendet. Jedoch bildet diese Formulierung unter Zugrundelegung der Gesetzessystematik ebenso wie im Rahmen der als absolute Herstellungs- und Verbreitungsverbote[173] bezeichneten §§ 130, 131 StGB keine Oberbegriffsbildung hinsichtlich sämtlicher zu pönalisierender Verhaltensweisen, sondern nur eine Ergänzung zu den weiteren unter Nr. 1 und Nr. 3 aufgeführten Tathandlungen.

Insbesondere werden von der Nr. 3 nur Vorbereitungshandlungen, wie beispielsweise das Herstellen, des Zugänglichmachens erfasst.

f) Zwischenergebnis

Ebenso wie im Bereich der Tatobjekte gibt es auch im Bereich der Tathandlungen Vorschriften im StGB, welche die Wachsche Exemplifikationstechnik verkörpern – so bei § 239 Abs. 1 StGB.

Weiterhin ist festzustellen, dass im Bereich der Tathandlungen die gesetzliche Formulierungstechnik „oder sonst" nicht generell zwingendes Indiz für die Verwendung der Exemplifikationsmethode von Wach sein muss.

Teilweise mangelt es an der notwendigen Wechselwirkung zwischen den jeweiligen aufgeführten Beispielshandlungen und der als Oberbegriff gesetzlich („oder sonst") hervorgehobenen Tathandlung dergestalt, dass – wie im Falle von § 314 Abs. 1 StGB – das Feilhalten gerade kein den Oberbegriff des sonstigen Inverkehrbringen charakteristisches Verhalten ist.

Beschaffungsverboten; *Hörnle* in Münch-Komm, § 184b Rn. 2: „weiter Ring von Strafverboten."

172 Siehe zur Neustrukturierung des Pornographiestrafrechts durch das SexualdelÄndG vom 27. Dezember 2003, vgl. auch *Scheffler,* FS Herzberg, S. 627 ff.

173 *Beisel,* NJW 1995, S. 999 bzgl. § 130 Abs. 2 StGB; *Beisel / Heinrich,* NJW 1996, S. 496 bzgl. § 131 StGB; *v. Bubnoff* in LK, § 130 Rn. 39 u. § 131 Rn. 30: „generelles Herstellungs- und Verbreitungsverbot"; siehe ebenso bzgl. § 131 StGB *Miebach / Schäfer* in Münch-Komm, § 131 Rn. 39; vgl. bzgl. § 131 StGB auch *Rackow*, Fragmentarisches Strafrecht, S. 212 f. Racke konstatiert, dass § 131 StGB von Anfang an als eine Norm intendiert war, die über die Grenzen möglicher Rechtsanwendung hinaus ein Signal gegen Brutalisierungstendenzen in der Gesellschaft setzen sollte. Racke spricht insoweit von symbolischer Gesetzgebung.

Darüber hinaus lassen sich zwei gesetzessystematische Kategorien unterscheiden.

Die Erste ist dadurch gekennzeichnet, dass die normierten Beispiele selbst einen einheitlichen Rechtsgedanken nicht erkennen lassen, sondern dieser erst durch den Oberbegriff in die Beispiele hineingetragen beziehungsweise hineininterpretiert wird.

Deutlich wurde dies bei der Regelung des § 326 Abs. 1 StGB hinsichtlich des Verhältnisses des Lagerns zum sonstigen Beseitigen. Wie festgestellt wurde, umschreibt das Lagern seiner Wortbedeutung nach keine typische Verhaltensweise für das Beseitigen. Erst das Beseitigen trägt zu dem das Lagern kennzeichnenden Aufbewahren eine bestimmte (subjektive) Zielrichtung in das Lagern hinein. Das Lagern muss demnach auf ein Entziehen des Abfalls vor der gesetzlich vorgeschriebenen Entsorgung ausgerichtet sein.[174]

Bei dieser Kategorie der Gesetzestechnik werden zwar die aufgeführten Beispiele durch den Oberbegriff charakterisiert. Umgekehrt fehlt es den Beispielen jedoch an einen den Oberbegriff veranschaulichenden gemeinsamen Nenner.

Die zweite Kategorie findet sich vornehmlich im Rahmen von allgemeinen Herstellungs- und Verbreitungsverboten (§§ 130 Abs. 2, 131 Abs. 1 StGB; §§ 184a, 184b Abs. 1 StGB). Die Formulierungstechnik „oder sonst“ wird nicht als Oberbegriffsbildung hinsichtlich sämtlicher zu pönalisierender Verhaltensweisen, sondern nur als Ergänzung zu weiteren zu pönalisierenden Verhaltensweisen eingesetzt. Eine der Exemplifikationsmethode immanente Aufzählung von bestimmten Tathandlungen, die unter eine als Oberbegriff aufgeführte Tathandlung die unter Strafe zu stellenden Verhaltensweisen zusammenfasst, erfolgt hierbei nicht.

III. Exemplifikationsmethode als Ausweg aus sog. horizontaler Kasuistik bei Tathandlungen?

1. Begriffsklärung: horizontale Kasuistik

Der Begriff der horizontalen Kasuistik taucht – soweit ersichtlich – erstmalig bei Scheffler auf, der darunter das unsystematische Nebeneinanderstellen von einzelnen Begriffen versteht.[175] Insbesondere im Bereich der sog. Umgangs-

---

174 Siehe auch *Lackner / Kühl*, § 326 Rn. 7, der darauf abstellt, dass die Voraussetzungen des Beseitigens von allen Tathandlungen erfüllt werden müssen.

175 *Scheffler*, Strafgesetzgebungstechnik in Deutschland und Europa, S. 55.

und Verbreitungsverbote[176] habe die horizontale Kasuistik im Rahmen der Tathandlungen eine Renaissance erfahren.[177] Scheffler verweist hierbei unter anderem auf die Bestimmungen des Nebenstrafrechts des § 29 Abs. 1 BtMG,[178] § 52 Abs. 3 Nr. 1 WaffG[179] sowie auf § 20 Abs. 1 Nr. 1,[180] Nr. 1a[181] und Nr. 2[182] KWKG.[183] Weiterhin nimmt er explizit auf die Verbenkumulation der zuvor untersuchten Herstellungs- und Verbreitungsverbote der §§ 130 Abs. 2, 131 Abs. 1 StGB; §§ 184a, 184b Abs. 1 StGB Bezug.[184]

Scheffler spricht hinsichtlich dieser Verbenkumulation auch von sog. Schrotschusstechnik.[185] Eine Technik, die den Versuch der Generalisierung der zu pönalisierenden Tathandlungen durch Worte wie „Umgang haben“ oder „Verkehren“ nicht einmal im Ansatz unternimmt und eine konkrete, begrenzende

176 Dieser Tatbestandstyp zeichnet sich dadurch aus, dass er jeden Verkehr mit bestimmten Dingen, wie beispielsweise Betäubungsmitteln, oder Schriften mit pornographischen, gewaltverherrlichenden Inhalts pönalisieren soll, siehe *Scheffler*, Strafgesetzgebungstechnik in Deutschland und Europa, S. 55; vgl. zu dieser „modernen Tatbestandsfigur“ *Vogel*, GA 2003, S. 324.

177 *Scheffler*, Strafgesetzgebungstechnik in Deutschland und Europa, S. 55.

178 „Mit […] wird bestraft, wer Betäubungsmittel unerlaubt anbaut, herstellt, mit ihnen Handel treibt, sie, ohne Handel zu treiben, einführt, ausführt, veräußert, abgibt, sonst in den Verkehr bringt, erwirbt oder sich in sonstiger Weise verschafft“; als Realsatire zu dieser Schrotschusstechnik siehe die Bezugnahme Schefflers Strafgesetzgebungstechnik in Deutschland und Europa, S. 64, auf den ultimativen „Vorschlag zur Strafrechtsreform“ von Hans Magnus Enzensberger: Bestraft werden solle, wer „eine Handlung herbeiführt oder abwendet / oder vornimmt oder unterläßt / oder verursacht oder erschwert / oder betreibt oder verhindert / oder unternimmt oder verübt oder bewirkt oder begeht / oder befördert oder beeinträchtigt / oder befördert und beeinträchtigt / oder befördert und nicht beeinträchtigt / oder beeinträchtigt und nicht befördert / oder weder befördert noch beeinträchtigt.“

179 „Mit Freiheitsstrafe bis zu drei Jahren oder mit Geldstrafe wird bestraft, wer […] entgegen § 2 Abs. 1 oder 3, jeweils in Verbindung mit Anlage 2 Abschnitt 1 Nr. 1.2.2 bis 1.2.4, 1.3.1 bis 1.3.3, 1.3.5, 1.3.7, 1.3.8, 1.4.1 Satz 1, 1.4.2 bis 1.4.4 oder 1.5.3 bis 1.5.5, einen dort genannten Gegenstand erwirbt, besitzt, überlässt, führt, verbringt, mitnimmt, herstellt, bearbeitet, instand setzt oder damit Handel treibt.“

180 „Mit Freiheitsstrafe […] wird bestraft, wer biologische oder chemische Waffen entwickelt, herstellt, mit ihnen Handel treibt, von einem anderen erwirbt oder einem anderen überläßt, einführt, ausführt, durch das Bundesgebiet durchführt oder sonst in das Bundesgebiet oder aus dem Bundesgebiet verbringt oder sonst die tatsächliche Gewalt über sie ausübt.“

181 „einen anderen zu einer in Nummer 1 bezeichneten Handlung verleitet.“

182 „eine in Nummer 1 bezeichnete Handlung fördert.“

183 *Scheffler*, Strafgesetzgebungstechnik in Deutschland und Europa, S. 56 ff.

184 *Scheffler*, Strafgesetzgebungstechnik in Deutschland und Europa, S. 61.

185 *Scheffler*, Strafgesetzgebungstechnik in Deutschland und Europa, S. 55, 61.

Wortbedeutung nur vorgaukelt, weil irgendeine andere aufgeführte Tathandlung einschlägig bleibt.[186]

2. *Auffassung Schefflers*

Zur Vermeidung der sog. Schrotschusstechnik, die „vielleicht unter Zuhilfenahme eines Synonymlexikons“[187] alle erdenklichen Tathandlungen enumerativ aufführt, befürwortet Scheffler für den Bereich der horizontalen Kasuistik bei den Tathandlungen, insbesondere für die sog. Umgangsverbote, die Wachsche Exemplifikationsmethode, indem er den Gedanken Wachs, dass die kasuistischen Enumerationen genauso „treffende Rechtsgedanken veranschaulichen“ sollen, wie „wiederum die Aufzählung selbst durch die hinzugefügte Generalisierung wesentliche Charakteristik empfangen muß“, überträgt.[188]

Scheffler verweist exemplarisch insoweit auf die Regelung des Umgangsverbots mit Sprengstoff in der Schweiz, den Art. 37 Ziff. 1 SprengstoffG:

> „Wer […] mit Sprengmitteln […], verkehrt, insbesondere solche herstellt, lagert, besitzt, einführt, abgibt, bezieht, verwendet oder vernichtet.“[189]

3. *Eigene Auffassung*

a) Grundsätzliche Übertragbarkeit der Ausführungen Wachs auf horizontale Kasuistik bei Tathandlungen

Zunächst einmal ist Scheffler darin beizupflichten, als dass sich die Ausführungen Wachs bezüglich der Verwendung der Exemplifikationsmethode grundsätzlich auch auf den Bereich der Tathandlungen bezogen.[190] Hierbei ist aber nicht zu übersehen, dass Wach selbst nur die Freiheitsberaubung (§ 239 RStGB) als eine die Exemplifikationsmethode kennzeichnende Regelung hinsichtlich Tathandlungen aufführte. Sämtliche weiteren von Wach genannten Beispiele betrafen nur Tatobjekte.

Tatsächlich gab es im Bereich der Tathandlungen im RStGB kaum weitere Beispiele für die Verwendung der Exemplifikationsmethode. Lediglich die Vorschriften der

---

186 *Scheffler*, Strafgesetzgebungstechnik in Deutschland und Europa, S. 62 ff.; vgl. auch *Degener*, FS Stree / Wessels, S. 325, jedoch ganz allgemein die Frage aufgeworfen hat, ob nicht auch im Rahmen der Festlegung strafbarkeitsbegründender Merkmale die Technik allerdings offener Exemplifizierung Abhilfe böte.

187 *Scheffler*, Strafgesetzgebungstechnik in Deutschland und Europa, S. 64.

188 *Scheffler*, Strafgesetzgebungstechnik in Deutschland und Europa, S. 78.

189 *Scheffler*, Strafgesetzgebungstechnik in Deutschland und Europa, S. 78.

190 Siehe hierzu schon unter Gliederungspunkt 2. Teil C) I.

§ 142 Abs. 1[191] und § 169 Abs. 1[192] RStGB enthielten diese. Die gesetzliche Formulierungstechnik „oder sonst“ war auch schon im StGB von 1871 nicht zwingender gesetzestechnischer Anhaltspunkt für die Exemplifikationsmethode, wie die Regelungen des § 259[193] und des § 184[194] RStGB belegen. In diesen Normen diente die Formulierung „oder sonst“ nicht der Oberbegriffsbildung hinsichtlich sämtlicher zu pönalisierender Verhaltensweisen, sondern war nur Ergänzung zu weiteren zu pönalisierenden Verhaltensweisen.

b) Problematik der gesetzestechnischen Umsetzung der Exemplifikationsmethode bei Umgangsverboten

Die Umsetzung der Exemplifikationsmethode im Bereich der Tathandlungen –speziell bei den Umgangsverboten – scheint nicht frei von Bedenken.

Hierbei soll nicht in Abrede gestellt werden, dass die Anwendung der Exemplifikationsmethode auch in diesem speziellen Bereich von Vorteil wäre. Die gesetzestechnische Voranstellung eines Oberbegriffs, wie beispielsweise das „Verkehren“ in Art. 37 Ziff. 1 SprengstoffG der Schweiz, verdeutlicht dem Normadressaten zunächst einmal die Grundintention des Gesetzgebers, die Aufstellung eines umfassenden Verbots bezüglich Sprengmitteln. Die nachfolgende Aufzählung von typischen Verhaltensweisen vermag den Oberbegriff zu veranschaulichen. Zudem stellt die Verbindung des Oberbegriffs mit den Beispielen klar, dass die Aufzählung nicht abschließend ist.

Eine solche aus dem Gesetzeswortlaut abzuleitende Grundaussage ist bei der Verwendung der kasuistischen Methode durch die bloße Aneinanderreihung einer Vielzahl von Verben nicht mehr hinreichend entnehmbar.

---

191 „Wer sich vorsätzlich durch Selbstzerstümmelung oder auf andere Weise zur Erfüllung der Wehrpflicht untauglich macht oder durch einen anderen untauglich machen lässt, wird […] bestraft.“

192 „Wer ein Kind unterschiebt oder vorsätzlich verwechselt, oder wer auf andere Weise den Personenstand eines Anderen vorsätzlich verändert oder unterdrückt, wird […] bestraft.“

193 „Wer seines Vortheils wegen Sachen, von denen er weiß oder den Umständen nach annehmen muß, daß sie mittels einer strafbaren Handlung erlangt sind, verheimlicht, ankauft, zum Pfande nimmt oder sonst an sich bringt oder zu deren Absatze bei Anderen mitwirkt, wird […] bestraft.“

194 „Wer unzüchtige Schriften, Abbildungen oder Darstellungen verkauft, vertheilt oder sonst verbreitet, oder an Orten, welche dem Publikum zugänglich sind, ausstellt oder anschlägt, wird [...] bestraft.“

Beispielsweise ist aus dem Katalog[195] des § 29 Abs. 1 BtMG, der in Nr. 1 das unerlaubte Anbauen, Herstellen, Handel treiben, die Einfuhr, die Ausfuhr, das Veräußern, das Abgeben, das sonst in den Verkehr bringen, das Erwerben oder das sich in sonstiger Weise verschaffen; in Nr. 3 BtMG das unerlaubte Besitzen von Betäubungsmitteln; in Nr. 10 BtMG das einem anderen Verschaffen oder Gewähren einer Gelegenheit zum unbefugten Erwerb oder zur unbefugten Abgabe, das öffentliche oder eigennützige Mitteilen einer solchen Gelegenheit oder das Verleiten eines anderen zum unbefugten Verbrauch von Betäubungsmitteln unter Strafe stellt, kaum mehr erkennbar, dass der Eigenkonsum von Betäubungsmitteln nicht unter diesen Katalog fallen soll.[196] Ebenso kann bei den §§ 184a, 184b Abs. 1 StGB aus dem Gesetzestext nicht herausgelesen werden, ob es überhaupt noch Verhaltensweisen gibt, die nicht unter die entsprechenden explizit aufgeführten Tathandlungen zu subsumieren sind.[197]

Gleichwohl ist der Frage nachzugehen, ob die Verwendung der Exemplifikationsmethode auch tatsächlich in dem speziellen Bereich der Umgangs- und Verbreitungsverbote gesetzestechnisch realisierbar ist.

Dies setzt gerade im Bereich von Umgangs- oder Verbreitungsverboten voraus, dass sich auch Oberbegriffe finden lassen, die es ermöglichen, sämtliche Verhaltensweisen, die der Gesetzgeber unter Strafe stellen will, zu umfassen.

Die Problematik der Findung derartiger (umfassender) Oberbegriffe soll an dem von Scheffler aufgeführten Beispiel des Art. 37 Ziff. 1 SprengstoffG der Schweiz verdeutlicht werden.

---

195 Ziel es ist, mit einer möglichst lückenlosen Erfassung von Tatbegehungsweisen eine wirksame Bekämpfung des illegalen Umgangs mit Betäubungsmittel zu ermöglichen; siehe hierzu *Körner*, BtMG, § 29 Rn. 3; *Hecker*, Europäisches Strafrecht, § 11 Rn. 83: „flächendeckende und lückenlose Erfassung"; *Scheffler*, Strafgesetzgebungstechnik in Deutschland und Europa, S. 56 f.

196 *Körner*, BtMG § 29 Rn. 1078; *Eberth / Müller*, Verteidigung in Betäubungsmittelstrafsachen, Rn. 23; *Slotty*, NStZ 1981, S. 322; vgl. auch *Endriß / Kinzig*, NJW 2001, S. 3219, die den Verlust an Rechtsstaatlichkeit und die Auflösung der Tatbestandsbestimmtheit beklagen. *Endriß / Kinzig* wörtlich: „Aus dem ehedem beabsichtigten Füllen einer Lücke ist eine Grube geworden, in die unterschiedslos alle fallen können, ohne Rücksicht darauf, wie sehr sie in Betäubungsmittelgeschäfte verstrickt sind."

197 Bezeichnend insoweit die Kommentierung *Fischers* zu § 184a Rn. 9: „Gegenüber § 184 I sind sie [Tathandlungen] insoweit *weiter* [Hervorhebung von dort], als zwischen Verbreitungshandlungen an Erwachsene und Jugendliche nicht unterschieden wird; *enger* insoweit, als Weitergabe oder Zugänglichmachen an individualisierte einzelne Personen (§ 184 I Nr. 1, Nr. 6) nicht erfasst sind. Das Verschaffen des Besitzes sowie der Besitz selbst sind, anders als in § 184 b II, IV, nicht strafbar, soweit solche Handlungen nicht von § 184 I erfasst werden. Nr. 3 [Hervorhebung von dort] […] enthält neben auf Verbreiten oder öffentliches Zugänglichmachen gerichteten selbständigen Vorbereitungsdelikten auch die Unternehmensdelikte [Hervorhebung von dort] der Ein- und Ausfuhr."

Unter dem Oberbegriff des „Verkehrens“ mit Sprengmitteln will der Gesetzgeber in Art. 37 Ziff. 1 SprengstoffG der Schweiz insbesondere das Herstellen, Lagern, Besitzen, Einführen, Abgeben, Beziehen, Verwenden und das Vernichten verstanden wissen. Folgt man dieser Gesetzessystematik, sollen sämtliche aufgeführten Tathandlungen dem Oberbegriff des „Verkehrens“ unterfallen. Legt man einmal die allgemeine Wortbedeutung des „Verkehrens“ als mit etwas Kontakt haben zu Grunde,[198] erscheint die Einbeziehung des Herstellens unter diesen Oberbegriff zweifelhaft. Herstellen bedeutet zunächst einmal das Schaffen beziehungsweise Anfertigen von etwas,[199] im Fall von Art. 37 Ziff. 1 SprengstoffG der Schweiz das Anfertigen von Sprengmitteln. Das Herstellen stellt eine Vorstufe des Verkehrens dar. Es beschreibt seiner Wortbedeutung nach aber keine typische Erscheinungsform des Kontakthabens von Sprengmitteln im Sinne des Verkehrens.

Folglich wird im Ergebnis die Verwendung der Exemplifikationsmethode nur formal gesetzestechnisch vorgegeben. Inhaltlich spiegelt das Verhältnis des Herstellen zum Verkehren aber nicht diese Gesetzestechnik wider. Will der Gesetzgeber gleichwohl das Herstellen von Sprengmitteln erfassen, muss er dies als eine weitere Begehungsweise neben dem „Verkehrens“ und nicht als Unterfall dessen aufführen.

Die Schwierigkeit, im Bereich der Tathandlungen Oberbegriffe aufzustellen und diese mit typischen Beispielen näher zu umschreiben, zeigt sich auch am Beispiel des Inverkehrbringen. Das Inverkehrbringen bildet – wie bereits dargestellt[200] – in § 314 Abs. 1 StGB einen Oberbegriff (arg. „sonst“), der auch das Feilhalten mitumfasst.[201] Dies kann als gesetzessystematischer Anhaltspunkt dafür gewertet werden, dass das Feilhalten im Allgemeinen als eine typische Verhaltensform des Inverkehrbringen zu werten ist. Dem steht jedoch entgegen, dass das Feilhalten und Inverkehrbringen in § 148 Abs. 1 Nr. 3 StGB[202] nebeneinander (ohne „sonst“) aufgeführt sind. Weiterhin soll das allein aufgeführte Inverkehrbringen innerhalb von § 219b Abs. 1 StGB[203]

198 Vgl. Duden, Deutsches Universalwörterbuch, Stichwort: verkehren.

199 Vgl. Duden, Deutsches Universalwörterbuch, Stichwort: herstellen.

200 Siehe hierzu unter Gliederungspunkt 2. Teil C) II. 1. b) bb).

201 Vgl. auch § 2 Nr. 13 PflanzenschutzG, nach dem das Inverkehrbringen das Anbieten, Vorrätighalten zur Abgabe, Feilhalten und jedes andere Abgeben an andere umfasst.

202 „Mit […] wird bestraft, wer Nr. 3. falsche amtliche Wertzeichen als echt verwendet, feilhält oder in Verkehr bringt.“

203 „Wer in der Absicht, rechtswidrige Taten nach § 218 zu fördern, Mittel oder Gegenstände, die zum Schwangerschaftsabbruch geeignet sind, in den Verkehr bringt, wird […] bestraft.“

(Inverkehrbringen von Mitteln zum Abbruch der Schwangerschaft) das Feilhalten als Vorbereitungshandlung gerade nicht mit umfassen.[204]

Damit lässt sich festhalten, dass die Anwendung der Exemplifikationsmethode nur dann Geltung erlangen kann, wenn Klarheit über den Anwendungsbereich, insbesondere die Reichweite des Oberbegriffs herrscht. Der Exemplifikationsmethode ist ein Über- und Unterordnungsverhältnis der Begrifflichkeiten immanent.

Neben dieser zuvor aufgezeigten Schwierigkeit, eine – ein generelles Verbot – kennzeichnende Verhaltensweise zu benennen, wird sich dann die weitere Frage stellen, welche Handlungen der Gesetzgeber als typische Verhaltensweisen beispielhaft aufführen will, um den Oberbegriff für den Normadressaten und den Rechtsanwender in charakteristischer Art und Weise zu konkretisieren. Hierfür wird der Gesetzgeber sich zunächst einmal die sachliche Bedeutung der jeweiligen Handlung vor Augen führen müssen. Soll Beispielsweise als Oberbegriff das Inverkehrbringen fungieren, dann bedarf es nicht – wie unter anderem in § 2 Nr. 13 PflanzenschutzG[205] – der gleichzeitigen Nennung des „Anbietens" und des „Feilhaltens", da „Feilhalten […] sachlich nichts anderes als Anbieten" bedeutet.[206] Diesem zweiten Problemkreis soll hier aber nicht vertieft nachgegangen werden.

c) Ergebnis

Zunächst einmal ist der Auffassung Schefflers zuzugeben, dass eine Übertragung der Exemplifikationsmethode von Wach auch im Bereich der Umgangs- und Verbreitungsverbote zu einer Normenklarheit führen kann. Insbesondere kann diese Gesetzestechnik einen Beitrag dafür leisten, den Grundgedanken und vornehmlich die Reichweite eines Umgangsverbots deutlicher herauszustellen, als dies eine kasuistische Methode gewährleistet. Voraussetzung für die Anwendung der Exemplifikationsmethode ist jedoch, dass Klarheit über die Reichweite des generalisierenden Oberbegriffs herrscht. Nur dann, wenn sich die den Oberbegriff konkretisierenden Unterbegriffe tatsächlich unter den Oberbegriff fassen lassen, kann auch von einer Exemplifikationsmethode gesprochen werden. Eine Gesetzestechnik die lediglich aufgrund der formalen gesetzestechnischen Anordnung vorgibt, exemplifizierend zu sein – wie beispielsweise Art. 37 Ziff. 1 SprengstoffG der Schweiz – kann nur bedingt deren Zweck erfüllen, da sie die Reichweite des Oberbegriffs und damit des zu pönalisierendenVerhaltens aufweicht.

---

204 Siehe m.w.N. *Fischer*, § 219b Rn. 3.

205 „Inverkehrbringen: das Anbieten, Vorrätighalten zur Abgabe, Feilhalten und jedes andere Abgeben."

206 Ausdrücklich BGHZ 113, 159 (162); ähnlich BGHSt 23, 286 (287 f.).

Schlussfolgerungen

Als Resümee der vorangegangenen Ausführungen ist folgendes festzuhalten.

Zunächst einmal ist herauszustellen, dass die im heutigen StGB verwendete Regelbeispielstechnik weder auf Wach zurückgeht, noch inhaltlich der Exemplifikationsmethode von Wach entspricht. Es ist den deutlichen Worten Schefflers darin zuzustimmen, dass Wach mit seiner Methode etwas Besseres propagiert hat. Denn der Forderung von Wach, dass die im Gesetz aufgeführten Beispiele einem treffenden Rechtgedanken zu entsprechen haben, wird die Regelbeispielstechnik nicht gerecht.

Vielmehr ist deutlich geworden, dass insbesondere das Fehlen eines solchen rechtlichen Grundgedankens bei der Regelbeispielstechnik sowohl zu Problemen im Rahmen der Rechtsanwendung als auch zu verfassungsrechtlichen Friktionen führt. Denn gerade die elastische Ausgestaltung der Regelbeispielstechnik bedarf eines solchen im Gesetz verankerten Rechtsgedankens, um sowohl dem Normadressaten als auch dem Rechtsanwender erkennen zu geben, weshalb der Gesetzgeber in bestimmten Konstellationen zur Anwendung eines verschärften Strafrahmens und damit im Ergebnis eine höhere Strafe rechtfertigt.

Damit ist auch klar, dass dem Gesetzgeber grundsätzlich zwei gesetzestechnische Möglichkeiten im Bereich der Strafschärfung im Besonderen Teil des StGB zur Verfügung stehen. Der Gesetzgeber kann – weil Flexibilität gewünscht – Regelbeispiele verwenden, sofern er einen die Regelbeispiele übergeordneten Grundgedanken im Gesetz verankert. Kann er einen solchen nicht angeben, bleibt ihm nur der Weg über die Bildung von Qualifikationstatbeständen.

Über die Frage der Gesetzestechnik im Bereich der Strafschärfung hinaus, wurde festgestellt, dass Wach die Exemplifikationsmethode generell als eine Gesetzestechnik verstanden wissen wollte, die einen Mittelweg zwischen kasuistischer und generalisierender Methode sein kann.

Die hierzu angestellte Untersuchung ausgewählter Einzelfälle hat gezeigt, dass es auch im geltenden StGB durchaus Vorschriften gibt, die dieser Exemplifikationsmethode entsprechen. Dies gilt sowohl im Bereich der Tatobjekte als auch bei den Tathandlungen.

Es ist aber auch offenbar geworden, dass die formale Gesetzestechnik im StGB, speziell die Verwendung des „oder sonst" (leider) nicht zwingend Ausdruck dafür ist, dass in dieser Vorschrift die Exemplifikationsmethode ihren Niederschlag gefunden hat. Dies gilt ebenso sowohl für den Bereich der Tatobjekte als den der Tathandlungen.

Schließlich wurde auch der Fragestellung nachgegangen, ob die Exemplifikationsmethode – wie von Scheffler vorgeschlagen – eine Gesetzestechnik sein kann, die eine Alternative zur kasuistischen Tatbestandsfassung, speziell der Tathandlungen, im Bereich der Umgangs- und Verbreitungsverbote darstellen kann. Im Ergebnis wurde der grundsätzliche Ansatz von Scheffler befürwortet. Gleichwohl sind Schwierigkeiten hinsichtlich der exakten gesetzestechnischen Umsetzung, insbesondere hinsichtlich dem Zusammenspiel von generalisierendem Oberbegriff und konkretisierenden Beispiel, deutlich geworden. Im Ergebnis kann eine Exemplifikationsmethode in diesem speziellen Bereich nur zum Tragen kommen, wenn Klarheit über den Anwendungsbereich und speziell die Reichweite gerade des Oberbegriffs besteht.

Jedenfalls gilt auch heute noch, was Wach bereits im Jahre 1910 formulierte: „Daß die Struktur der Tatbestände für die Brauchbarkeit eines Strafgesetzbuches von entscheidender Bedeutung ist, bedarf keiner Begründung."[1] Scheffler hat diesbezüglich zu Recht angemahnt, dass der Gesetzgeber insoweit offensichtlich einer Erinnerung bedarf.[2] Insbesondere ist daran zu erinnern, dass sich Kriminalpolitik und Strafgesetzgebung gegenüber der Strafrechtsdogmatik und Strafrechtswissenschaft öffnen müssen. Eine Strafgesetzgebung ohne Strafrechtswissenschaft handelt sich – so Vogel[3] – nicht nur Legitimationsprobleme ein. Sie läuft vielmehr Gefahr, dass die Strafrechtsanwendung eigene Wege geht, Strafgesetze nach eigener Einsicht ergänzt oder korrigiert und damit Kriminalpolitik im Gewande der Dogmatik betreibt.[4]

1 *Wach,* DJZ 1910, S. 109.

2 *Scheffler*, Strafgesetzgebungstechnik in Deutschland und Europa, S. 5.

3 FS C. *Roxin*, S. 107.

4 *Vogel,* FS C. Roxin, S. 117.

ANHANG

Literaturverzeichnis

Aichinger, Sigmund: Strafmilderung und Strafschärfung im Vorentwurf zu einem Deutschen Strafgesetzbuch verglichen mit dem geltenden Recht, 1912.

Albrecht, Hans-Jörg: Die Determinanten der Sexualstrafrechtsreform, ZStW 111 (1999), S. 863.

Allmers, Volker: Entkriminalisierung der Betäubungsmittelkonsumenten, ZRP 1991, S. 41.

Arzt, Gunther: Die Neufassung der Diebstahlsbestimmungen – Gleichzeitig ein Beitrag zur Technik der Regelbeispiele, JuS 1972, S. 385 und JuS 1972, S. 515.

Arzt, Gunther / Weber, Ulrich: Strafrecht Besonderer Teil, 200.

Aschrott, Paul Felix / v. Liszt, Franz: Die Reform des RStGB, 1910, Bd. I.

Bayerwaltes, Rolf: Die unbenannten Strafschärfungs- und Strafmilderungsgründe, unter Ausschluss der mildernden Umstände, insbesondere der minder schweren Fälle im Militärstrafgesetz sowie der besonders schweren Fälle des Strafgesetzbuches, 1940.

Beck`scher Onlinekommentar StGB: http://beck-online.beck.de.

Beisel, Daniel: Die Strafbarkeit der Auschwitzlüge – Zugleich ein Beitrag zur Auslegung des neuen § 130 StGB, NJW 1995, S. 997.

Ders. / Heinrich, Bernd: Die Strafbarkeit der Ausstrahlung jugendgefährdender Fernsehsendungen, NJW 1996, S. 491.

Beling, Ernst: Der amtliche Entwurf eines Allgemeinen Deutschen Strafgesetzbuchs, GerS 91 (1925), 348.

Binding, Karl: Lehrbuch des Gemeinen Deutschen Strafrechts, Besonderer Teil, Bd. 1, 2. Aufl., 1902.

Binding, Karl: Grundriß zur Vorlesung über gemeines Deutsches Strafrecht, Allgemeiner Teil, 8. Aufl. 1913.

Blei, Herrmann: Die Regelbeispieltechnik der schweren Fälle und §§ 243, 244 n.F. StGB, Festschrift für Ernst Heinitz, 1972, S. 419.

Bockelmann, Paul: Der Diebstahl aus Fahrzeugen, JZ 1951, S. 296.

Braunsteffer, Heike: Die Problematik der Regelbeispielstechnik im Strafrecht, 1976.

Braunsteffer, Heike: Strafzumessung bei Zusammentreffen von Regelbeispiel und Milderungsgrund, NJW 1976, S. 736.

Calker, Fritz von: Der Vorentwurf zu einem deutschen Strafgesetzbuch, ZfRpflin-Bay 1910, S. 70.

CALLIESS, Rolf-Peter: Die Rechtsnatur der „besonders schweren Fälle" und Regelbeispiele im Strafrecht, JZ 1975, S. 112.

CALLIESS, Rolf-Peter: Der Rechtscharakter der Regelbeispiele im Strafrecht – Zum Problem von Tatbestand und Rechtsfolge im 6. Strafrechtsreformgesetz, NJW 1998, S. 929.

DAHM, Georg: Todesstrafe und Tätertyp nach der Strafgesetznovelle vom 4. September 1941, DR 12 (1942), S. 401.

DEGENER, Wilhelm: Strafgesetzliche Regelbeispiele und deliktisches Versuchen, Festschrift für Walter Stree und Johannes Wessels, 1993, S. 305.

DENCKER, Friedrich: Risiko Verkehrsrecht – eine kritische Zwischenbilanz, DAR 2004, S. 626.

DENCKER, Friedrich / STUENSEE, Eberhard / NELLES, Ursula / STEIN, Ulrich: Einführung in das 6. StrRG, 1998.

DETTER, Klaus: Zum Strafzumessungs- und Maßregelrecht, NStZ 1998, S. 501.

DIETMEIER, Frank: Tagungsbericht – Marburger Strafrechtsgespräch 1997, ZStW 110 (1998), S. 393.

DOHNA, Alexander Graf zu: Die Änderung der Bestimmungen über den Zweikampf, DJZ 1926, S. 885.

DOHNA, Alexander Graf zu: Der Grundgedanke bei der Verschärfung der Diebstahlstrafe, MschrKrimBiol 1938, S. 190.

DÖLLING, Dieter: Diebstahl in einem besonders schweren Fall bei Ausschaltung einer Alarmanlage in einem Kaufhaus? – OLG Stuttgart, NStZ 1985, 76*, JuS 1986, S. 688.

DREHER, Eduard: Die erschwerenden Umstände im Strafrecht, ZStW 77 (1965), S. 220.

DREHER, Eduard / TRÖNDLE, Herbert: Strafgesetzbuch, 34. Aufl. 1974.

DROST, Heinrich: Das Ermessen des Strafrichters, Zugleich ein Beitrag zu dem allgemeinen Problem Gesetz und Richteramt, 1930.

DUDEN – Das große Fremdwörterbuch: Herkunft und Bedeutung der Fremdwörter 2003.

DUTTGE, Gunnar / HÖRNLE, Tatjana / RENZIKOWSKI, Joachim: Das Gesetz zur Änderung der Vorschriften über die Straftaten gegen die sexuelle Selbstbestimmung, NJW 2004, S. 1065.

EBERTH, Alexander / MÜLLER, Eckhardt: Verteidigung in Betäubungsmittelstrafsachen, 4. Auflage, 2004.

EISELE, Jörg: Die Regelbeispielsmethode im Strafrecht, 2004.

EISELE, Jörg: Die Regelbeispielsmethode: Tatbestands- oder Strafzumessungslösung?, JA 2006, S. 309.

EMMENEGGER, Sigrid: Gesetzgebungskunst, 2006.

Endriß, Rainer / Kinzig, Jörg: Neuralgische Punkte des Betäubungsmittelstrafrechts, NJW 2001, S. 3217.

Engisch, Karl: Die Idee der Konkretisierung in Recht und Rechtswissenschaft unserer Zeit, 1968.

Erxner, Franz: Studien über die Strafzumessungspraxis der deutschen Gerichte, 1931.

Eser, Albin: Empfiehlt es sich, die Straftatbestände des Mordes, des Totschlags und der Kindestötung (§§ 211 bis 213, 217 StGB) neu abzugrenzen?, Verh. 53. DJT 1980, Teil D.

Feuerbach, Paul Johann Anselm: Kritik des Kleinschrodischen Entwurfs zu einem peinlichen Gesetzbuche für die Chur-Pfalz-Bayerischen Staaten, 3 Theile, 1804.

Finger, August: Zum Entwurfe eines Strafgesetzbuches, GerS 92 (1926), S. 74.

Fischer, Thomas: Sexuelle Selbstbestimmung in schutzloser Lage, ZStW 112 (2000), S. 75.

Fischer Thomas: Strafgesetzbuch und Nebengesetze, Kommentar, 55. Aufl., 2008.

Freisler, Roland: Gedanken über das Gesetz zur Änderung des Reichsstrafgesetzbuches, DJ 1941, S. 929.

Freund, Georg: Der Entwurf eines 6. Gesetzes zur Reform des Strafrechts, Eine Würdigung unter Einbeziehung der Stellungnahme eines Arbeitskreises von Strafrechtslehrern, ZStW 109 (1997), S. 455.

Geppert, Klaus: Die Brandstiftungsdelikte (§ 306 bis § 306 f StGB) nach dem sechsten Strafrechtsreformgesetz, Jura 1998, S. 600.

Gönner, Nikolaus Thaddäus: Über das Königlich Baierische Gesetz wider den Diebstahl vom 25. März 1816, Neues Archiv des Criminalrechts, Bd. 8, Stück 1, 1825, S. 1.

Gössel, Karl Heinz: Über die sog. Regelbeispieltechnik und der Abgrenzung zwischen Straftaten und Strafzumessung, Festschrift für Hans-Joachim Hirsch, 1999, S. 183.

Grunst, Bettina: Moderne Gesetzestechniken in StGB und StPO aus kritischer Sicht der juristischen Methodenlehre, GA 2002, S. 214.

Grünhut, Max: Anselm v. Feuerbach und das Problem der strafrechtlichen Zurechnung, 1922.

Gürtner, Franz: Das kommende deutsche Strafrecht, Bericht über die Arbeit der amtlichen Strafrechtskommission, Allgemeiner Teil, 1934.

Gürtner, Franz: Das kommende deutsche Strafrecht, Bericht über die Arbeit der amtlichen Strafrechtskommission, Besonderer Teil, 1935.

Gürtner, Franz: Das kommende deutsche Strafrecht, Bericht über die Arbeit der amtlichen Strafrechtskommission, Besonderer Teil, 2. Aufl., 1936.

Harburger, Heinrich: Diebstahl und Unterschlagung, Vergleichende Darstellung des Deutschen und Ausländischen Strafrechts, Besonderer Teil, Bd. VI, 1907.

Harms, Monika: § 370a AO – Optimierung des steuerstrafrechtlichen Sanktionensystems oder gesetzgeberischer Fehlgriff, Festschrift für Günter Kohlmann, 2003, S. 413.

HARTE-BAVENDAMM, Henning / HENNING-BODEWIG, Frauke: Gesetz gegen den unlauteren Wettbewerb (UWG), Mit Preisangabenverordnung, 2004.

HECKER, Bernd: Europäisches Strafrecht, 2005.

HEIDELBERGER KOMMENTAR zur Strafprozessordnung: 3. Aufl., 2001.

HEILBORN, Paul: Strafgesetzgebung, GA 47 (1900), S. 281.

HEINE, Günter / HÖPFEL, Frank / HUBER, Barbara / JUNG, Heike / LAUTENSCHLÄGER, Dunja / HANS, Lilie / MEIER, Bernd-Dieter / RADTKE, Henning / RENGIER, Rudolf / RIEß, Peter / RIKLIN Franz / ROLINSKI, Klaus / ROXIN, Claus / SCHÖCH, Heinz / SCHREIBER, Hans-Ludwig / SCHÜLER-SPRINGORUM, Horst / VERREL, Torsten: Alternativ-Entwurf Leben (AE-Leben) – Entwurf eines Arbeitskreises deutscher, österreichischer und schweizer Strafrechtslehrer (Arbeitskreis AE), GA 2008, 193.

HEINRICH, Manfred: Die gefährliche Körperverletzung, 1993.

HEINRICH, Manfred: Die gefährliche Körperverletzung – Versuch einer Neuorientierung – Teil 2, JA 1995, S. 718.

HETTINGER, Michael: Zur Rationalität heutiger Strafgesetzgebung im Hinblick auf die Rechtsfolgenbestimmung, GA 1995, S. 399.

HILGENDORF, Eric: Körperteile als gefährliche Werkzeuge – Plädoyer für einen funktionalen Werkzeugbegriff, ZStW 112 (2000), S. 811.

HIPPEL, Robert von: Deutsches Strafrecht, Erster Band, Allgemeine Grundlagen, Berlin 1925.

HIRSCH, Hans-Joachim: Bilanz der Strafrechtsreform, Gedächtnisschrift für Hilde Kaufmann, 1986, S. 133.

HIRSCH, Hans-Joachim: Die verfehlte deutsche Gesetzesfigur der „besonders schweren Fälle“, Festschrift für Karl Heinz Gössel, 2002, S. 287.

HOEGEL, Hugo: Die allgemeinen Grundsätze des deutschen Strafgesetzvorentwurfs, SeuffBl. für die Rechtsanwendung, Band 75 (1910), S. 265.

HOHLER, Richard: Die Strafrechtsreform – Beginn einer Erneuerung, NJW 1969, S. 1225.

HOLLAND, Friedrich-Wilhelm: Die Freiheit des richterlichen Ermessens bei der Strafzumessung in den Entwürfen zu einem DeutschenStrafgesetzbuche, 1926.

HORN, Eckhard: Gesamtwürdigung – Sinn und Unsinn eines Rechtsbegriffs, Gedächtnisschrift für Armin Kaufmann, 1989, S. 573.

HORN, Esko: Die besonders schweren Fälle und Regelbeispiele im Strafgesetzbuch, 2001.

HORN, Karl: Die Entwicklung der Strafzumessungsbestimmungen in den Entwürfen eines Deutschen Reichsstrafgesetzbuchs, 1932.

HUNSMANN, Daniel: Die Tatbestandsmerkmale des § 370a AO, DStR 2004, S. 1154.

JACOBS, Rainer / LINDACHER, Walter F. / TEPLITZKY, Otto: Gesetz gegen den unlauteren Wettbewerb mit Nebengesetzen, Großkommentar, 1994.

JÄGER, Christian: Die Delikte gegen Leben und körperliche Unversehrtheit nach dem 6. Strafrechtsreformgesetz – Ein Leitfaden für Studium und Praxis, JuS 2000, S. 31.

JESCHEK, Hans-Heinrich: Anmerkungen zu BGH, Beschluß vom 22.9.1956, JZ 1957, S. 386.

JESCHEK, Hans-Heinrich: Lehrbuch des Strafrechts Allgemeiner Teil, 1969.

KADEL, Bertold: Anmerkung zu Beschluß des OLG Stuttgart v. 29.10.1984 – 1 Ss 672/84, JR 1985, S. 386.

KAHL, Wilhelm: Gegenentwurf zum Vorentwurf eines deutschen Strafgesetzbuchs, 1911.

KALF, Wolfgang: Der Umfang revisionsrechtlicher Prüfung bei minder schweren und besonders schweren Fällen, NJW 1996, S. 1447.

KARGL, Walter: Probleme des Tatbestands der Geldwäsche (§ 261 StGB), NJ 2001, S. 57.

KARLSRUHER KOMMENTAR zur Strafprozeßordnung und zum Gerichtsverfassungsgesetz mit Einführungsgesetz: 4. Aufl., 1999.

KASTENBAUER, Andreas: Die Regelbeispiele im Strafzumessungsvorgang, 1986.

KAULFUß, Marc Andre: Die Regelbeispieltechnik vor dem Hintergrund des 6. Strafrechtsreformgesetzes: Zur objektiven und subjektiven Seite der besonders schweren Fälle im Strafrecht, 2004.

KEMPF, Eberhard / SPATSCHECK, Rainer: Steuerhinterziehung und Geldwäsche, AnwBl 2002, S. 27.

KINDHÄUSER, Urs: Zur Anwendbarkeit der Regeln des Allgemeinen Teils auf den besonders schweren Fall des Diebstahls, Festschrift für Otto Triffterer, 1996, S. 123.

KISCH, Guido: Adolf Wach zum Gedenken, JZ 1976, S. 207.

KMR – Kommentar zur Strafprozessordnung: Stand: 10. Lieferung 1993.

KNAUER, Christoph: AIDS und HIV – Immer noch eine Herausforderung für die Strafrechtsdogmatik, GA 1998, S. 429.

KOHLMANN, Günter: Besprechung von Maurach, Deutsches Strafrecht, Besonderer Teil, JZ 1970, S. 590.

KOHLRAUSCH, Eduard / LANGE, Richard: Strafgesetzbuch mit Nebengesetzen und Erläuterungen, 1944.

KÖRNER, Harald Hans: Anmerkung zu BayObLG, Beschluß vom 13.11.1997, StV 1998, S. 592.

KÖRNER, Harald Hans: Betäubungsmittelgesetz, 8. Aufl., 2007.

KRAHL, Mathias: Tatbestand und Rechtsfolge, 1999.

KRÄMER, Rudolf: Die Regelung des schweren Diebstahls durch das 1. StrRG unter besonderer Berücksichtigung der sogenannten Regelbeispieltechnik, 1970.

KREß, Claus: Das Sechste Gesetz zur Reform des Strafrechts, NJW 1998, S. 636.

Krey, Volker: Keine Strafe ohne Gesetz, Einführung in die Dogmengeschichte des Satzes „nullum crimen, nulla poena sine lege“, 1983.

Kropp, Christian: Strafverschärfung der Nötigung im Straßenverkehr, ZRP 2004, S. 4.

Krüger, Matthias: Zum „großen Ausmaß“ in § 263 Abs. 3 Satz 2 Nr. 2 StGB, wistra 2005, S. 247.

Kundert, Karl Heinz / Bernsmann, Klaus: Neue Sicherheitsgesetze – mehr Rechtssicherheit?, NStZ 1989, S. 449.

Küper, Wilfried: Heimtücke als Mordmerkmal – Probleme und Strukturen, JuS 2000, S. 746.

Lackner, Karl / Kühl, Kristian: Strafgesetzbuch, Kommentar, 26. Aufl., 2007.

Lange, Richard: Probleme des § 1 StGB, MDR 1948, S. 310.

Lange, Richard: Grundfragen der Bereinigung des Strafgesetzbuches unter besonderer Berücksichtigung der Strafzwecke, der Strafzumessungsnormen und der Tatbestandstechnik, Verh. 39. DJT 1951, Teil C.

Lange, Richard: Die Systematik der Strafdrohungen. Materialien zur Strafrechtsreform, 1. Bd., 1954, S. 69.

Langrock, Marc: Das „große Ausmaß“ der schweren Steuerhinterziehung, wistra 2004, S. 241.

Leipziger Kommentar zum Strafgesetzbuch, 9. Aufl. 1970-1976, 10. Aufl.1978–1987, 11. Aufl. 1992–2005.

Liemersdorf, Thilo / Miebach, Klaus: Beihilfe zum „Handeltreiben“ nach § 11 Abs. 1 des Betäubungsmittelgesetzes, MDR 1979, S. 981.

Liszt, Franz Eduard von: Deutsches Reichsstrafrecht, 1881.

Liszt, Franz Eduard von: Verh. 26. DJT 1902, Bd. 1, S. 259.

Liszt, Franz Eduard von: Strafrechtliche Aufsätze und Vorträge, 1. Bd., 1905.

Liszt, Franz Eduard von: Lehrbuch des deutschen Strafrechts, 19. Aufl., 1912.

Löffler, Alexander: Die Körperverletzung. Vergleichende Darstellung des Deutschen und Ausländischen Strafrechts, Besonderer Teil, Bd. V, 1905.

Löwe, Ewald / Rosenberg, Werner: Die Strafprozeßordnung und das Gerichtsverfassungsgesetz, 25. Aufl., 1997 ff.

Maiwald, Manfred: Bestimmtheitsgebot, tatbestandliche Typisierung und die Technik der Regelbeispiele, Festschrift für Wilhelm Gallas, 1973, S. 137.

Maiwald, Manfred: Zur Problematik der „besonders schweren Fälle“ im Strafrecht, NStZ 1984, S. 433.

Maiwald, Manfred: Auslegungsprobleme im Tatbestand der Geldwäsche, Festschrift für H. J. Hirsch, 1999, S. 631.

Mast, Peter: Künstlerische und wissenschaftliche Freiheit im Deutschen Reich 1890–1901, 2. Aufl. 1986.

MAURACH, Reinhart („Reginhardus Muraquensis-Monacensis“): Besorgter Brief an einen künftigen Verbrecher, JZ 1962, S. 380.

MAURACH, Reinhart: Deutsches Strafrecht, Besonderer Teil, 5. Aufl. 1969.

MENDELSSOHN-BARTHOLDY, Albrecht: Willkür und freies Ermessen, DRiZ 1911, S. 385.

MERKEL, Adolf: Lehrbuch des deutschen Strafrechts, 1889.

MERTENS, Bernd: Gesetzgebungskunst im Zeitalter der Kodifikationen, 2003.

MEURER, Dieter: Dogmatik und Pragmatismus – Marksteine der Rechtssprechung des BGH in Strafsachen, NJW 2000, S. 2938.

MEYER, Frank: Strafbarkeit und Strafwürdigkeit von „Stalking“ im deutschen Recht, ZStW 113 (2005), S. 249.

MILLER, Dennis / RACKOW, Peter: Transnationale Täterschaft und Teilnahme – Beteiligungsdogmatik und Strafanwendungsrecht. ZStW 117(2005), S. 379.

MILLETAT, Wolfgang: Die „besonders schweren Fälle“ im Entwurf eines Strafgesetzbuches (StGB) E 1962, 1965.

MITTERMAIER, Wolfgang: Verbrechen und Vergehen wider die Sittlichkeit, Vergleichende Darstellung des Deutschen und Ausländischen Strafrechts, Besonderer Teil, Bd. IV, 1906, S. 1.

MOMSEN, Carsten / BLOY, René / RACKOW Peter (Hrsg.): Fragmentarisches Strafrecht, Beiträge zum Strafrecht, Strafprozeßrecht und zur Rechtsvergleichung, Festschrift für Manfred Maiwald, 2003.

MONTENBRUCK, Axel: Strafrahmen und Strafzumessung, 1983.

MÜNCHENER KOMMENTAR zum Strafgesetzbuch: 6 Bände, seit 2003 (noch nicht vollständig erschienen).

NAGLER, Johannes: Die Strafzumessung nach dem Amtlichen Entwurf eines Allgemeinen Deutschen Strafgesetzbuches, GerS 94 (1927), S. 83.

NESEMANN, Albert: Die Problematik des „besonders schweren Falles“ im Strafrecht, 1936.

NEUKAMP, Ernst: Das Rechtsmittel der Revision im Zivil- und im Strafprozeß, Festschrift für Adolf Wach Band 2, 1913, S. 155.

NEUKAMP, Ernst: Niederschriften über die Sitzungen der Großen Strafrechtskommission, 14 Bände, Bonn, 1956–1960.

NOLL, Peter: Zur Gesetzestechnik des Entwurfes eines Strafgesetzbuches, JZ 1963, S. 29.

NOMOS KOMMENTAR zum Strafgesetzbuch: 2. Aufl., 2005.

PARK, Tido: Die Vereinbarkeit des § 370a AO n.F. mit dem Bestimmtheitsgebot des Art. 103 Abs. 2 GG, wistra 2003, S. 328.

PFISTER, Wolfgang: Aus der Rechtsprechung des BGH zu materiell-rechtlichen Fragen des Sexualstrafrechts 2000/2001, NStZ-RR 2001, S. 353.

PRINZ, Felix: Diebstahl – §§ 242 ff, StGB, 2002.

RADBRUCH, Gustav: Paul Johann Anselm Feuerbach – Ein Juristenleben, 2. Aufl., 1957.

RACKOW, Peter: Das Gewaltdarstellungsverbot des § 131 StGB – Ein Risikodelikt und sein symbolischer Subtext, Fragmentarisches Strafrecht, 2003, S. 195.

RADTKE, Henning: Das Brandstrafrecht des 6. Strafrechtsreformgesetzes – eine Annäherung, ZStW 110 (1998), S. 850.

REGGE, Jürgen / SCHUBERT, Werner: Quellen zur Reform des Straf- und Strafprozeßrechts, 1988–1999.

REINEKE, Peter: Regelbeispiele im Strafprozess, 1991.

RENGIER, Rudolf: Die Reform und Nichtreform der Körperverletzungsdelikte durch das 6. Strafrechtsreformgesetz, ZStW 111 (1999), S. 8.

RENGIER, Rudolf: Neues zum Konkurrenzverhältnis zwischen schwerem Diebstahlsfällen und §§ 123, 303 StGB – BGH, NJW 2002, 150, JuS 2002, S. 850.

RENZIKOWSKI, Joachim: Das Sexualstrafrecht nach dem 6. Strafrechtsreformgesetz – 2. Teil –, NStZ 1999, 440.

RIEGNER, Klaus: Auswirkungen des § 400 I StPO auf Berufung und Revision des Nebenklägers, NStZ 1990, S. 11.

RIEß, Peter: Zur Wiederaufnahmefähigkeit bei Verurteilungen auf Grund der Anwendung von Regelbeispielen, Festschrift für Karl Heinz Gössel, 2002, S. 657.

RIEß, Peter: Die Behandlung von Regelbeispielen im Strafverfahren, GA 2007, S. 377.

ROSENFELD, Ernst Heinrich: Vergleichende Darstellung, AT Bd. III, 1908.

ROTH, Andreas: Das Reichsstrafgesetzbuch von 1871 bis 1918, Das Strafgesetzbuch, Sammlung der Änderungsgesetze und Neubekanntmachungen, Supplementband I, hrsg. v. Thomas Vormbaum und Jürgen Welp. 2004, S. 1 f.

ROXIN, Claus: Strafrecht AT, Bd. 1, 3. Aufl., 1997.

ROXIN, Claus: Strafrecht AT, Bd. 1, 4. Aufl., 2006.

RÜPING, Ende: Neue Probleme von schweren Fällen der Hinterziehung, DStR 2008, S. 13.

SASSENBERG-WALTER, Ulrike: Die Urteilsgründe im Strafverfahren, 1987.

SCHÄFER, Leopold: Deutsche Strafgesetzentwürfe von 1909 bis 1929.Synoptische Gegenüberstellung der deutschen und österr. Strafgesetzentwürfe und des geltenden deutschen Strafrechts, 1927.

SCHEFFLER, Uwe: Das Reformzeitalter 1953–1975, T. Vorbaum / J. Welp (Hrsg.), Das Strafgesetzbuch. Sammlung der Änderungen und Neubekanntmachungen. Supplementband I: 130 Jahre Strafgesetzgebung – Eine Bilanz, 2004, S. 174.

SCHEFFLER, Uwe: Strafgesetzgebungstechnik in Deutschland und Europa, 2006.

SCHEFFLER, Uwe: Zur Strafbarkeit des Betrachtens kinderpornographischer Internet-Seiten auf dem PC – Zugleich eine Besprechung von OLG Schleswig, Beschluss vom 15.9.2005 – 2 Ws 305/05 (222/05), Festschrift für Rolf Dietrich Herzberg, 2008, S. 627 ff.

SCHEFFLER, Uwe / MATTHIES, Kamila: Die Freiheitsdelikte im polnischen und deutschen Strafrecht, Kriminalität im Grenzgebiet, G. Wolf (Hrsg.), Bd. 5/6, 2002, S. 343.

SCHEIFF, Bernd: Wann beginnt der Strafrechtsschutz gegen kriminelle Vereinigungen (§ 129 StGB)?, 1997.

SCHMIDT, Eberhard: Einführung in die Geschichte der deutschen Strafrechtspflege, 3. Aufl., 1965.

SCHMIDT, Gerold: Zur Erinnerung an den großen Prozessrechtler Adolf Wach (1843–1926), ZZP Bd. 100, S. 3.

SCHMITT, Rudolf: Juristische „Aufrichtigkeit" am Beispiel des § 243 StGB, Festschrift für Herbert Tröndle, 1989, S. 313.

SCHÖNKE, Adolf / SCHRÖDER, Horst: Strafgesetzbuch, 27. Aufl., 2006.

SCHROEDER, Friedrich-Christian: Das neue Bild des Strafgesetzbuches, NJW 1999, S. 3612.

SCHROEDER, Friedrich-Christian: Die sprachliche Formulierung von Strafvorschriften, Gedächtnisschrift für Heinz Zipf, 1999, S. 153.

SCHRÖDER, Horst: Gesetzliche und richterliche Strafzumessung, FS Mezger, 1954, S. 415.

SCHRÖDER, Horst: In welcher Weise empfiehlt es sich, die Grenzen des strafrichterlichen Ermessens im künftigen Strafgesetzbuch zu regeln (Ermessensfreiheit oder gesetzliche Bindung des Richters bei der Verhängung der Strafe und sonstiger Unrechtsfolgen)? Verh. 41. DJT 1955, Bd. 1, 2. Halbbd. S. 57.

SCHRÖDER, Horst: Anmerkung zu BGH, Urteil vom 13.1.1965 – 3 StR 43/64, JR 1965, S. 308.

SCHRÖDER, Horst: Diebstahl und Raub mit Waffen (§§ 244, 250 StGB), NJW 1972, S. 1833.

SCHUBERT, Werner: Feuerbachs Entwurf zu einem Strafgesetzbuch für das Königreich Bayern aus dem Jahre 1824, 1978.

SCHÜNEMANN, Wolfgang B.: Generalklauseln und Regelbeispiele, JZ 2005, S. 271.

SCHÜNEMANN, Wolfgang B.: Dogmatik und Hermeneutik der Regelbeispiele, Festschrift für Apostolos Georgiades, 2006, S. 1087.

SCHWARZ, Otto / DREHER, Eduard: Kurzkommentar zum StGB, 28. Aufl., 1966.

SLOTTY, Martin: Das Betäubungsmittelgesetz 1982 – Kurzbericht für die Strafrechtspraxis, NStZ 1981, S. 321.

STÄCHELIN, Gregor: Das 6. Strafrechtsreformgesetz – Vom Streben nach Harmonie, großen Reformen und höheren Strafen, StV 1998, S. 98.

STRATE, Gerhard: Mit Taktik zur Wahrheitsfindung, ZRP 1987, S. 314.

SYSTEMATISCHER KOMMENTAR ZUM STRAFGESETZBUCH: Stand: Oktober 2006.

VOGEL, Joachim: Strafgesetzgebung und Strafrechtswissenschaft, Festschrift für Claus Roxin, 2001, S. 105.

VOGEL, Joachim: Strafrechtlicher Schutz des Euro vor Geldfälschung, ZRP 2002, S. 7.

VORMBAUM, Thomas / WELP, Jürgen: Das Strafgesetzbuch, Sammlung der Änderungsgesetze und Neubekanntmachungen, Band 1: 1870 bis 1953, 1. Aufl., 1999.

WACH, Adolf: Legislative Technik, Vergleichende Darstellung des Deutschen und Ausländischen Strafrechts, Allgemeiner Teil, Bd. VI, 1908.

WACH, Adolf: Der Vorentwurf zu einem Deutschen Strafgesetzbuch, DJZ 1910, S. 108.

WACH, Adolf: Der „Gegenentwurf" eines deutschen Strafgesetzbuchs, DJZ 1911, Sp. 833.

WÄCHTER, Carl Georg von: Deutsches Strafrecht, 1881.

WARDA, Günter: Dogmatische Grundlagen des richterlichen Ermessens im Strafrecht, 1962.

WAßNER, Helmuth: Die Stellung der besonders schweren Fälle zwischen Tatbestand und Strafzumessung, 1959.

WESSELS, Johannes: Zur Problematik der Regelbeispiele für „schwere" und „besonders schwere Fälle", Festschrift für Reinhart Maurach, 1972, S. 295.

WESSELS, Johannes: Zur Reform der Geldfälschungsdelikte und zum Inverkehrbringen von Falschgeld, Festschrift für Paul Bockelmann, 1979, S. 669.

WOESNER, Horst: Neuregelung der Tötungstatbestände, NJW 1980, S. 1136.

WURCHE, Ditmar: Generalklausel und Kasuistik in der neueren deutschen Gesetzgebung, 1964.

ZEISING, Gert: Die Bekämpfung unzüchtiger Gedankenäußerungen seit der Aufklärung, 1967.

ZIESCHANG, Frank: Besonders schwere Fälle und Regelbeispiele – ein legitimes Gesetzgebungskonzept?, Jura 1999, S. 561.

FSC
www.fsc.org
MIX
Papier | Fördert gute Waldnutzung
FSC® C083411

Kolibri 360 GmbH
Ferdinand-Jühlke-Straße 7
99095 Erfurt, Deutschland
produktsicherheit@kolibri360.de